新时期精准扶贫理论与旅游精准扶贫实践

杨 娟 著

中国原子能出版社

图书在版编目（CIP）数据

新时期精准扶贫理论与旅游精准扶贫实践 / 杨娟著
. -- 北京 ： 中国原子能出版社， 2022.1
ISBN 978-7-5221-1585-6

Ⅰ. ①新… Ⅱ. ①杨… Ⅲ. ①旅游业发展－扶贫－研究－中国 Ⅳ. ①F592.3

中国版本图书馆 CIP 数据核字（2021）第 190163 号

新时期精准扶贫理论与旅游精准扶贫实践

出版发行 中国原子能出版社（北京市海淀区阜成路 43 号 100048）
策划编辑 杨晓宇
责任印刷 赵 明
装帧设计 王 斌
印　　刷 天津和萱印刷有限公司
经　　销 全国新华书店
开　　本 787mm×1092mm 1/16
印　　张 11.875
字　　数 220 千字
版　　次 2022 年 4 月第 1 版
印　　次 2022 年 4 月第 1 次印刷
标准书号 ISBN 978-7-5221-1585-6 **定 价** 68.00 元

网 址：http//www.aep.com.cn **E-mail：atomep123@126.com**
发行电话：010-68452845

作者简介

杨娟，1981 年生人，籍贯陕西省宝鸡市，毕业于兰州大学，获硕士研究生学位。陕西省中华优秀传统文化干部教育专家学者库成员，宝鸡市党史专家库成员，宝鸡市延安精神研究会会员。多年来，一直承担宝鸡市委党校县处级领导干部进修班和优秀中青年干部培训班等班次的教学工作，数十篇论文获省市奖项。

前言

贫困问题一直以来都是世界面临的巨大挑战之一。我国因面积大、人口数量多、人均占有的资源量少等原因，贫困问题较为突出。近几年，我国在扶贫开发的工作上取得了一定的成效，贫困人口逐渐减少、贫困标准逐渐上升、人民平均收入稳步提高、基础设施日趋完善、医疗卫生条件不断健全、扶贫开发的目标逐渐从温饱问题变为脱贫致富。虽然人民的生活有了一定的改善，贫困攻坚任重道远。

在世界减贫事业领域，中国一直扮演着不可或缺的重要角色。自 1992 年 12 月第 47 届联合国大会确定每年的 10 月 17 日为“国际消除贫困日”开始，中国就积极参与减贫事业，从中央到地方，各级政府、各个部门和广泛的社会组织、民间机构采取了各种措施，从政策、资金、物资、人力等方面集中资源，通过产业发展、劳动就业、异地安置、生态补偿、福利保障等手段，帮助贫困地区完善基础设施、发展经济、促进教育、传承文化、提高生活品质。世界旅游联盟在杭州发布《世界旅游发展报告 2018——旅游促进减贫的全球进程与时代诉求》（以下简称《减贫报告》）和《世界旅游联盟旅游减贫案例 2018》（以下简称《减贫案例》）。《减贫报告》指出，旅游业在世界减贫进程中发挥了重要作用；在许多发展中国家和地区，发展旅游业已经成为当地人民摆脱贫困的主要途径；通过发展旅游业和扩大旅游交流，不仅推动了贫困地区经济发展、改善了基础设施和人居环境，而且还提高了当地人的文化素质和受教育程度，促进了他们的社会参与能力、对社区发展的控制能力、对传统文化和地方特色文化的保护能力等的提高，促进了人的全面发展。截至 2017 年年底，中国贫困人口从 2012 年的 9899 万人减少到 3046 万人，贫困发生率从 2012 年的 10.2% 下降到 3.1%，为世界减贫事业做出了巨大贡献。2020 年是全面建成小康社会的目标实现之年，也是全面打赢脱贫攻坚战的收官之年。

全书共六章。第一章为绪论，主要阐述了精准扶贫提出、精准扶贫的内涵、精准扶贫的重要性、旅游精准扶贫的改变辨析等内容；第二章为精准扶贫的理论基础，主要阐述了精准扶贫的理论基础与时代意蕴等内容；第三章为精准扶贫的主要内容，主要阐述了精准扶贫方略的主要内容分析、精准扶贫方略的核心思想分析等内容；第四章为精准扶贫工作的现状与存在问题，主要围绕精准扶贫工作的现状分析、精准扶贫工作存在的问题展开探究；第五章为旅游精准扶贫指导思想与战略定位，主要阐述了旅游精准扶贫规划的指导思想、旅游精准扶贫规划的战略定位、旅游精准扶贫规划的目标体系等内容；第六章为新时期国内外旅游扶贫的精准实践，主要围绕国外旅游扶贫精准实践、国内旅游扶贫精准实践、国内外旅游扶贫精准实践启示展开研究。

本书撰写为了确保研究内容的丰富性和多样性，参考了大量理论与研究文献，在此向涉及的专家学者们表示衷心的感谢。

最后，限于作者水平有不足，加之时间仓促，本书难免存在一些疏漏，在此，恳请同行专家和读者朋友批评指正！

杨　娟

2020 年 12 月

目录

第一章　绪论

经过中国人民积极探索、顽强奋斗，走出了一条中国特色扶贫开发道路。但相较于国外，我国对旅游扶贫的研究起步较晚，随着国内脱贫需求的增加和社会发展的需要，许多学者才开始有针对性的进行研究和探索。目前，国内对于旅游扶贫的研究已经由概念、资源开发等领域，逐步转移到了实践与真正受益上。在不断实践中，中国近年来研究焦点也从基础的“旅游扶贫”转变为“旅游精准扶贫”。

第一节　精准扶贫的提出

一、精准扶贫概念提出

精准扶贫是相对于以往的粗放式扶贫而言的。精准扶贫贵在“精”和“准”，从字面意思来理解，精准扶贫就是要打破过去的“一刀切”扶贫方式，要精准地了解每一位贫困个体的具体情况，精准的采取帮扶措施，实现脱贫目标。但是若要对精准扶贫有一个全面的了解，需要对精准扶贫的提出背景、精准扶贫的内容和重要意义进行创新。

在国内旅游扶贫的过程中，主要有两种扶贫模式：其一为“输血救济式”扶贫，接受输血救济式扶贫的地区，主要是被动接受，缺少长远发展，在扶贫后段可能效果突出，但需要大量的人力、物力、财力投入，耗资大且持续时间短，而且贫困山区人口由于是被动接受，自身并没有掌握脱贫致富的技能；其二为“造血开发式”扶贫，造血开发式扶贫模式是教导贫困地区人口掌握技能，虽然此种模式扶贫见效比较慢，但见效后持续时间长，可以从根源上改变贫困地区的现状，促进地区经济和人口双重脱贫。由此我们可以看到，两种扶贫模式带来的扶贫效果是不一样的，但是目前国内仍是以输血救济式扶贫为主，探索出各种造血开发式扶贫路径是今后扶贫的工作重点，同时我们也可以看到造血开发式扶贫模式向的转变方向。由于造血开发式扶贫模式为贫困地区带来的效果更显著，所以现在越来越受到各级政府的重视。目前我国旅游业发展速度不断增快，旅游扶贫对于贫困地区的带动作用也越来越突出，旅游精准扶贫便作为一种造血开发式扶贫模式应运而生。文化和旅游部曾经做过很多具体的实地调查，发现我国贫困地区多分布在我国中西部一些偏远地区，以及一些少数民族地区，这些地区往往旅游资源受到的破坏较小，自然和人文资源都相对保存完好，这样就在贫困地区将扶贫和旅游业发展建立起了联系，因此开发旅游作为造血开发式精准扶贫模式在国家扶贫战略中的地位越来越重要。

精准扶贫概念的提出既不是偶然，也不是主观臆断，它是随着人民对美好生活和我国的国情变化而提出来的用于解决贫困问题的途径，这一概念的提出是建立在客观的时代条件下，客观的实践基础上的，主要表现为以下两个方面。

首先，贫困人口的地域分布变化以及对贫困人口识别方式的变化。过去的扶贫方式是对贫困地区的人口统一进行“一刀切”的扶贫方式，对个别少数的特殊情况无法兼顾，随着扶贫工作的深入推进，贫困人口的区域分布显得比较零散，再以过去的方式来进行扶贫，就会更加困难，且会出现资源浪费。所以在2011年，我国制定了新一轮的扶贫纲要，尽可能地寻找到所有的贫困人口，但是最终的贫困人口识别率只有61%左右。在扶贫开发的过程中，采取不同的办法来识别贫困人口，但仍不能做到全覆盖，于是就结合贫困人口的分布情况对识别机制进行创新，形成了一家一户精确识别，并把识别为贫困的人口进行建档立卡，建立了精准扶贫工作机制。从扶贫的发展历程来看，经过不断地探索、创新，精准扶贫是根据贫困人口的地区分布特征和识别方式的变化而提出来的。

其次，贫困户致贫的原因也是在不断变化的。一方面是外部因素导致的贫困。外部因素主要包括以下两点：①基础设施。基础设施的不完善，也就是政府的公共服务，像道路、网络、水电、医疗等的不完善或缺失导致的贫困，而且不同的因素会导致不同类型的贫困，所以就需要通过对贫困地区的致贫原因进行精准识别，帮助贫困户尽早脱贫；②扶贫资源。扶贫资源主要包括人才、技术和资金。扶贫资源的分配及利用不合理，也会使农村地区脱贫受阻。

另一方面是贫困主体自身的原因导致的贫困。贫困主体自身的原因主要表现为因病致贫、因残致贫、因学致贫等，每个贫困户都是特殊的个体，因而致贫的原因也会不同，所以就需要针对不同的贫困户的致贫原因进行精准分析。具体问题具体分析，对症下药，构建精准的帮扶方案，这是扶贫要精准的另一个原因。

由于我国是发展中国家，人口众多，采用高水平的社会保障和福利制度来帮助贫困户不现实，所以只能通过建档立卡精准的了解每一户贫困户，采取针对性的措施来实现精准扶贫。再者，由于贫困人口的地域分布变化、瞄准方式的变化以及贫困户致贫的原因的变化，与我国原有的扶贫制度也不适应，所以必须对其进行创新和完善，精准扶贫应运而生。

二、粗狂扶贫向精准扶贫转换

（一）改革开放至今我国的扶贫成效

近代以来，由于国家的衰败、侵略战争、自然灾害等诸多原因，贫困一直是困扰人民的难题。新中国成立之后，反贫困工作相继展开，并以不断改善人民生活水平为着力点。但是我国开展大规模的真正意义上的扶贫是在改革开放以后，改革开放以来，中国在扶贫减贫方面取得了可喜的成就，我国的贫困人口大幅度减少。回顾扶贫历程，我国农村扶贫发展主要分为以下五个阶段。

第一阶段：农村体制改革推动扶贫阶段（1978—1985 年）。改革开放之前，由于农村的生产关系与当时的社会生产力发展的不适应，使农村贫困问题比较复杂。这一时期，为了大力发展工业，忽视了其他产业的发展，加上经济体制的不完善，因而人民的生活水平无法提高，贫困问题不断加剧。1978 年的改革开放，对农村经济体制进行了改革，促进了农村经济的发展，为扶贫工作开辟了道路。

首先是农村土地由集体经营转变为家庭联产承包责任制。家庭联产承包责任制将土地的经营权交给农民，改革了土地经营制度，让农民拥有了土地，提高了农民的劳动积极性，从而解放了农业生产力，提高了农业的生产效率，增加了农民收入，贫困程度明显降低。其次是提高农产品的价格，完善交易制度。通过提高农产品的收购价格，打破了以往农产品低价的状况，增加了农民的收入；引导农产品进入市场，完善农产品的交易制度，使农业生产与市场经济相适应，满足了社会与人民的需要。此外，还在乡镇引进产业，促进乡村经济发展，为农村人口提供就业机会，农村贫困人口的数量不断减少。

第二阶段：大规模开发式扶贫阶段（1986—1993 年）。由于改革开放的推动，扶贫取得明显的成效，在 20 世纪 80 年代，我国大部分农村进行了摆脱贫困道路的探索，部分农村的经济得到快速增长，但也有少数地区由于自然条件（环境恶劣）、基础设施（交通不便）、思想观念（依赖思想）等因素的制约，使这些地区经济发展受阻，贫富差距逐步扩大，我国农村发展不平衡问题凸显，甚至有部分贫困人口的收入不能维持其基本生存的需要。

1986年，我国开始了大规模的开发式扶贫工作，设立了国务院扶贫领导小组，为了帮助贫困地区发展经济出台了优惠政策和开发式扶贫方针。此外，这一时期为使有限的扶贫资源能够有效解决贫困地区的问题，1986年确定了国家级贫困县，说明我国贫困瞄准的精确性开始受到重视。

第三阶段："八七"扶贫攻坚阶段（1994—2000年）。随着国家扶贫工作的顺利推进，我国加大了扶贫开发的力度，推动贫困地区的发展水平不断提高，中国贫困人口逐年减少。随着扶贫形式的不断变化，国家也相应地提出了新的政策措施。

第四阶段：综合性扶贫开发阶段（2001—2010年）。进入21世纪，我国仍然面临着新的贫困问题，要求扶贫政策的制定更加精细，因此扶贫政策瞄准到了村级。2001年，我国颁布实施《中国农村扶贫开发纲要（2001—2010年）》。该纲要提出的首要任务就是解决剩下的少数贫困人口的温饱问题，贫困地区的生活水平得到改善和提高。要求要加强对扶贫成果的巩固，从基础设施、生态环境、思想文化等方面来改变贫困地区落后的面貌。在这一阶段，国家把扶贫的重点放在了特困地区，如：西部的少数民族地区，革命老区等，还要提高农民自身的脱贫能力，发展乡村产业，拓宽就业渠道，引入先进生产技术等。

第五阶段：连片开发与精准扶贫共同推进阶段（2011—2020年）。2011年我国颁布实施《中国农村扶贫开发纲要（2011—2020年）》（简称《扶贫开发纲要》），的这一阶段扶贫工作取得巨大成就，也有其自身的特点。2011年以后，我国的扶贫步伐进一步加快，尤其是从2013年精准扶贫提出以来，6年间，我国的扶贫工作取得了前所未有的成就。精准扶贫要求"精"和"准"，对扶贫提出了更高的要求，通过对贫困人口进行精准识别，精准帮扶和精准施策的精准扶贫机制的建立，要求达到消除绝对贫困的目的。

（二）精准扶贫的内容要求

自精准扶贫提出至今，其内容随扶贫的现实情况也不断地完善和发展。精准扶贫是习近平治国理政思想的重要构成部分，是关于扶贫工作的完整体系，精准扶贫贵在"精"和"准"。精准扶贫是一种循序渐进的扶贫方式，通过"精准"来打赢脱贫攻坚战，实现"五个一批"，获得经得起历史和人民检验的成果。精准扶贫的主要内容包括：精准扶贫、精准脱贫和三大理念三个方面。

第一，精准扶贫。精准扶贫有"六个精准"的要求：扶持对象精准、项目安排精准、资金使用精准、措施到户精准、因村派人（即第一书记）精准、脱贫成效精准。扶贫对象精准是指通过对贫困地区和贫困人口的细致考察，对其进行精确的定位，确认其致贫原因及脱贫障碍，再进行识别和建档立卡，并对确定的贫困人口进行动态管理。项目安排精准是指针对贫困地区不同的致贫原因，因地制宜地进行扶贫项目的开发和资金的分配，并可以引进符合本地特色的产业，对于特色产业政府应当放宽政策，大力支持。资金使用精准即根据贫困人口的实际需要以及贫困地区扶贫产业的需要对扶贫资金进行合理分配，使扶贫资金能够最大限度地惠及贫困地区和贫困人口。措施到户精准就是扶贫措施要做到因地、因户、因人而异，做到针对性和精准，避免一刀切的粗放式扶贫。例如对于发展产业缺乏资金的，应当放低信贷门槛；对于缺少脱贫致富技能的，要积极与相关部门协商，引进专业技术人员对农民进行技能培训，确保贫困户“一技在手，脱贫不愁”。因村派人精准是指根据不同村的不同情况和需求，派遣具有相应能力的扶贫干部，使派遣到贫困村的扶贫干部能够全面的了解贫困村及贫困户的实际情况，也要发挥他们的带动作用，带动贫困人口脱贫致富。脱贫成效精准就是指根据不同的致贫原因进行精准施策，使贫困人口摆脱贫困，脱贫结果要达到“两不愁三保障”的标准，让贫困群众真正拥有获得感。

其次，精准脱贫。精准脱贫是精准扶贫的结果，要实现这一结果就要走“五个一批”的路径，包括发展生产脱贫一批，易地搬迁脱贫一批，生态补偿脱贫一批，发展教育脱贫一批，社会保障兜底一批。发展生产脱贫一批是指通过在贫困地区发展扶贫产业，为贫困地区注入技术、人才和资金，为贫困地区注入经济活力，提高农民的生产能力和生产积极性，带动贫困地区和贫困人口脱贫致富。易地搬迁扶贫一批是指把居住在自然环境恶劣、生态环境脆弱地区的贫困人口搬迁到自然条件较好，生态承载能力强的地区，改善贫困人口的生活环境，提高他们的生活质量。生态环境脱贫一批是指对于生态环境脆弱的地区，将生态补偿机制和精准扶贫相结合通过政策支持和产业扶贫等措施，使贫困地区的生态环境得到恢复，实现生态资源的可持续性，同时也造福当地的群众。发展教育脱贫一批指通过发展教育事业，着力提升贫困人口的文化水平，解决贫困人口子女的教育问题。通过开展教育培训，让贫困人口学习技能，增强其自身的脱贫能力和发展能力。社会保障兜底一批是指对于没有劳动能力的特困户，为其提供低保、救助等保障措施，使其能够维持基本的生活水平。

最后，三大理念由精准化理念、分批分类理念、精神脱贫理念构成。

①精准扶贫思想的核心要义——精准化理念。精细化主要包括了精准识别、精准帮扶、精准管理和精准考核，精准化理念贯穿于扶贫工作的全过程。

②精准扶贫思想的基础工具——分批分类理念。分批分类扶贫理念，可以简单概括为“五个一批”。五个一批是指发展生产脱贫一批、易地搬迁脱贫一批、

生态补偿脱贫一批、发展教育脱贫一批、社会保障兜底一批。

③精准扶贫的战略重点——精神脱贫理念。简单概括为指树立脱贫信心、营造脱贫环境，以此来帮助贫困群体深刻意识到自身优势与主观能动性，拿出敢想敢干的决心，在精神上摆脱贫困。

第二节　精准扶贫的内涵

通过实践与研究论述，可窥探精准扶贫内涵，简言之可将精准扶贫的概括为：扶贫对象精准、项目安排精准、资金使用精准、措施到户精准、因村派人精准、脱贫成效精准六大内容（见图1）。

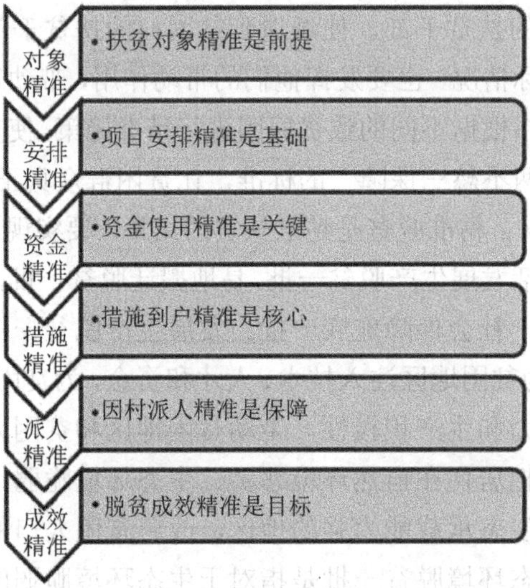

图1　精准扶贫内涵

一、扶贫对象精准是前提

精准扶贫的首要问题是解决“扶持谁”的问题，即扶贫对象的精准问题。确保摸清贫困人口底数，把贫困家庭和人口清单、致贫的根本原因、当前贫困程度、扶贫需求、现有脱贫能力等基本情况查清楚，是扶贫开发的第一步工作，当前这一工作主要是通过对贫困村和贫困户建档立卡来完成。

根据中共中央办公厅、国务院办公厅联合印发的《关于创新机制扎实推进农村扶贫开发工作的意见》和国务院印发的《扶贫开发建档办卡工作方案》的要求国务院扶贫办介绍，目前贫困认定的程序和方法是：在严格制约总体指标的前提下，通过村级认定贫困人口，确定帮扶对象，要进行民主评议，建立档案和卡片。中国农村贫困人口的总体规模是根据国家统计局对农村居民的抽样调查和当年的贫困线标准计算出来的。按此方法计算，2014 年贫困人口为 7017 万人。第二步是将贫困人口指标按总规模分解到不同地方，考虑统计误差和当地经济社会发展等具体情况，允许分解指标上浮。在分解得到的指标总量控制下，地方政府通过层层分解最终确定基层贫困指标。基层根据取得的贫困指标，结合各地具体情况，综合考虑贫困家庭的收入、支出、资产、健康等情况，组织民主测评，最终建立档案卡，确定救助对象。按照工作安排要求，截至 2014 年年底，全国基本完成建档建卡工作，确定贫困村 128 016 个，贫困户 2932 万户，贫困人口 8862 万人。

在当前贫困人口认定过程中，国家按照贫困线测算贫困人口总规模，基层通过民主测评认定贫困人口。标准的不一致必然导致贫困人口认定的偏差。国家统计局抽样调查的失误，基层民主评议过程中人际关系和利益纠纷的复杂情况，也会导致扶贫目标的偏离。这些都是在具体工作中应该避免和解决的问题。

真情扶贫，切实聚焦最需要帮助的人精准扶贫，首先需要我们真情扶贫，把关注点放在所有需要帮助的人身上。面对贫困人群，我们不能忽视，不能不管，不能不作为。要真真切切地实地调查，看看全国哪些地方还有贫困人口，哪些地方的贫困人口最多，他们贫困的原因是什么，应该怎么样来帮助他们摆脱贫困。这是一个大工程，但是我们不能不做，而且必须要做好，要把全面的各种情况调查清楚，以助于有所针对地改善贫困地区人民的经济、生活状况。把国家的焦点放在这些最需要帮助的人身上，“假贫困”想骗取国家资助的人应该严肃处理，让他们不敢再犯，保证国家政策强有力的实施。

二、项目安排精准是基础

“精准”的项目安排，就是要在查明贫困人口贫困原因、脱贫意愿和脱贫能力的基础上，因地制宜，制定有针对性的帮扶措施，选择贫困人口急需的帮扶项目，使贫困人口从扶贫工程中受益。其中，最重要的是找出贫困的原因。只有找出根源，才能选择合适的项目，帮助贫困人口脱贫致富。从全国建档建卡的统计数据来看，我国贫困家庭贫困的主要原因是疾病、残疾、资金和技术不足、劳动力不足。我国东部地区贫困家庭大多是因病致残、劳动力缺乏等人为因素造成的贫困，中部地区贫困家庭大多是因病致贫、经济困难造成的贫困，而西部地区贫困的原因比较复杂，包括家庭原因，如缺乏资金和技术，缺乏耕地，灾害，学习等，以及落后的经济和社会发展，特别是水、电、道路等落后设施的基础上，导致更多的贫困。

当然，大量贫困户的贫困原因并不单一，尤其是在14个连片贫困地区。这些地区的自然禀赋、地理位置、经济社会发展是贫困率居高不下的重要原因。此外，精准安排扶贫项目还必须考虑贫困户自身的扶贫能力。因此，扶贫项目的安排既要着眼当前，又要着眼长远，既要考虑贫困户脱贫的需要，又要提升整个区域的可持续发展能力。比如，由于缺乏劳动技能而贫困的家庭，可以通过技能培训、劳务输出等方式，在短时间内摆脱贫困。但是，如果考虑到有子女的家庭将来可能因上学而返贫，就必须有相应的长期援助措施和项目。比如，在中西部一些深度贫困地区，除了要科学制定每个贫困家庭的帮扶措施外，还要加大对基础设施、社会保障、医疗教育等方面的投入，着力提高公共服务水平，增强地方经济实力自我发展能力。

发展扶贫，切实发挥市场的决定性作用精准扶贫，也要求我们做到发展扶贫。发展扶贫，就是要看到市场的作用，充分发挥市场的决定性作用。这是基于社会实践而做出的基本判断。确实，帮助贫困人群脱贫，我们不能只是发挥国家、政府的作用，在资源配置中，真正起决定作用的是市场，所以我们要看到市场的关键性。我们正确的做法是，把政府作用、市场作用和社会的作用有机结合起来，才能真正地改善民生，解决贫困问题。每一个主体都有自己的优势所在，发挥各个主体的优势和作用，达到三位一体，精准扶贫的实施便更加容易了。

组织扶贫，切实向最需要帮助的人倾斜精准扶贫，要求我们做到组织扶贫。简单地说，就是我们的扶贫政策应该适当地向最需要帮助的人民群众倾斜。在精准扶贫中，我们也应该贯彻这一方法论。其实，中国每一个地区的贫困程度是不同的，比如，相比东部而言，西部地区的人民肯定是要更贫困一些；相比汉族而言，少数民族地区的人民生活肯定要艰苦一些；就算是在同一个村里，也有特别贫困的人和一般贫困的人之分。所以，面对这样的情况，我们需要更多地关注最贫困的人，给他们更多的优惠，向最需要国家政策资助的人倾斜，切忌“一刀切”。这样，我们的精准扶贫才能达到想要的效果，最贫困的人群生活水平才能有所提高。

三、资金使用精准是关键

“资金”是援助项目实施和顺利运行的“血液”。准确使用资金的要求，就是要确保“养分”能供给到最需要的地方，最终体现扶贫对象真正脱贫致富。资金的准确使用，不仅对扶贫资金的使用效果提出了严格要求，也对扶贫资金的规范使用提出了要求。

就扶贫资金使用效果而言，主要是指提高资金使用的针对性和灵活性，用好刀刃上的钢。为了专款专用，便于审计，过去对各类扶贫资金都进行了严格管理，对资金的使用、使用标准、管理方式等都有严格而详细的规定。基金的实际管理者受到各种规章制度的约束，缺乏独立的权力。形成了规则制定者不了解基层特殊情况，实际执行者不掌握资金使用规则的局面，必然导致资金使用效率低下。比如，很多资金需要专款专用，对当地和贫困户也有相应的配套要求。许多贫困地区和贫困家庭望而却步。一方面，很多项目急需资金，无法及时获取到资金。另一方面，许多专项资金规模过大，无法使用，使其成为银行。我国贫困人口银行账户中的“睡美人”规模大、分布广，贫困成因复杂多样。贫困地区各种条件参差不齐，资金需求不一。这些现实要求，资金的分配和使用要向下级转移，特别是要加强基层基金管理人的自主权，使他们能够根据具体情况，根据实际情况，整合资金来源，统筹分配，把钱花在急需的地方，提高资金的边际使用效率，提高扶贫资金的整体使用效益。

就规范使用扶贫资金而言，要严格监管，加大处罚力度，确保扶贫资金最终用于扶贫对象。特别是在资金使用权和项目审批权下放的情况下，迫切需要落实扶贫资金阳光管理制度，建立群众、监督机关、社会媒体等主体广泛参与的监督体系，加大对扶贫资金的查处力度扶贫开发领域的职务犯罪、资金截留、浪费等现象，要建立资金申请、审批、使用、监督全过程的规范化管理制度，确保不乱花钱、多花钱。

四、措施到户精准是核心

根据每户贫困户的实际情况，制定精准的扶贫措施，是确保贫困户和贫困人口从扶贫项目中受益的最后一个也是关键的一环。从以往经验看，由于没有做好扶贫到户工作，很多扶贫项目都是以贫困县乡为依托，村级扶贫开发项目很少。项目开发的对象是贫困地区，而不是贫困家庭或个人。因此，很多项目在利益取向上存在一定偏差，项目最终难以实施，只有一小部分收入会流向贫困户。穷人受益很少，大部分受益将由相对富裕的群体获得。这样，贫富差距就会进一步拉大。从长远看，贫困群体对扶贫工作和扶贫项目缺乏信任，参与度和支持度不高，加大了扶贫工作的推进难度。结合以往经验，在新时期推进扶贫，要注重解决好贫困户的惠民问题，准确制定每个贫困户的帮扶措施，创新扶贫项目的利益分配模式，确保贫困群体真正从扶贫项目中受益。

要落实有针对性的措施要求，特别注意扶贫对象能否获得长期收益，而不是短期内迅速脱贫后返贫的现象。这就要求扶贫措施必须以提高贫困户的“造血”能力为重点，确保扶贫项目和资金的最终效果体现在贫困户增产增收的可持续发展上，我们不能把扶贫资金和项目全部拨给贫困户。这就要求在支持生产和就业的同时，要注意培养和提高技能。在异地扶贫时，我们不仅要能够搬迁，而且要保证能够留下来发展。在发展生态补偿和生态教育的同时，要注意适当向贫困家庭倾斜，提高扶贫标准。精准脱贫是精准扶贫的目的。只有通过有针对性的帮扶措施，才能确保穷人脱贫致富，扶贫投入才能最终帮助真正的穷人。

自立扶贫，充分发挥受助人的主观能动性精准扶贫，还要求我们自立自强。这在精准扶贫中的体现就是，贫困人群真真正正要想地脱贫，关键是靠自己，自己才是内因，才是发展的根本原因。如果人们不能改变现实，他们必须尝试改变自己。就像在扶贫工作中，让贫困的人群真正脱贫，改善现在的情况，要强调自立自强，要强调发挥人的主观能动性，才能实现目标。

五、因村派人精准

扶贫工作实施的关键是准确送人到村，这是解决“谁来扶”问题的最重要环节。脱贫必须充分发挥基层党组织的战斗堡垒作用，通过强有力的组织保障，确保高标准定向扶贫稳步推进。大量的扶贫项目、巨额的扶贫资金、各种扶贫政策、具体的扶贫措施，归根到底都需要村级组织来实施。扶贫工作是否到位，扶贫工作是否真正有效，村两委的作用非常重要，发挥村支部书记的作用非常重要。如今，农村人口大量外流，尤其是受教育程度较高、视野开阔的年轻人。两委委员主要是文化程度低、年龄较大的村民。村干部能力普遍较弱。两委职能弱化是乡村治理质量低下、扶贫过程薄弱的根源。这是在短时间内提高村级组织管理能力的重要途径，也是打赢脱贫攻坚战的关键举措。

由于对村里人员要求准确，要根据贫困村的实际情况，做好选派工作。贫困村要选派紧缺人员，加强工作队伍的能力和责任感。要着力加强基层组织建设，提高基层治理能力和水平，全力推进定向扶贫，确保全心全意为人民服务。具体来说，村一书记和工作组主要从以下几个方面推进定向扶贫：一是完善贫困认定程序，提高扶贫精准度，协调预防和解决贫困户认定中的问题和矛盾，二是科学合理地制定扶贫项目和入户措施，确保贫困户“真扶贫”；三是对定向扶贫工作进行全方位的监督和监测，防止弄虚作假、腐败现象的发生，职务犯罪；四是帮助提高当地干部群众的能力和素质，增强自主发展和可持续发展的能力；五是通过个人和单位的力量，为贫困村的发展聚集更多的资源，需要更多的资源和更广阔的出路，为贫困村的发展提供支持贫困村建设与发展。同时，扶贫“战场”也是培养和培养人才的重要场所。事实上，扶贫已成为选人、提拔、提拔的重要参考。各级干部积极投身扶贫事业，争奇斗艳，建功立业。

六、脱贫成效精准

扶贫的最后一个问题，即如何退却，正是靠扶贫的实效来解决的。精准扶贫的目的是精准脱贫，扶贫效果是衡量扶贫成果的根本依据。针对性扶贫要有明确的标准和要求，关键是要建立科学的扶贫对象退出机制，确保贫困人口，达到扶贫标准的贫困村、贫困县可以有序退出，扶贫后不再返贫。

根据《关于打赢扶贫攻坚战的决定》的要求，脱贫退出程序为：达到扶贫标准后，由县扶贫开发领导小组提出申请，经市、省扶贫开发领导小组初步审定后报国务院扶贫开发领导小组备案；贫困村退出程序与之类似，由村委会提出申请，经乡镇审核后报县级扶贫开发领导小组备案；贫困人口退出必须以贫困户对扶贫效果的认可为前提，由两个村委会组织民主评议后提出，经两个村委会和驻村工作组核实，贫困户签字，在备案登记卡上注销。

退出机制重点是严格规范扶贫标准。在强调扶贫的数量和规模的同时，也更加注重扶贫的质量和效益，坚决避免不切实际的指标，防止弄虚作假和“脱贫”“数字扶贫”。同时，为提高扶贫效果的可持续性，避免扶贫与返贫并举，退出扶贫的人员可在一定时期内继续享受各项扶贫优惠政策。此外，要建立相应的动态监督评价机制，对扶贫效果、政策连续性、退出后是否返贫、发展能力等进行详细监督和客观评价，为缓冲期工作衔接和后续可持续发展规划政策的制定提供相应的支持。

第三节 精准扶贫的重要性

随着社会主义市场经济和城镇化战略深入推进，贫困地区的人口结构、经济结构和社会结构都在发生变化，扶贫开发工作主体以及环境、条件、标准、对象、内容、范围、方式、路径等也在发生变化。因此，新形势下做好扶贫开发工作，支持贫困群众脱贫致富，必须采取较之前阶段更为精细化的扶贫方式，帮助每一个贫困人口探索和建立适合他们自身经济结构、文化特质和生态承载力的脱贫致富路线，这也是充分体现中国共产党“共同富裕”理论原则的发展与延伸。因此，可将其重要性归纳为四个方面。

一、是全面建成小康社会目标的重要途径

党的十九大报告明确指出：中国特色社会主义进入新时代，把我国主要社会矛盾转化为人民日益增长的美好生活需要和不平衡不充分发展的矛盾。中国稳步解决了十几亿人的温饱问题。总体上实现了小康社会。很快就要全面建成

小康社会。人们对美好生活的需求越来越广泛。它不仅对物质文化生活提出了更高的要求，而且对民主法治、公平正义、安全环保提出了更高的要求。同时，我国社会生产力水平总体显著提高，社会生产力在许多方面进入世界前列。更突出的问题是发展不平衡、不充分，已成为制约人民日益增长的美好生活需求的主要因素。

我们必须认识到，我国社会主要矛盾的变化是关系全局的历史性变化，这对党和国家工作提出了许多新要求。要在继续推动发展的基础上，努力解决发展不平衡、不充分的问题，大力提高发展质量和效益，更好地满足人民群众日益增长的经济、政治、文化、社会、生态等方面的需求，更好地促进经济社会全面发展人与社会的全面进步。

贫困地区幅员辽阔，连片贫困地区仅 14 个，约占总土地面积的 40%。从消费角度看，这些地区居民消费水平较低。通过增加居民收入，可以扩大有效消费需求，为产业结构调整升级赢得时间。从投资角度看，加强贫困地区基础设施和公共服务建设，既能增加有效投资需求，又有利于消化过剩产能，不会导致重复建设。许多贫困地区自然条件独特，山川秀美，环境优美，土壤无污染。如果把这些优势转化为多样化的产品，激活潜在的投资，形成新的消费力量，不仅有利于经济健康稳定发展，而且有利于增进全体人民的福祉。加快贫困地区发展，可以形成新的经济增长极，为中国经济赢得更大的回旋空间。

定向扶贫有利于全面建设小康社会，实现中华民族的伟大复兴。全面建设小康社会是我们现阶段不懈的追求和目标。这几年，我们实现了全面小康。习近平总书记曾经指出："农村没有小康社会，特别是贫困地区没有小康社会。"实际上，实现"全面小康"还有一个比较长的过程。全面建设小康社会，关键之一就是要有一个全面的人口，让包括贫困地区在内的全体中国人民都能享受到国家发展的成果。那我们该怎么办？坚持定向扶贫。在扶贫开发过程中，要坚持定向扶贫理念，帮扶困难群众，努力尽快建成全面小康社会。

因此，要让全体人民过上更好的生活，不仅需要各级党员干部和贫困群众长期不懈地努力，更需要采取科学的方法、精准的措施和有效的制度，保护贫困地区和贫困群众，确保党中央提出的扶贫开发工作到 2020 年实现"两个有忧、三个有保"，即扶贫对象不愁温饱、保障义务教育的总体目标，基本医疗和住房将如期实现。

二、是解决减贫效益递减问题的重要途径

2015 年，北京师范大学张琦教授总结了中国扶贫发展的四个阶段：第一阶

段（1978—1984 年），主要通过农村经济体制改革，建立家庭承包经营制度，给予农民更多的经营自由，新中国成立以来，由于城乡二元社会经济体制的存在，40%~50% 的农村贫困人口从 1978 年的 2.5 亿人减少到 1985 年的 1.25 亿人；第二阶段（1985—2000 年）从解决普遍贫困到区域贫困，通过指定贫困县实施扶贫开发，到 2000 年年底，贫困人口由 1985 年的 1.25 亿减少到 2000 年的 3000 万，农村贫困发生率由 14.8% 下降到 3% 左右。第三阶段（2000—2010 年）确定 14.81 万个贫困村为我国扶贫重点，形成了以产业化扶贫和劳动力转移培训为“两翼”的新型扶贫开发模式，农村贫困人口由 2000 年底的 9422 万人下降到 2010 年的 2688 万人，农村贫困人口比重由 2000 年的 10.2% 下降到 2010 年的 2.8%。第四阶段（2013—2020 年）的特点是在 2013 年至 2020 年期间实施准确的家庭援助。

从以上数据的对比分析可以看出，随着扶贫进入攻坚阶段，扶贫资源投入的边际效益在下降，特别是农村基础设施建设落后、公共服务能力不能满足日常需要等历史欠账，产业结构不合理，导致扶贫资源投入成本大幅增加，扶贫效率逐步下降。在这种严峻形势下，迫切需要进一步推进扶贫政策创新，优化扶贫资源配置，探索新的扶贫路径和模式，实现“政策对接无缺口、对口帮扶无缺口、项目合作无障碍”的目标。此外，随着贫困地区和贫困人口绝对数量的减少，迫切需要更加准确、科学的手段来确定贫困人口，分析贫困原因，落实扶贫措施。

三、是预防多维贫困凸显问题的重要途径

“多维贫困”的概念是由福利经济学家、诺贝尔经济学奖获得者阿马蒂亚·森提出的。这意味着贫困不仅是单一方面的收入不足，而且是缺乏获得教育、保健、饮用水和医疗等基本服务的机会。当然，从一开始，中国的扶贫目标就致力于多维度的标准，包括提高收入和提高生活质量。如 1994 年实施的《1997 年 8 月国家扶贫规划（1994—2000 年）》，提出用 7 年时间解决贫困人口温饱问题，帮助他们改变教育、文化、卫生、基础设施落后的局面。2011 年，《中国农村扶贫开发纲要（2011—2020 年）》的实施规定，到 2020 年，要稳步实现扶贫不愁温饱、义务教育、基本医疗和住房保障的目标。

针对农村多维度贫困的新形势，扶贫工作的重点不仅是解决基本温饱和经济贫困，还要照顾好受教育权、医疗保障、人力资本等多维度贫困。因为造成贫困的原因不仅是生产资料或劳动资料的缺乏、健康状况不佳，而且知识积累和社会资本积累严重不足，导致结构性贫困的恶性循环。这种结构性贫困的恶

性循环在少数民族地区较为普遍，也是对全国脱贫攻坚战取得决定性胜利的深刻挑战。因此，定向扶贫不仅要加强经济层面的帮扶，更要加强教育、技能、观念等全方位的个性化帮扶，找准症结，找准良药，要更加注重因人、按户执行政策，解决贫困问题。

四、是打赢脱贫攻坚的重要途径

推进定向扶贫，前提是要有准确的思路和认识。知识是行动的开始，行动是知识的完成。习近平总书记指出，消除贫困，改善民生，逐步实现共同富裕，是社会主义的本质要求，是我们党的重要使命。只有思想认识到位，才能找到正确的工作方向。要充分认识定向扶贫对全面建设小康社会的重要意义。要以高度的政治意识和行动意识、强烈的责任意识和责任精神，把加快贫困地区发展、扶贫致富摆在更加重要的位置，努力推动扶贫开发工作由粗放、分散、单一向集约、精准、整体推进，提高扶贫开发成效。

推进定向扶贫，基础是准确的对象认定。扶贫不是普惠性社会福利，而是弥补全面建设小康社会“短板”的重大举措。习近平总书记指出，扶贫要“真扶贫、扶贫”。要把握贫困动态变化，突出针对性，使投入的资金真正惠及贫困人口。只有准确地确定扶贫目标，才能真正找出贫困的基础，找出贫困的原因，为定点滴灌打下基础，实现贫困的精准扶贫。要遵循“严格对象标准、规范认定程序、坚持公平正义、直达户到人”的原则，全面准确掌握贫困人口规模、分布、生活条件、就业渠道、收入来源、贫困因素等情况，建立贫困人口动态管理机制，确保扶贫资源向贫困对象集中，使“真正的贫困者”和“返贫者”得到更有效的支持和帮助。

推进定向扶贫，关键是扶贫措施的精准。推进定向扶贫，要瞄准目标人群，找准贫困症结，对症下药，落实精准政策。习近平总书记指出，要坚持“以人为本”方针，实施扶贫攻坚战略。要始终坚持实事求是，根据贫困类型和成因、资源和发展条件，科学制定扶贫开发方案，提高扶贫措施的准确性、系统性和可操作性。既要注重整体联动，实施区域扶贫开发，着力解决制约基础设施、社会保障、公共服务、产业发展等方面发展的问题，不断提高贫困地区自我发展能力；同时突出扶贫重点，加强对特困户的点对点帮扶，实现“一户一账、一户一策”，并采取每户一套扶贫方案的“措施”，不断改善贫困人口的生产生活条件，使他们增强获得感，得到实实在在的实惠。

推进精准扶贫，重点是精准的项目安排。项目建设是扶贫开发的重要举措，是加快贫困地区发展的重要起点。习近平总书记指出，既要喊口号，又要定高目标。如果把扶贫当成“形象工程”，实施一些浮华的扶贫项目，势必产生巨额“扶贫债”，留下扶贫的“后遗症”。在扶贫项目规划中，要到贫困地区了解民意，倾听贫困群众的呼声，真正把贫困地区急需的、贫困群众期盼已久的项目纳入扶贫范围，使扶贫项目成为扶贫的主体贫困地区发展和贫困人口脱贫致富的动力源泉。

推进精准扶贫，保证的是考核管理的准确性。评估既是“风向标”，又是“指挥棒”。准确的扶贫评价体系有利于建立正确的扶贫工作指导思想。习近平总书记指出，贫困地区要把贫困人口生活水平的提高作为评价贫困地区政绩的主要指标。实施精准扶贫评价，必须充分利用统计监测和扶贫信息数据系统，以扶贫效果为重点，合理设置评价指标和权重，建立健全精准扶贫评价机制。要严格规范考核程序和方法，辩证分析贫困地区的主观努力和客观条件、当前工作和长远影响，以减少贫困人口数量、提高贫困人口生活水平、改善贫困地区发展条件为重点，扎实推进扶贫开发工作。

第四节　旅游精准扶贫的概念辨析

一、旅游精准扶贫的概念理解

（一）旅游精准扶贫概念提出的背景

在国家提出定向扶贫的背景下，为了落实定向扶贫的要求，一些学者和地方政府提出了产业定向扶贫的概念。2014 年国务院《关于推进旅游业改革的若干意见》（国发〔2014〕31 号）中“加强乡村旅游扶贫”第七条提出了第一个完整的“旅游扶贫”概念。可见，旅游扶贫是针对性扶贫理念在旅游扶贫领域的具体应用，即根据不同贫困地区旅游扶贫开发的条件和不同贫困人口的情况，运用科学有效的程序和方法，准确识别、帮扶和管理旅游扶贫的目标对象，实现“扶真贫”的目标和“扶真贫”的扶贫目标。

具体来说，就是：一是通过一定的程序和方法，确定是否可以通过旅游开发来进行扶贫，以什么形式的旅游项目来进行扶贫，谁是旅游扶贫的目标对象；二是在有效识别的基础上，通过旅游扶贫分析了旅游扶贫的目标对象，提出了有针对性的旅游扶贫措施，包括“支持什么、支持谁、如何支持”；第三，旅游扶贫还需要对旅游扶贫的各个方面进行精准管理，以确保扶贫的实效性和有效性旅游扶贫识别和帮扶的可持续性，真正实现“扶真贫”和“真扶贫”的目标。

（二）旅游精准扶贫的全方面理解

一是旅游扶贫的目标是实现“扶危济困”和“扶危济困”的目标。旅游扶贫通过一系列的方法和措施，把重点放在真正能够开展旅游扶贫开发的地区，因地制宜地确定旅游扶贫开发项目，采取切实可行的旅游扶贫帮扶措施，帮助旅游扶贫中的“可支持人群”，增加贫困人口的受益面和发展机会，提高脱贫能力。

二是旅游扶贫是一种新型的旅游扶贫方式。旅游扶贫作为一种开放型、开发型扶贫，需要具备一定的适用条件。并非所有地方都适合旅游扶贫，也并非所有贫困人口都适合或能够参与旅游扶贫。因此，有必要对旅游扶贫的目标对象进行有效筛选。旅游扶贫强调“区别对待”“因地制宜”“因人而异”，针对不同地区、不同贫困群体采取不同的旅游扶贫开发对策和帮扶措施；旅游扶贫以“精准”为价值取向，采用科学有效的程序和方法，准确识别、辅助和管理旅游扶贫的目标对象。因此，旅游扶贫可以有效解决旅游扶贫过程中扶贫对象“针对性不准确”的问题，提高旅游扶贫的方向性和针对性，提高旅游扶贫工作的实效性。它是一种不同于以往粗放型旅游扶贫的新型旅游扶贫方式。

三是旅游扶贫强调旅游业的可持续发展。贫困人口通过发展旅游业脱贫致富，旅游业的发展有赖于当地旅游业带来的收入。因此，旅游扶贫必须立足于旅游业的可持续发展。在分析贫困地区旅游扶贫项目的可行性时，要开发市场化、有竞争力的旅游扶贫项目；同时要注意保护当地旅游资源和环境，从而最大限度地减少旅游开发对当地社会文化和生态环境的影响，实现贫困人口的可持续受益。

四是旅游扶贫不排斥非贫困人口的利益。旅游扶贫是一种典型的产业扶贫方式，应以产业发展为基础。因此，旅游扶贫需要遵循旅游市场发展规律，坚持市场导向。旅游扶贫虽然强调对贫困人口的准确定位，但旅游扶贫资源向贫困人口倾斜，但是，旅游扶贫并不全是慈善（虽然旅游扶贫鼓励社会免费援助）。旅游扶贫目标的实现需要全社会的共同努力。旅游扶贫的针对性并不排斥贫困人口以外的单位和个人的利益。非贫困人口也可以通过参与旅游开发获得相应的利益。

五是旅游扶贫的动态有机系统。旅游扶贫是由旅游扶贫识别、旅游扶贫帮扶和旅游扶贫管理组成的有机体。“扶实贫”和“实扶贫”目标的实现，是上述三个方面的结果。同时，旅游扶贫也是一个动态系统，其内部要素的相互作用和相互作用会随着环境的变化和实践的发展而变化。随着社会经济的发展，贫困地区旅游开发的环境会发生变化，贫困标准也会随之调整，随着旅游开发的定向扶贫，一些曾经是扶贫对象的人，随着能力的提高，将不再是扶贫对象；一些曾经不是旅游扶贫对象的人，由于种种原因，将成为新的扶贫对象。此外，随着旅游发展阶段和旅游扶贫效果的变化，旅游扶贫目标的内容和措施也会相应调整。上述两方面的变化必然导致旅游扶贫管理方式的变化。因此，旅游扶贫体系将随着环境和时间的变化而变化。

二、旅游精准扶贫与相关概念的关系

（一）贫困的概念解析

贫困是一种社会现象，在人类社会发展过程中，受不同因素影响所呈现出来的状态也有所不同。起初，人们对于贫困的界定是物质方面的，难以满足温饱的状态称之为贫困。之后，随着社会的不断发展，“贫困”的概念扩大到了经济、精神、社会地位等多个领域。英国汤森在他的《英国的贫困：家庭财产和生活标准的测量》一书提出：“凡是缺乏获得食物、参加社会活动、不具备满足基本生活和社交条件资源的个人、家庭或群体就是所谓的贫困。”所以，贫困泛指物质生活和精神层次匮乏的社会现象。

贫困作为一种社会生活中的经济现象，可以有一个人为划定的标准，这就是“贫困线”。据悉，世界银行发布的一份报告指出，中国贫困线标准从2008年人均年收入785元，提升到2009年人均年收入1196元，虽提高了65%，但依然低于国际贫困线标准（人均1.25美元／天）近一半。导致这一现象的主要原因有两点：一是只采用了收入标准作为贫困线标准，没有考虑到支出标准。如果生活开支大、成本高，即使收入水平再高，也会出现贫困现象。这就说明对于贫困的准入标准过于片面化，不具备全面性。二是中国人口众多、基数大，一味地调整衡量贫困的标准线容易激增返贫现象。因此，到目前为止还没有一个科学而又行之有效的衡量标准，只有结合本国实际情况，科学设定贫困线，才能从根本上界定贫困的含义。

（二）旅游精准扶贫与精准扶贫

1. 旅游扶贫

旅游扶贫从我国20世纪80年代开始实施的，旅游产业具有广泛性和融合性，可以更好地带动社会经济发展。我国先后将旅游业纳入“七五”计划中的国民经济和社会发展计划，“九五”计划中的重要发展计划。可见，旅游业有利于推动经济发展，增强产业链提升，增加国民就业机会等，正逐渐发展为我国主要经济支柱产业之一。

党的十八大以来，政府提出发展特色产业扶贫，明确指出“旅游扶贫”的新思想、新方向。根据这一发展形势，学者们也对旅游扶贫进行了重新定义，即对具有丰富旅游资源的贫困地区进行合理规划和设计开发，发展旅游实体产业，推动旅游业成为当地经济发展的主要支柱，最终实现贫困地区人口脱贫致富，地方发展稳健提升的双重目标。

2. 精准扶贫

精准扶贫是习总书记提出的，源于我国多年的扶贫工作实践经验总结。我国也有少数学者对此作了定义：王国勇、邢溦（2015）提出，精准扶贫是一种“造血式”扶贫，贵在精准，无论从贫困对象、扶贫项目，还是到资金投放、实施成效都要做到精准，因地制宜的帮助贫困群体摆脱贫困。王思铁（2016）提出，精准扶贫就是根据贫困户状况和环境，通过建立扶贫程序对贫困户进行精准识别、精准帮扶和精准管理的脱贫方法。

总结归纳各路学者对于精准扶贫概念的界定，我们可以理解成它是相对于“粗放扶贫”概念的，对贫困地区、贫困户要有针对性，根据不同的区域环境、人口特点、先天条件等，运用精准科学的计算方法，遵循识别有标准、帮扶有针对、管理有监督的原则，对目标群体进行识别、帮扶和管理的过程。

（三）旅游精准扶贫与传统旅游扶贫

旅游精准扶贫是相对于传统的粗放式旅游扶贫而言的一种全新的扶贫方式，其贵在“精准”。它以旅游扶贫目标对象的发展和受益为归宿，以旅游扶贫“扶真贫”和“真扶贫”为目标。传统旅游扶贫在进行旅游扶贫识别时更多的是聚焦于区域旅游发展条件，而对贫困人口旅游扶贫参与条件关注不够。旅游精准扶贫在传统旅游扶贫识别的基础上，更加强调旅游扶贫目标对象的精准识别，要求进一步精准定位贫困地区旅游扶贫开发条件和旅游扶贫目标人群及其旅游扶贫参与存在的优势与障碍，并依据目标对象在旅游扶贫发展过程中存在的障碍采取针对性帮扶措施。旅游精准扶贫是在传统旅游扶贫基础上的提升和深化，它为解决旅游扶贫实践过程中“旅游扶贫项目可行性不足”“旅游扶贫目标对象指向不明”“旅游扶贫帮扶措施针对性不强”“旅游扶贫监管不到位”提供了崭新的思路，将有助于进步提高旅游扶贫的效果。

（四）旅游精准扶贫有其他概念的特征对比

虽然旅游扶贫是定向扶贫理念在旅游扶贫领域的具体应用，是对传统旅游扶贫的推广和深化，是对国际旅游扶贫经验的吸收和借鉴，它不同于其他旅游扶贫的相关概念（见表 1、图 2）。

表 1 旅游精准扶贫与其他概念比较

比较项目	旅游扶贫	PPT	ST—EP	旅游精准扶贫
关注重点	地区发展	贫困人群	可持续	“扶真贫、真扶贫”
实施主体	政府	NGO、专业机构	NGO、专业机构	政府、NGO、专业机构
覆盖尺度	各层面	微观、小	微观、小	各个层面
资金来源	政府部门	多元	多元	多元
参与方式	市区参与	贫困人群参与	贫困人群参与	贫困人群参与

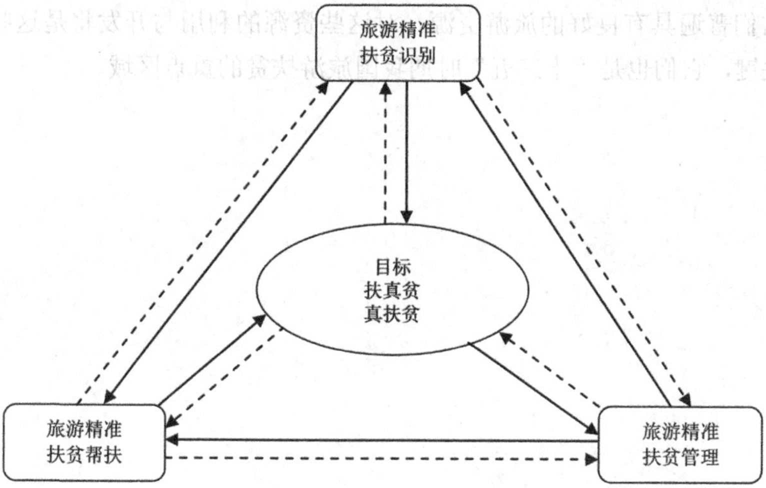

注：“——→”代表旅游精准扶贫系统的运行
“- - - →”代表旅游精准扶贫系统的反馈

图 2 旅游精准扶贫系统

三、旅游精准扶贫前景展望

我国的区域旅游精准扶贫实践开始得较早，早在 20 世纪 90 年代便被提出。一些贫困地区通过发展旅游业脱离贫困，旅游扶贫成为区域扶贫开发的新模式。旅游扶贫在区域扶贫开发中的优势表现为：

一是门槛低，只要对贫困户进行相关的技能培训，贫困户即可通过参与旅游业发展增加收入渠道，从而脱贫。

二是主动性强，相比于以往的被动式扶贫，旅游扶贫通过贫困户的主动参与、积极参与，充分调动其主观能动性，从而促进其脱贫。

三是由于我国贫困地区多为生态环境脆弱地区，旅游业对环境的影响相对较小，即使在部分受限制开发的地区也能发展旅游业。

四是游业关联带动效应强，旅游业的发展不仅能带动贫困户直接脱贫，还将通过产业融合带动休闲农业的发展，提升农业的增加值。而农业的发展壮大则将促进农产品加工业的兴起，从而产生一系列的连锁反应。

根据文化和旅游部与国务院扶贫办提出的目标来看，到 2020 年，规划通过旅游精准扶贫的方式带动贫困地区约 1200 万贫困人口脱贫，该人口数占到所有贫困人口的 17%，由此可见在我国推进以旅游业为主导的扶贫模式具有广阔的前景。

从我国贫困地区的分布来看，14 个集中连片特困地区尽管经济发展滞后，但是它们普遍具有良好的旅游资源。对这些资源的利用与开发将是这些地区脱贫的关键，它们也是“十三五”时期我国旅游扶贫的重点区域。

第二章 精准扶贫的理论基础

共同富裕是精准扶贫的理论基础，任何政策或观念都有其历史和现实的背景。邓小平同志提出了社会主义的本质的问题，其中包含着“最终实现共同富裕”。习近平总书记的精准扶贫就是建立在共同富裕理论基础上的。马克思说过，实现共产主义是一个长期的、艰巨的过程，在其中肯定会遇到各种各样的问题、困难。作为共产主义社会基本特征的共同富裕的实现，必然也需要长期的过程。所以，在现阶段，我们需要一定的理论或者思想来帮助实现共同富裕的奋斗目标，习近平总书记顺应时代发展之要求，提出了精准扶贫。

第一节 新时期精准扶贫的理论基础

一、精准扶贫理论基础

（一）马克思主义经典的扶贫思想

1. 马克思恩格斯反贫困思想

马克思、恩格斯十分重视反贫困问题，他们基于资本主义社会里无产阶级贫困的“国民经济的事实”，揭露了资本主义社会贫困产生的制度根源，深入分析阐释了资本主义生产方式中异化劳动、剩余价值、资本积累等给无产阶级带来的严重贫困，形成了无产阶级贫困化理论。马克思、恩格斯认为资本主义社会的贫困既是一种社会贫困，也是一种制度贫困，在资本主义制度内部不可能解决贫困问题，他们通过对资本主义旧世界的剖析，将反贫困作为人类解放的重要内容。

（1）劳动异化凸显了无产阶级的贫困

马克思用“异化”来形容资本主义社会里无产阶级日益贫困的生活状态。自由自觉的劳动本来是人区别于动物的本质，但在资本主义社会里，劳动发生了异化。在资本主义这种“异化”的社会里，工人的生活是悲惨的，生活中充斥着“肮脏，人的这种堕落、腐化，文明的阴沟”和“完全违反自然的荒芜，日益腐败的自然界”。

马克思分析了资本主义社会里三种可能的社会生活状态，即社会财富衰落状态、社会财富增长状态、社会财富最富裕的状态中工人的地位，很不幸的是，在三种状态中工人都是贫穷甚至毁灭，“在社会的衰落状态中，工人的贫困日益加剧，在增长的状态中，贫困具有错综复杂的形式，在达到完满的状态中，贫困持续不变。”在社会的衰落状态中，工人贫困日益加剧，遭受的痛苦最大。在社会财富增长状态中，这是对工人最有利的社会状态，但是工人劳动和生产的财富造成工人的毁灭和贫困化，工人为了多挣钱，不得不牺牲自己的时间，完全放弃一切自由，在精神上和肉体上陷于贫困直到被贬低为机器，结局是工人“劳动过度和早死，沦为机器，沦为资本的奴隶，发生新的竞争以及一部分工人饿死或行乞”。在社会财富最富裕的状态中，由于财富的增加达到自己的顶点，工资和资本利息都会很低，工人之间为了就业而进行激烈的竞争，工资会缩减到仅够维持现有工人人数的程度，超出这个人数的部分注定会死亡，这一社会状态对工人来说是“持续不变的贫困”。

（2）剩余价值理论是理解无产阶级贫困的重要理论武器

马克思认为，资本主义生产具有二重性，一方面是劳动过程，另一方面是价值增值或剩余价值生产过程。资本主义制度下，表面上看，工人拥有完全的人身自由，与资本家有人身自由的“平等”，工人可以自由出卖自己的劳动力，资本家购买工人的劳动力并将其与生产资料结合生产劳动产品。但实际上，资本家在等价交换的掩盖下，通过占有生产资料的优势，在雇佣工人进行生产的过程中，无偿占有了工人创造的超过劳动力价值的剩余劳动。马克思指出了资本主义生产过程的两个特殊现象：一是“工人在资本家的监督下劳动，他的劳动属于资本家”，二是“产品是资本家的所有物，而不是直接生产者工人的所有物”。

资本主义生产的目的就是要尽可能多的追求剩余价值，“生产剩余价值或赚钱，是这个生产方式的绝对规律”。在资本主义发展的初期，受制于生产技术发展的局限，资本家主要通过延长工作日和提高劳动强度的绝对剩余价值生产方法来榨取工人的剩余价值。工人所获的工资只能维持基本的生活，而长时间高强度的劳动给工人造成了严重的损害。第三次科学技术革命给资本主义发展带来了巨大变化，机器大工业进入到自动化阶段，工业机器人、自动化生产线等先进的自动化设备在生产中广泛使用，甚至出现了“无人工厂”。资本家为了避免引起工人阶级的破坏性反抗，充分利用科学技术发展的成果，主要采取相对剩余价值生产的方法来榨取剩余价值。

随着科学技术的发展，劳动生产率得以提高，资本家也会适度提高有关岗位工人的工资待遇，改善工人的生活条件，但与资本家相比，工人的工资、生活水平和社会地位相对而言是降低的，工人与资本家之间的差距进一步拉大，工人处于一种“相对贫困”的状态。马克思用“小房子”和“宫殿”的比喻来形容这种差距。人们的需要和享受具有社会性和相对性，贫困与富裕不能仅依靠“物品尺度”来判断，更重要的是要以“社会尺度”来衡量。尽管工人的物质生活得到了改善，但资本家和工人之间的利益仍然是对立的状态，“工人的物质生活改善了，然而这是以他们的社会地位的降低为代价换来的。横在他们和资本家之间的社会鸿沟扩大了”。无论资本主义社会里如何调整追求剩余价值的生产方法，都无法掩盖资本家对工人的剥削使工人陷于贫困的状态。

（3）资本积累必然加重无产阶级的贫困

马克思认为，剩余价值是资本积累真正的唯一的源泉，资本积累的实质就是剩余价值的资本化。资本积累的过程就是无产阶级贫困的过程。资本家一方面通过资本积累集中更多的社会财富，另一方面不断提高资本的有机构成，以获取更多的资本。资本家大量使用新技术，使生产线上直接从事生产的工人数量大为减少，工人逐渐发展成为“总体工人”的一部分。

生产的这种变化给工人的生活和发展带来巨大影响：一是工人劳动的复杂程度和强度日益提高。科学技术的发展对工人的素质和能力提出了新的更高的要求，工人需要付出更多的时间、财力和精力去学习掌握先进的科学技术，工人需要承受更多物质上和精神上的压力，甚至因为求学背负沉重的债务，陷于贫困的境地。二是大量的工作岗位由机器代替了工人，造成许多工人失业，使其失去了生活的保障，生活日益贫困。三是工人之间的竞争更加激烈。因为生产中广泛运用自动化技术，直接从事生产一线工作的工人需求大为减少，从事技术研究、设计和管理的岗位需求量增加，但这些工作岗位的要求更高，并非人人可以胜任，大量的一线生产工人面临失业的风险，相互之间为了就业会展开激烈的竞争，工人一旦失业，生活会更加贫困。这样一来，对无产阶级造成灾难性的后果：劳动力供过于求而出现相对剩余人口，大量工人因为失业而陷于贫困。这些相对的过剩人口又为资本积累提供了支撑，成为资本积累的必要条件。

（4）反贫困必须要消灭私有制

在资本主义生产方式下，资产阶级占有了生产资料，享有富裕的生活，而人民群众却要承受被剥削、奴役和贫困。尽管在资本主义社会里，以蒸汽机为代表的科技革命极大地促进了生产力的发展，但资本家通过侵略不断占领殖民地，不断扩大贸易和市场，这些只是给资本家带来了丰厚的利润，是一种“现代的邪恶”。在资本主义社会里，私有制得到了空前的强化，生产资料归资本家所有。其结果，必然是不可避免地加深社会的贫富差距，强化社会的对抗。

马克思在《1857—1858年经济学手稿》中强调未来社会生产力迅速发展，“生产将以所有的人富裕为目的”。但在资本主义社会里，因为私有制的原因，生产不是以所有人的富裕为目的，无产阶级造就了资产阶级的富裕，自己却要承受贫困。马克思认为，“占有人和剥削人的制度”所引起的“社会内部的分裂”，在“旧制度是无法医治的”，要消除这种现象，“除非丢弃这个世界的基础并过渡到民主制的人类世界，任何其他进步都是不可能的”，在历史的自由时期即不存在压迫和剥削的未来理想社会里才能实现。在私有制的种种“共同体”里，是一个阶级反对另一个阶级的联合，只有统治阶级内部的人才能拥有个人自由，对被统治者来说，没有个人自由，不仅是“冒充的共同体”“虚假的共同体”“虚幻的共同体”，而且是“新的桎梏”。只有消灭私有制，在真正的“共同体”中才能从异化劳动恢复到“自由自觉”的人的劳动，才能拥有个人自由，才能实现全面的发展。在消灭私有制的斗争中，“无产阶级除了贫困以外，什么也不会失去，而得到的则是整个祖国，整个世界。这里没有任何犹豫和怀疑的余地”。

（5）反贫困必须建立无产阶级专政的国家政权

消灭私有制不是短时间内可以完成的任务，只有在无产阶级掌握国家政权后，经历一个长期的过程才能实现这一目标。面对资产阶级的残酷压榨，工人阶级奋起反抗，从捣毁机器到采取罢工等斗争形式，要求资本家改善劳动条件、提高工资待遇、缩短劳动时间等，其结果不仅遭到资本主义国家的暴力镇压，而且被资本家更加残酷的压榨。到了19世纪30年代，工人阶级的斗争甚至采取了武装起义的方式反抗资本家的压迫。但是，欧洲几次大规模的工人起义都以失败告终，除了缺乏科学理论的指导，一个重要的原因是无产阶级没有掌握政权，没有足够的武装力量应对资本家的暴力镇压。

在资本主义社会，资产阶级通过榨取剩余价值，积累起了巨额财富，在经济、政治和文化上都占据了统治地位，由于资产阶级掌握了国家政权，并建立起符合资产阶级利益的国家暴力机关。不消灭私有制，就不可能改变工人贫困的境遇。要消灭私有制，无产阶级必须掌握国家政权。否则，一旦无产阶级反贫困的斗争妨碍资产阶级榨取剩余价值时，资本主义的国家机器就会出面镇压在资产阶级的统治下，无产阶级的贫穷（绝大多数人的贫穷）和资产阶级的富裕（少数人的富裕）并存，资产阶级掌握了一切优势资源，无产阶级要么逆来顺受，忍受贫困的生活，要么奋起反抗，使自己成为统治阶级，通过自己掌握国家政权来实现反贫困的目标。马克思强调无产阶级必须掌握国家政权，提出了无产阶级国家代替资产阶级国家这一革命任务。马克思总结欧洲1848年革命的实践，进一步提出了无产阶级如何代替资产阶级国家的问题，提出了“工人阶级专政”“无产阶级的阶级专政”。无产阶级建立无产阶级专政的国家政权后，要在向共产主义社会过渡的进程中逐步解决人类社会的贫困问题，从而取得反贫困的胜利。

（6）反贫困必须要推动生产力的巨大增长和高度发展

马克思、恩格斯明确提出要消除贫困，消灭资本主义社会的弊端，就必须大力发展生产力，否则就会出现普遍的“极端贫困化”。马克思、恩格斯在《德意志意识形态》中谈到如何消灭资本主义“社会力量”的“异化”时指出，如果没有生产力的发展，“那就只会有贫穷、极端贫困的普遍化；而在极端贫困的情况下，必须重新开始争取必需品的斗争，全部陈腐污浊的东西又要死灰复燃。”他们所主张的阶级斗争本质上是为了使生产力得到更大的发展。

没有生产力的巨大增长和高度发展，反贫困就会成为一句空话。我们知道，马克思、恩格斯是从“现实的、有生命的个人本身出发”来研究人类社会发展，坚持从生活（社会存在）到意识来说明人类历史的发展过程，认为只有从人们的现实生活，特别是物质生活条件出发，才能认识人类社会，才能认识历史。“现实的、有生命的个人”必须要有足够的物质生活资料才能使自己生存和发展，才能保持人类社会的快速发展，最后实现共产主义社会。如果没有生产力的巨大增长和高度发展，人们的吃、喝、住、穿等方面不能得到很好地满足，贫困的现象就不能消除。

（7）共产主义社会是消除贫困的理想社会

马克思、恩格斯从来是把消除贫困、实现人的解放和对美好生活的追求作为自己的目的，美好生活不仅是马克思、恩格斯理论的前提，也是其价值指向。马克思超越了德国古典哲学的局限，“他的主张不是源于哲学领域，而是建立在社会事实之上的”，从“作为哲学的哲学”的黑格尔“思辨哲学”转向了“现实生活”。阶级斗争和无产阶级革命的胜利固然是马克思关注的重要内容，但马克思不仅是为了科学地说明人类历史的发展进程，更是为了实现“人的解放”、使人们过上美好的生活，人和人的生活是马克思关注的中心。“思辨哲学”是从“概念到概念”，秉持一种“理论—生活—理论”的逻辑路线，满足于理论推演的自我陶醉。“思辨哲学”使德国人“置现实的人于不顾”，“或者只凭虚构的方式满足整个的人”。

马克思、恩格斯则是坚持“生活—理论—生活”的逻辑路线，强调不仅要“解释世界”，更要“改变世界”。旧哲学家们即使把人从“自我意识”的统治下解放出来，也没有实现“人”的“解放”，而马克思毕生都在为实现“人的解放”而努力，要求实现人民的“现实幸福”，过上美好的生活。也就是说“人的解放”不是抽象的、超历史的，而是在人的现实生活中进行的，内在的包含了人们对美好生活的追求，只有满足人们对美好生活的期待，才能具备实现“人的解放”的基础。但是在资本主义社会里，人民群众不能得到解放，是资产阶级压榨剥削的对象。为此，马克思强调不能满足于概念的批判，要立足现实生活，在肯定资本主义社会历史贡献的同时，通过对未来共产主义社会的设想去探寻人们的美好生活，以此为标准对资本主义社会展开批判。

2. 列宁反贫困思想

列宁在马克思、恩格斯的基础上，进一步深化了对无产阶级贫困化理论的研究。他继承了马克思、恩格斯关于无产阶级贫困化的理论，也认为资本主义私有制是导致贫困的原因。列宁在经济文化相对落后的俄国建立了世界第一个社会主义国家，在马克思、恩格斯反贫困理论的基础上，开启了在社会主义制度下如何进行反贫困的伟大实践，从理论上对在经济文化相对落后的俄国如何进行反贫困的问题进行了阐释，对我们的反贫困实践有重要的借鉴价值。

（1）反贫困关系到苏维埃政权的巩固

尽管十月革命前的俄国也是帝国主义国家，但经济文化相对落后，第一次世界大战已经给俄国造成了严重的破坏，国家千疮百孔，人民群众的生活十分贫困。在当时的条件下，沙皇俄国和资产阶级临时政府都不愿意也没有能力解决农民和工人的贫困问题。列宁认为只有掌握国家政权才能实现从资本主义过渡到社会主义，才能消除贫困。列宁领导布尔什维克提出的“面包、自由、和平、土地”等口号深入人心，得到了人民群众的积极拥护，所以在十月革命爆发时能得到人民群众特别是贫困人民的支持，革命很快从首都扩展到其他中小城市，继而扩展到广大农村，取得了全国范围内的胜利，建立了苏维埃政权。但是十月革命前俄国贫穷的现实也给苏维埃政权带来严峻的挑战，革命开始容易，继续困难。列宁深刻认识到反贫困是他领导的俄国布尔什维克对人民群众的庄严承诺，关系到苏维埃政权能否得到巩固。如果苏维埃不能兑现承诺，不能在反贫困方面取得成效，不能尽快提高人民群众的生活水平，就会失去人民的支持，也就会失去政权。十月革命成功的第二天，列宁就开始着手解决贫困问题，他提出首先应该解决土地问题，认为这是“能使广大贫苦农民群众得到安慰和满足的问题”。无论是战时共产主义政策时期还是新经济政策时期，列宁都十分注重通过反贫困来获得广大人民群众的继续支持，从而进一步巩固苏维埃政权。

（2）反贫困是社会主义发展的必然要求

科学社会主义诞生之初，马克思、恩格斯对“社会主义”和“共产主义”这两个概念没有严格的区分，都用来指代未来社会。马克思晚年在《哥达纲领批判》中把共产主义分为了两个阶段。列宁在《国家与革命》中进一步把马克思说的共产主义社会的第一阶段称为“社会主义”。此后，“社会主义”就指共产主义社会的第一阶段，而“共产主义”则专指“共产主义社会高级阶段”。

共产主义社会阶段不存在贫困问题。但在社会主义社会，因为刚从资本主义社会中产生出来，还会存在一些弊端，存在贫富差距，“一个人事实上所得到的比另一个人多些，也就比另一个人富有些”。列宁认为，如何实现、通过哪些阶段、通过哪些措施来实现共产主义，需要在实践中探索，因为社会主义本身也有一个由低到高的发展过程。列宁强调：“我们为全体劳动者的自由和幸福而斗争。我们为亿万人民摆脱暴力、压迫和贫困而斗争。”在社会主义发展的过程，是要消除资本主义传统或痕迹的过程。既然共产主义不允许有贫困的存在，那么在社会主义阶段就必须要消灭贫困，只有这样，才能为迈向共产主义社会做好准备。

（3）反贫困必须要促进生产力的发展

列宁认为，促进生产力的发展是“社会进步的最高标准”。十月革命胜利后，苏维埃俄国首要的任务是大力发展社会主义经济，恢复生产力并推动生产力的快速发展。列宁十分强调生产力的发展，“无论如何要使俄罗斯不再是又贫穷又衰弱而成为真正又强大有富饶的国家”。他认为，尽管俄罗斯人民仇恨帝国主义，仇恨资本主义，要消灭资本主义，但为了促进俄国的发展，又要向资本主义国家学习。列宁对俄国的国情有清晰的认识，他认为俄国是一个小农经济的国家，无产阶级的力量“不仅在世界范围内比资本主义弱，在国内也比资本主义弱”。十月革命胜利后，苏维埃政权面对的俄国，“是帝国主义战争所引起的破产和贫困，愤恨和疲乏，以及疾病和饥饿”。要反贫困，消灭饥饿，“首先必须采取紧急的、认真的措施来提高农民的生产力”，劳动生产率是“使新社会制度取得胜利的最重要最主要的东西”。列宁把发展生产力作为经济和政治的最高原则，从经济和政治两个方面强调反贫困的重要性。经济上，要尽可能地增加产品来满足人民的需要，围绕反贫困的实际效果来对苏维埃政府机构进行考核。政治上，将反贫困作为主要的政治任务。

（4）反贫困要充分利用资本主义的积极成果

列宁根据当时俄国的实际，提出“要进行社会主义建设，必须充分利用科学、技术和资本主义俄国给我们留下来的一切东西”。俄国是在资本主义经济不发达的基础上发展社会主义，经济基础薄弱，加上战争的破坏，贫困问题非常突出。因为俄国仅有的薄弱基础就是资本主义的成果，不利用这些成果，建设社会主义就是一句空话。他甚至将是否利用资本主义的成果来建设社会主义作为区分“共产党人”和“空谈家”的标准。反贫困作为社会主义建设的重要内容，更要充分利用资本主义的积极成果。列宁区分了国家资本主义在资本主义社会和社会主义社会的不同性质，“在资本主义国家里，所谓国家资本主义，就是资本主义得到国家的认可并受国家的监督，从而有利于资产阶级而不利于无产阶级。在无产阶级国家里，做法相同，但是这有利于工人阶级，目的是和依然很强大的资产阶级抗衡和斗争。”当然，在利用资本主义积极成果的同时，还需要注意消除资本主义的消极影响。

（5）反贫困必须坚持无产阶级政党的领导

列宁高度重视革命的领导权问题，反贫困也有领导权问题。十月革命前后的俄国，贫困人口多，贫困程度深，各种经济力量分散，反动势力大，没有集中统一的领导就不能有效的组织力量应对贫困问题。俄国的资产阶级代表的是大资产阶级和资产阶级化的大地主的利益，在他们掌握国家政权后，只是宣布人民享有一些形式上的自由民主权利，却拒绝满足人民群众对土地、和平和面包的要求，不仅不解决农民的土地问题，还使用暴力镇压农民夺取土地的行动，不给工人增加工资，也拒绝缩短工人的劳动时间。在资产阶级政权的统治下，工人和农民贫困的状况没有丝毫的改变，甚至变得更加严重，因此，资产阶级不愿意，也没有能力领导人民取得反贫困的成功。农民阶级深受贫困之苦，有强烈反贫困的愿望，但由于力量分散，缺乏理论修养，没有完成反贫困任务的能力。列宁领导的无产阶级及其政党，具有高效的组织力量，有严格的纪律，以实现共产主义的美好生活为目标，获得了人民群众的广泛支持，十月革命成功后掌握了国家政权，有责任也有能力团结人民群众取得反贫困的胜利。因此，列宁强调无产阶级要善于领导，通过改善工农群众的生活来巩固工农联盟。在反贫困中坚持无产阶级政党的领导，能够确保反贫困的成果惠及广大的人民群众，而不是被少数资产阶级势力占有。

（6）反贫困必须依靠广大人民群众

俄国的无产阶级与农民有着天然的联系，绝大多数工人来自农村，这种天然的优势使得工人与农民结成可靠的同盟军。农民处于社会的底层，备受压迫和剥削，农民强烈要求改变自己凄惨的贫困生活状态，与工人有共同的要求，愿意接受无产阶级及其政党的领导。所以俄国的十月革命在布尔什维克的坚强领导和广大工人、农民的支持下取得了胜利。列宁领导俄国在不同时期反贫困的实践探索中都十分注意同人民群众的利益保持一致，反贫困必须符合人民群众的意愿，紧密团结依靠群众来实施反贫困的政策。反贫困不是无产阶级政党自上而下就可以实现目的，反贫困的政策措施只有上下一致，符合人民群众的实际，得到人民群众的认同，才能发挥作用，

在反贫困的实践中需要面对各种复杂的问题，因此，要依靠人民群众来反贫困，还必须要尊重群众的首创精神，要“靠一些集团的英勇首创精神来解决”。列宁以“共产主义星期六义务劳动”为例来阐释群众首创精神的重要性，生活极端的莫斯科的粗工和莫斯科的铁路员工在缺衣少食，甚至是饿肚子情况下，忍饥挨饿，克服疲乏和衰弱，创造出不计报酬的“共产主义星期六义务劳动”，大大提高了劳动生产率。这种义务劳动在特殊时期对反贫困有重要作用，在没有增加支出的前提下，尽可能多的提供产品。因为这是人民群众的创造，自下而上的作为全国性的政策进行推广，就容易得到广大人民群众的理解和支持。

（7）反贫困必须根据实际情况及时调整政策

马克思、恩格斯在创立和发展马克思主义理论时，强调的是运用马克思主义的基本原理来分析和解决问题。列宁在俄国的革命和建设的实践中丰富和发展马克思主义。他强调在具体的实践中，不能“为死教条而牺牲活的马克思主义”。列宁强烈批评了那些只知道照搬马克思、恩格斯原话的人。马克思、恩格斯不可能预料到他们去世后的世界如何发展，马克思主义的基本原理是正确的，但个别结论是可以改变的，“理论由实践赋予活力，由实践来修正，由实践来检验”，所以反贫困必须根据实际情况及时调整政策。

3. 毛泽东反贫困思想

实现民族独立和人民解放、实现国家繁荣富强和人民共同富裕是中华民族面临的两大历史任务。以毛泽东为代表的中国共产党人围绕这两大历史任务，进行了卓有成效的反贫困实践，形成了毛泽东反贫困思想。毛泽东反贫困思想是毛泽东思想这一科学理论体系的重要组成部分，是以毛泽东为主要代表的第一代中国共产党人领导中国人民在中国革命和社会主义建设过程中反贫困实践的理论总结，是中国特色社会主义反贫困理论的直接理论来源。

（1）通过发展经济为反贫困提供物质基础

毛泽东在不同时期都强调发展经济的重要性，即使是在“文化大革命”时期，

他都提出要把国民经济搞上去。毛泽东从政治、军事、经济之间的关系来说明经济建设的极端重要性，认为只有生产力得到发展，才能为反贫困提供物质基础，才能获得人民群众的支持。

发展经济的首要任务是发展农业，在此基础上不断改善人民的生活。反贫困首先要解决的就是吃饭穿衣问题，没有农业生产的发展，人们吃饭穿衣的问题就不能解决，生存都会十分困难，反贫困也就无从谈起。针对农村人力物力分散，主要是依靠传统手工的家庭式耕种等问题，毛泽东提出要“组织起来”，通过合作社的形式，把群众组织起来，以集体化和劳动互助的方式来提高劳动生产率。通过建立合作社把农村分散的劳动力组织起来，把原来一家一户的个体劳动转变为互助合作的集体劳动，使个体农民经济转向有组织的合作经济，这样就能很好地提高劳动生产率，促进农业发展。毛泽东认为，“个体农民，增产有限，必须发展互助合作”“全国大多数农民，为了摆脱贫困，改善生活，为了抵御灾荒，只有联合起来，向社会主义大道前进，才能达到目的”。

毛泽东将工业发展视为经济工作的重要内容，认为工业化是反贫困的重要途径。在战争年代，中国共产党在十分艰苦的条件下，依靠自力更生、艰苦奋斗的精神，创办了一批工业。这些工业为我们打破敌人的经济封锁，保障人民群众的生活，最后夺取战争的胜利具有重要作用。新中国成立后，国家通过没收官僚资本和帝国主义资本，实行社会主义工业化和社会主义改造同时并举，使我国社会主义工业化具有了基本的力量，为我们通过工业化，把中国从一个落后的农业国建设成一个先进的工业国奠定了基础。

（2）必须坚持中国共产党对反贫困工作的领导

中国的反贫困必须有一个领导力量，这个领导力量就是中国共产党。毛泽东将“有利于巩固共产党的领导，而不是摆脱或者削弱这种领导”，作为判断人们言行是非六条标准中最重要的一条。毛泽东提出了“领导权”的问题，强调“工、农、商、学、兵、政、党这七个方面，党是领导一切的”。领导权不是靠党员在数量上的优势，而是靠共产党员在质量上的优势来决定，要以质量上的优越条件来更好地保证中国共产党的领导权。毛泽东对党员质量和领导权的强调，这充分体现出中国共产党的自信，在实践中也取得了巨大成功，不仅具有重要的政治、经济和军事意义，也具有重要的反贫困意义。在反贫困的实践中，通过加强党的建设，广大党员干部通过密切联系群众，坚持全心全意为人民服务，以高质量的工作成效来获得广大人民群众的真心拥护和坚定支持，使人民群众愿意跟党走，以饱满的精神状态投入到生产实践之中，这就确保了中国共产党对反贫困的领导。

（3）反贫困需要提升精神境界，激发反贫困的内生动力

毛泽东领导中国共产党不仅在物质反贫困方面取得了成功，而且还非常注重文化精神方面的建设，高度重视文化层面的反贫困，激发各阶层人民群众反贫困的“内生驱动力”，提升大家的幸福指数，调动人民群众的积极性共同应对贫困问题。可以说，在物质反贫困的基础上重视文化层面的反贫困是毛泽东反贫困思想的一大特色。

人民群众的知识文化水平关乎反贫困的成败，只有提高知识文化水平才能提升人民群众的反贫困能力。毛泽东认为，“如果不发展文化，我们的经济、政治、军事都要受到阻碍”。战争年代，中国共产党在非常困难的条件下，大力发展教育事业，唤醒人民群众的民族意识，提高人民群众的知识文化水平和劳动技能，促进生产发展。新中国成立后，在毛泽东的领导下，党和国家对旧的教育事业进行了改革，其中许多措施对提高人民群众的知识文化水平起到关键性作用。这些教育方面的改革具有重要的反贫困意义，既为国家培养了大批人才，又使广大人民群众有机会接受教育，提高了他们的知识文化水平，掌握了生产生活的一些必需的技能，同时也开阔了视野，有利于他们在工作中运用新技术、新方法提高生产效率，生产更多、更好的产品，有利于他们在学习、工作和生活中能够发挥自己的主观能动性，创造性地去解决贫困问题，为反贫困事业做出贡献。

毛泽东通过榜样的力量提升人民群众反贫困的精神境界，充分调动了人们反贫困的主动性和积极性。抗日战争时期，在中国共产党的领导下，陕甘宁边区涌现出许多劳动英雄和模范工作者，经过党和政府的组织、宣传、奖励，逐渐发展成为中国共产党和边区政府领导动员群众的劳模运动，对提高人民群众的生产积极性有着十分重要的作用。劳模是劳动英雄和模范工作者的简称，劳模运动就是通过发现、宣传、奖励、号召等方式，使广大人民群众向劳动英雄和模范工作者学习，积极投身生产和具体工作。人民群众通过劳模运动，以饱满的热情发挥自己的聪明才智，提高了劳动生产率，促进了生产力的发展，克服了经济困难。

反贫困需要国家、社会和个人的共同努力，其中贫困者自身的努力最为关键，需要激发贫困人口的内生动力。毛泽东十分看重反贫困的内因，外因必须通过内因起作用，如果贫困者自身没有反贫困的愿望，得过且过，自我放弃，不愿意通过努力来改变贫困的现状，就很难实现脱贫，会拖累整个反贫困事业。毛泽东认为，对这些不愿意努力的个人要进行改造，要激发他们反贫困的内生动力。中国共产党开展对“二流子”的社会改造，正是激发反贫困内生动力的具体实践。

这是发展经济、改变旧社会人的堕落品性、保障劳动人民淳良风俗的重要举措，对反贫困事业具有重要的意义。“二流子”被改造后，积极投身生产，有些还成为劳动英雄，甚至成为模范村主任，在全社会引起了强烈反响。以前很多人认为“二流子”是没有希望的社会累赘，没想到经过社会改造后居然变成了社会发展的积极力量，这对其他人民群众也是很大的鼓舞和鞭策，每个人都不甘落后，奋力向前，更加提高了人民群众的生产积极性，激发出广大人民群众反贫困的内生动力。

（4）反贫困要以实现全体人民的“共同富裕”为目标

1953 年 12 月，毛泽东主持召开的中共中央书记处扩大会议通过的决议提出要“使农民能够逐步完全摆脱贫困的状况而取得共同富裕和普遍繁荣的生活”，这是我们党第一次明确提出“共同富裕”的目标。鉴于这次会议是毛泽东同志主持的，毛泽东直接主持、参与了起草会议的决议，并对会议决议的草案进行了重要的修改，可以说“共同富裕”是毛泽东首倡的。他不仅提出了共同富裕的目标，还对如何实现共同富裕的目标进行了理论设想和实践探索。

尽管毛泽东最早是针对农村存在的两极分化提出要实现共同富裕的目标，但这并不意味着毛泽东所讲的共同富裕就限定在农民，毛泽东说：“我们的目标是要使我国比现在大为发展、大为富、大为强……而这个富，是共同的富，这个强，是共同的强，大家都有份，也包括地主阶级”。既然是“共同的强，大家都有份”自然不能局限于农民，事实上，毛泽东在其著作中多次提及地主、资本家等的生活都要逐步提高，因此，毛泽东所讲的共同富裕是针对全国人民而言的，是要实现所有人的共同富裕。

共同富裕需要有一个标准来衡量，究竟什么样的生活属于共同富裕？毛泽东以富农的生活作为农民富裕的参考标准，共同富裕对农民而言就是要超过富农的生活水平，他指出：“使农民群众共同富裕起来，穷的要富裕，所有农民都要富裕，并且富裕的程度要大大地超过现在的富裕农民。”尽管这一共同富裕的标准没有量化，是一种定性的表述，但对于贫困人数多、贫困程度深的新中国来说，短时间内确定一个量化的富裕标准并不现实，从定性的角度来提出共同富裕的标准更多的是为了获得人民群众内心的认同。

毛泽东不仅提出了共同富裕，还在总体上提出了一个大概需要的时间，他认为，“中国是一个大国，但是现在还很穷，要使中国富起来，需要几十年时间”。他虽然没有明确讲实现共同富裕需要多长时间，但他通过讲国家建设的时间，实际上也谈到了实现共同富裕所需要的时间和实现的阶段问题。他说：“没有生产就没有生活，没有多的生产就没有好的生活。把我们的国家建设好要多少年呢？我看大概要一百年吧。要分几步来走：大概有十几年会稍微好一点；有个二三十年就更好一点；有个五十年可以勉强像个样子；有一百年那就了不起，就和现在大不相同了。”他强调在20世纪，“上半个世纪搞革命，下半个世纪搞建设。现在的中心任务是搞建设”。毛泽东多次强调“一百多年”这个时间，他认为要建设强大的社会主义经济，要花一百多年的时间。这是毛泽东对中国20世纪和21世纪上半叶，长达一百五十年发展的总体设想，十几年、二三十年、五十年和一百年这几个时间段，可以视为实现共同富裕的几个阶段。

马克思主义经典作家的反贫困思想博大精深，是中国特色社会主义反贫困理论的理论基础。随着社会的不断发展和反贫困实践的不断深入及对马克思主义经典作家原著的进一步研究，对马克思主义经典作家反贫困思想的研究也需要与时俱进。具体来说，对马克思主义经典作家的反贫困思想的研究和运用有三种态度值得我们思考，即对马克思主义经典作家的反贫困思想“照着讲”“接着讲”和“自己讲”。

“照着讲”就是要把马克思主义经典作家的反贫困思想讲清楚，追本溯源，弄清楚马克思主义经典作家反贫困思想的基本内容，可以说是文本的研究。我们在分析、研究和总结反贫困问题时，必须坚持马克思主义基本原理、基本立场和基本方法，要运用马克思主义经典作家的反贫困思想指导我们的反贫困实践。

“接着讲”是按照马克思主义经典作家的反贫困思想所建立的问题意识，在新的历史环境中发展马克思主义经典作家的反贫困思想。时至今日，马克思主义经典作家的反贫困思想所讨论的问题仍然存在，甚至变得更加激烈，这需要我们继续马克思未竟的事业，在解决问题的过程中发展马克思主义经典作家的反贫困思想。

“自己讲”就是运用马克思主义经典作家反贫困思想的方法，吸收人类文明一切优秀成果，对马克思主义经典作家在反贫困方面未曾涉及的领域和问题展开研究，在中国特色社会主义反贫困的伟大实践中形成具有中国特色的原创性理论成果。不能用马克思主义经典作家的反贫困思想来否定我们今天的理论创新，不能因为马克思主义经典作家“没有讲”，我们也不能“自己讲”，也不能用马克思主义经典作家曾经的个别论述和结论来束缚我们今天的理论研究和实践活动，马克思主义经典作家不可能预计到今天的一切问题，马克思主义的基本原理是正确的，但马克思的个别结论是可以改变的，与时俱进、大胆进行理论创新十分必要。同时，我们也不能用今天的社会所产生的问题去否定马克思主义经典作家的反贫困思想，要求马克思主义经典作家在一百多年前就对我们今天的反贫困问题提出解决办法是明显的理论懒惰和实践侏儒。面对世界反贫困的新形势，尤其是中国特色社会主义反贫困实践中的新情况、新问题，需要我们运用马克思主义经典作家的反贫困思想来分析问题、解决问题，同时在理论与实践的结合中不断发展马克思主义经典作家的反贫困思想。

（二）中华民族扶贫济困的思想渊源

我国几千年的灿烂文明孕育了优秀的传统文化，蕴含了中华民族扶贫济困的优良传统，已经成为我们的文化基因，潜移默化地影响着我们反贫困的思维和行为方式，为中国特色社会主义反贫困理论提供了深厚的理论渊源，我们“要大力弘扬中华民族扶贫济困的优良传统，凝聚全党全社会力量，形成扶贫开发工作强大合力”。

1. 扶贫济困的优良传统中有丰富的反贫困思想资源

我国传统文化中有丰富的关于反贫困的思想，对后世产生了重要影响，古代“修德”“敬德”“民本”“富民”“重礼”“仁爱”的反贫困理念，从古至今一直发挥着重要作用，为我们提供了丰富的思想资源。

（1）德的高度认识反贫困

中国古代自周朝开始从德治主义的角度解释政权的合法性，把反贫困作为统治者的一种道德责任。他们一方面承认每个王朝的统治地位是天命所授，另一方面又提出天命不是固定不变的，即“惟命不于常”，随着统治者能否“修德”“敬德”而发生变化，有德就能受天命，无德就会失去天命，被新的朝代所取代。因此，每个朝代的统治者都要“修德”“敬德”。“德”与“得”相通，有占有、得到之意。“皇天无亲，惟德是辅；民心无常，惟惠之怀。”因此“德”不仅是指占有奴隶、财富，还包括获得“天下”的方法、能力和品德等内容，认为只要有“德”就能保持政权。尽管他们所讲的“德”主要是指君主和统治阶级的“君德”“政德”，但其中一个重要的要求就是统治者要对民众实行德政，即“惠民”。具体来说，惠民包括三个方面的内容：“惠于庶民”“德教”“明德慎罚”。其中“惠于庶民”具有重要的反贫困意义，统治者不应该贪图安逸享受，要“先知稼穑之艰难乃逸，则知小人之依”，要“惠于庶民，不敢侮鳏寡”，“怀保小民，惠鲜鳏寡”，强调要体会到民众的艰辛，了解民众疾苦，对民众，特别是对无依无靠的鳏寡施以恩惠。

（2）困是以“民惟邦本”的内在要求

古代统治者在反思历代的王朝更替后，认识到民众在国家兴亡中的作用，并提出“人，无于水监，当于民监”，把民看作“一面镜子”来衡量政治的好坏和国家的兴亡，非常重视民众的力量和作用，并视民众为国家的根本，对民众保持敬畏之心，认为“民可近，不可下。民惟邦本，本固邦宁”，“予临兆民，懔乎若朽索之驭六马，为人上者，奈何不敬？”这里强调的是民众可以亲近，不可以疏远，因为民众是国家的根本，根本巩固了，国家才会安宁。所以统治亿万臣民，要像用腐朽的绳索去驾驭六匹马那样心怀畏惧，保持对民众的恭敬。既然“民”是“邦本”，执政者就需要善待民众，使民众生活得好，从而获得民众的支持，“德惟善政，政在养民”，进而凸显出“富民”的重要意义。

统治者要以民为本，就要顺应民心，“政之所兴，在顺民心；政之所废，在逆民心”。这在现实社会中就体现为“富民”，“凡治国之道，必先富民，民富则易治也，民贫则难治也。奚以知其然也？民富则安乡重家，安乡重家则敬上畏罪，敬上畏罪则易治也。民贫则危乡轻家，危乡轻家则敢凌上犯禁，凌上犯禁则难治也。故治国常富，而乱国常贫。是以善为国者，必先富民，然后治也。”只有使民众富起来，才能治理好国家，因为民富就“安乡重家”，民众富裕就会安居乐业，就会拥护君主的统治并敬畏刑罚，就容易治理。民贫则“危乡轻家”，敢于“凌上犯禁”，民众贫穷就会不安分，敢于对抗君主的统治并违反禁令，这就难以治理，必然发生动乱。

（3）“重礼”“仁爱”的现实体现

中国古代非常重视“礼”的作用，将其视为“德”的外化，将“礼”上升到国家治理的层面，形成了以宗法制度、封建制度为基础的“礼治”，即通过“礼”来“经国家，定社稷，序民人，利后嗣”。这就使“礼”具有了反贫困意义。“序民人”是指使民人处于一定的秩序之中，其目的一方面是为统治阶级的等级制度辩护，另一方面也有使民众免于极度贫困的作用，避免因民众贫困特别是极度贫困所引发的社会动荡。《礼记·曲礼上》强调：“礼尚往来：往而不来，非礼也；来而不往，亦非礼也。人有礼则安，无礼则危，故曰‘礼者，不可不学也’。夫礼者，自卑而尊人，虽负贩者，必有尊也，而况富贵乎？富贵而知好礼，则不骄不淫；贫贱而知好礼，则志不慑。”人有礼，社会就安定，无礼，社会就会危乱，所以“礼是不可不学”，礼要求谦卑并尊重别人，即使是小商小贩也值得尊敬，富贵者更是如此，富贵而知好礼，就不会骄奢淫逸，贫贱而知好礼则不会志怯心疑，失去努力的志向。也就是说，“礼”对贫贱者改变贫困的境况有着重要的作用，即从外部提供安定的社会环境，也从内部提供努力的志向。在现实生活中，“礼”还要求保证“孤”“独”“矜”“寡”等贫穷而无依靠的普通人固定的口粮供应。对于“瘖、聋、跛、躃、断者、侏儒”等残疾人，也要根据他们的实际情况，安排其从事力所能及的工作，使其能够自食其力，这些思想具有重要的反贫困意义，体现出扶贫济困的传统。

古代的“仁爱”思想强调要“爱人”，孔子将“仁”，由“爱亲”推至“爱人”，强调要“泛爱众”。“仁”作为一个反映社会关系大变动的伦理范畴已具有抽象与具体、一般与个别相统一的理论形式，具有丰富的内容，包含了各种具体的以宗法道德为主的行为规范，在理论上已具有综合性的特点，是高于各具体道德规范的一般的伦理原则。“仁”的思想经过先秦儒家的宣扬和后世儒家的系统阐释，成为中国古代治国、修身、处事等的重要标准。要实践“仁”的要求，必须要反对残酷的压迫和剥削，要“养民也惠”，让老百姓安居乐业，甚至要求“博施于民而能济众”，这就使“仁”在实践中体现出反贫困的意义。

2. 扶贫济困的优良传统中有丰富的政策方法资源

我国古代扶贫济困的优良传统中有许多行之有效的反贫困政策和方法，经过几千年的检验、总结和发展，对我们当前反贫困的理论研究和实践操作仍然具有重要的方法论意义。

（1）“惠民利民”“以政裕民”的政策

早在孔子之前，就有楚大夫伍举向楚灵王提出了“民瘠”则君不能“肥”的建议：“夫君国者，将民之与处，民实瘠矣，君安得肥？”强调要实施薄赋轻敛的政策。孔子继承了前人惠民利民的思想，主张藏富于民，对百姓实行轻税政策。他认为只有百姓富足了，国家才能富强，君主才能富足，因此，国家要对百姓采取薄赋轻敛的政策。此外，孔子还主张限制徭役，提出要“使民以时”，不能耽误老百姓的农时，不能过度劳民，要“择可劳而劳之”。孟子继承了孔子薄赋轻敛的思想，提出征收赋役应遵循“取于民有制”的原则，要求国家的赋税、徭役必须有明确的制度可循，不得任意增加百姓负担，认为“易其田畴，薄其税敛，民可使富也”，主张“薄税”政策，减轻百姓负担。统治者要实行“王道”政治，通过“制民之产”来保证民众最低的生活待遇。荀子从富国必先富民的角度，提出了著名的“节用裕民”和“以政裕民”的反贫困主张。认为国家要富强，必须节约费用，制定政策使人民富裕起来。

（2）穷弱，重视社会整合

以儒家为代表的古代思想家，提出了救济穷弱，重视社会整合的反贫困主张。孔子大力提倡“济众助人”，把“博施于民而能济众”作为仁者至高的美德。孟子明确了鳏寡孤独是社会救济的对象，“老而无妻曰鳏。老而无夫曰寡。老而无子曰独。幼而无父曰孤。此四者，天下之穷民而无告者。文王发政施仁，必先斯四者。”荀子强调对孤寡等贫穷者的救济，并将“收孤寡，补贫穷”看作是政治安定、君主安位的重要措施之一。

救济穷弱，反对贫困，还需要重视社会整合，依靠全社会的力量。孔子非常重视人与人之间帮助，他的“仁者爱人”就包含了对他人的关爱和帮助，“己欲立而立人，己欲达而达人”和“己所不欲，勿施于人”的忠恕之道就是强调人与人之间的相互关爱和帮助，以求达到全社会和谐相处、共同致富的目的。孟子认为国家政权是救济穷弱的主体，强调统治者要“与民同乐”。但仅有国家的救济还不够，人与人之间的相互帮助非常重要，孟子要求人们相互之间要“老吾老，以及人之老；幼吾幼，以及人之幼”，要重视以宗法家族为纽带的乡村社会组织的社会救助责任，强调“乡田同井，出入相友，守望相助，疾病相扶持，则百姓亲睦”。荀子主张以“礼义”来保证社会整合的实现，人类生存的关键在于群体生活，只有团结起来，才能形成强大的力量，才能安居乐业。

（3）理想社会的生活标准

孔子设想的理想社会是天下为公的“大同”社会，能做到“老有所终，壮有所用，幼有所长，鳏寡孤独废疾者，皆有所养。”孟子所设想的理想社会近似于孔子的“小康”社会，他提出了“养生丧死无憾”的理想社会生活即“王道”社会生活的标准。孟子以老人的生活为标准，对理想社会生活进一步量化：“五亩之宅，树之以桑，五十者可以衣帛矣；鸡豚狗彘之畜，无失其时，七十者可以食肉矣；百亩之田，勿夺其时，数口之家可以无饥矣；谨庠序之教，申之以孝悌之义，颁白者不负戴于道路矣。七十者衣帛食肉，黎民不饥不寒，然而不王者，未之有也。”“五亩之宅，树墙下以桑，匹妇蚕之，则老者足以衣帛矣。五母鸡，二母彘，无失其时，老者足以无肉矣。百亩之田，匹夫耕之，八口之家足以无饥矣。”在孟子看来，五十岁的老人可以穿丝袄，七十岁的老人可以有肉吃，数口之家没有饥饿，学校教育办得好、老人能够得到尊重，这就是理想的社会生活。确定理想社会的生活标准有利于反对贫困的同时保持社会的稳定，如果没有相对的生活标准，就不利于确定谁是穷人、谁是富人，容易引发社会混乱。确定了标准，没有达到标准的就是穷人，需要进行救助。同时，确立了标准也有利于督促统治者行王道、施仁政，使百姓免遭贫穷之苦。

（4）物质反贫困的基础上重视精神反贫困

中国古代思想家在注重物质反贫困的同时，也十分重视精神层面的反贫困。孔子曾盛赞“贫而乐”。子罕曰：贫而无谄，富而无骄，何如？子曰：可也。未若贫而乐，富而好礼者也。特别是对颜回安于贫困之乐大为赞赏。“一箪食，一瓢饮，在陋巷，人不堪其忧，回也不改其乐。”孟子说：“士穷不失义，达不离道。穷不失义，故士得己焉；达不离道，故民不失望焉。……穷则独善其身，达则兼济天下。”孔子和孟子并不是要主张以贫困为乐，在这里我们要区分物质反贫困和精神反贫困的差别，物质反贫困很容易理解，缺衣少食的日子自然不好过，需要努力改变。精神反贫困强调的是人在精神上不能向贫困低头，要永葆积极向上的热情。孔子说的“贫而乐”是讲“贫困而乐道”，虽然在物质上贫困却仍然坚持建立“有道”社会的信念，并以此为快乐，这是一种崇高的精神境界，在孔子看来，颜回正是这样做的，所以称赞颜回为“贤良”，箪食、瓢饮、陋巷只是颜回的外部生活条件，颜回之所以快乐是因为自己内心的信仰和坚持。孟子说的“穷不失义”“穷则独善其身，达则兼济天下”，也是强调精神反贫困的重要性，人在穷困潦倒时要保持、修养自己的品格并以此立于人世，不是顺应外在的压力，而是坚持内心的信仰，在成功之时为社会和百姓作出更大的贡献。

（5）社会教化

孔子十分注重社会教化，反对“不教而杀”，认为这是极端的“虐”的行为，强调“道之以政，齐之以刑，民免而无耻；道之以德，齐之以礼，有耻且格”。孔子还提出了“庶”“富”“教”的社会教化程序论思想。在古代，发展生产急需劳动力，因而首先是要人口数量多起来，即“庶”，这是前提。人口多了就要使其富裕起来，百姓生活富足和统治者的富足是一致的，所谓“百姓足，君孰与不足？百姓不足，君孰与足？”正如朱熹所解释的：“民富，则君不至独贫；民贫，则君不能独富。”人们富裕起来后，要对其进行社会教化，使其具有较高的修养，这是在解决人们物质贫困问题后，强调在文化精神层面满足人们的需要。另外，贫困和富裕是相对的，而且也是变化的，富起来的人们可能会因为各种原因有再次返贫的可能，对富起来的人们进行教化，提高他们的修养，培养他们的技能，就像教育训练人民去作战一样，也是为了避免他们再次陷于贫困的有效办法。

中华民族扶贫济困优良传统中的反贫困理念和政策方法资源，内容丰富，影响深远，对我们当前的反贫困工作有重要的理论和实践意义。中国共产党人提出并要全面建成的“小康社会”就直接来源于孔子的“小康”思想。传统文化中“修德”“敬德”“民本”“富民”“重礼”“仁爱”的反贫困理念在我们的反贫困理念中得到了体现。扶贫济困优良传统中的政策方法资源对我们当代的反贫困事业有重要的方法论意义：实施“惠民利民”“以政裕民”的政策启示我们的反贫困政策必须坚持以人民为中心，切实解决人民群众的实际困难；注重社会整合，这启示我们要凝聚反贫困共识，整合一切力量形成反贫困合力；确定富裕生活的标准，这启示我们不仅要确定贫困的标准，也要确定富裕的标准；在反贫困的过程中强调在物质反贫困基础上进行精神反贫困，这对我们今天如何进行精神反贫困有重要的借鉴意义；重视对民众富裕后的教化，这启示我们不仅要对贫困群众进行教育培训，也要重视贫困群众脱贫后的教育培训。

总之，中国古代的反贫困思想不仅具有丰富的内容，形成了中华民族扶贫济困的优良传统，在中国历史上产生了重要影响，需要我们不断继承和发展。传统文化由于受认识水平、历史条件等方面的制约，难免会存在陈旧过时或已成为糟粕性的东西。我们要认真贯彻落实习近平总书记提出的科学对待文化传统的要求：一是要“要善于把弘扬优秀传统文化和发展现实文化有机统一起来，紧密结合起来，在继承中发展，在发展中继承”；二是要“在学习、研究、应用传统文化时坚持古为今用、推陈出新，结合新的实践和时代要求进行正确取舍，而不能一股脑儿都拿到今天来照套照用”；三是要“坚持古为今用、以古鉴今，坚持有鉴别的对待、有扬弃的继承，而不能搞厚古薄今、以古非今，努力实现传统文化的创造性转化、创新性发展，使之与现实文化相融相通，共同服务以文化人的时代任务”。

（三）西方反贫困思想的有益内容借鉴

尽管不同的国家、不同的人对贫困的认识可能会有所差异，但人类社会对通过反贫困实现一个没有贫困世界的目标是一致的。世界上许多国家通过长期的反贫困实践，取得了辉煌的成就，造成了一批在国际反贫困领域具有重要影响的专家学者，在反贫困的理论研究方面形成了丰富的思想理论成果，其有益的内容为我们的反贫困提供了理论借鉴。

1. 经济学视角下的反贫困思想

贫困和反贫困问题一直是经济学研究的重要内容，许多经济学家因为在反贫困领域取得的成就而获得诺贝尔经济学奖。从经济学的视角看，贫困现象的存在从个体看是因为贫困人口的生活水平低于规定的基本生活水平，从整体看是一个国家或者地区的经济发展水平低于发达国家或地区。因此，只有通过发展经济，提高生活水平才能解决贫困问题。

（1）斯的“贫困恶性循环”理论

拉格纳·纳克斯（Ragnar Narkse）分析了发展中国家贫困的根源和摆脱贫困的办法，他认为“贫困恶性循环”是指“一组会起循环作用的力量，能使贫穷的国家老是处在贫穷状态中”，即“一个国家因为穷所以穷”。产生这种状况的原因主要是缺乏资本，因而在贫困的国家和地区资本会形成两个恶性循环。

一个是供给方面的资本恶性循环。由于贫困国家和地区的人均收入水平低，从而导致了储蓄能力低。收入水平低是因为生产率低，而生产率低很大程度上是由于缺乏资本，而资本之所以缺乏又是因为储蓄能力小。这就形成了供给的恶性循环。另一个是需求方面的恶性循环。由于贫困国家和地区的人均收入水平低，人民群众的购买力就小，导致对投资的引诱不足，继而造成资本形成不足，从而使生产率低，最后又带来低收入水平，形成了需求的恶性循环。这两个恶性循环相互作用，使贫困国家和地区长期处于贫穷的困境之中。要打破这种恶性循环，必须要解决资本投入不足的问题，必须大规模增加储蓄和资本投入，扩大投资，增强经济社会发展的活力，形成各行业的相互需求，使恶性循环转为良性循环。

不过，纳克斯的这一理论被实践证明存在缺陷，只能在十分有限的范围内才能适用。首先，纳克斯忽略了资本供需的动态性，资本供需是变化的，现实生活中往往是资本短缺和资本过剩同时存在。其次，储蓄能力和贫困的关联性并不强，一些贫困国家和地区的储蓄率很高，而一些富裕的国家却出现储蓄率很低。最后，纳克斯忽略了政策对资本的重要作用，尽管资本对摆脱贫困具有重要作用，但如果不能在体制和政策上为资本的充分利用创造条件，即使有资本，也不能发挥作用。因此，以纳克斯为代表的“贫困的恶性循环”遭到许多经济学家的批评，认为“贫困的恶性循环”是一个“广为接受的谬论”。

（2）逊的“低水平均衡陷阱”理论

纳尔逊（Richard.R.Nelson）在1956年提出了“低水平均衡陷阱”理论他认为，经济不发达表现为人均收入稳定在一个仅能维持生存的均衡水平上，即“低水平均衡陷阱”，这实际上就是一种贫困状态。他利用经济模型，通过考察经济不发达的人口增长与人均收入水平的关系来解释低水平均衡陷阱。当人均收入水平长期处于低水平时，生活的贫困必然会造成高死亡率，从抑制人口增长。而当人均收入增长快于人口增长水平时，生活水平的提高又会导致人口增长的加快，这又使得人均收入退回到原有的低水平，这样就导致了“低水平均衡陷阱”的出现。所以，不发达国家必须从创造有利的社会政治环境，进行大规模资本投资，提高劳动生产率，控制人口增长率，使人均收入的增速快于人口的增速，才能摆脱这个陷阱，从而实现人均收入的大幅度提高和经济的增长。

“低水平均衡陷阱”理论从资本、人口、生产率和社会政治环境等多方面分析了经济不发达的原因，并探讨了解决办法，对经济不发达国家和地区的反贫困具有启发意义。

（3）斯坦的“临界最小努力”理论

哈维·莱宾斯坦（Harvey Leibenstein）在“贫困恶性循环”和“低水平均衡陷阱”理论的基础上，提出了“临界最小努力”理论。“临界最小努力”就是保持在临界点规模上的刺激力量。发展中国家要走出“贫困恶性循环”和“低水平均衡陷阱”的困境，必须要加大投入，保持足够高的投资率，使经济社会发展的刺激力量大于“临界最小努力”，使人均收入的增长超过人口增长，从而保证人均收入水平得到明显的提高。

“临界最小努力”理论探讨了发展中国家中人口增长与经济增长的关系，分析了人口出生率、死亡率与人均收入水平之间的逻辑关系，强调资本对经济社会发展的重要性，对发展中国家的反贫困有很好的理论借鉴意义。同时，这一理论过于强调资本对经济社会发展的促进作用，对人口的素质和技能重视不够，具有一定的片面性，也被不少学者批判和质疑。

（4）斯的“二元经济结构”理论

威廉·阿瑟·刘易斯（William Arthur Lewis）在《劳动力无限供给下的经济发展》中提出了用以分析发展中国家摆脱贫困、实现工业化和现代化过程的“二元经济结构模型”。刘易斯认为，发展中国家存在着农业部门和工业部门的二元经济结构。工业是位于城市，以制造业为中心的现代化部门，生产先进，劳动生产率高。农业则生产方式落后，劳动生产率低，存在着大量的剩余劳动力，隐蔽性失业非常明显。整个经济发展的过程就是现代工业部门不断扩大，不断吸收农业部门的剩余劳动力到工业部门就业的过程。当农业部门的剩余劳动力完全就业，不再有隐蔽性失业，发展中国家就可以摆脱贫困，实现经济起飞，二元经济结构就宣告结束。刘易斯的二元经济结构理论经过费景汉（John C.H.Fei）和古斯塔夫·拉尼斯（Gustav Ranis）等人的发展，备受西方经济学家推崇，成为西方经济学界分析发展中国家的社会结构、城乡关系、劳动力转移等问题的理论框架，所以也被称为“刘易斯—费—拉尼斯模型”（Lewis-Fei-Ranis Model）。这一理论被许多发展中国家采用，试图通过扩大工业部门来吸纳农村剩余劳动力的就业，解决城乡对立的矛盾。

不过，在实际过程中，这一理论的运用并没有取得预期的效果。刘易斯的理论与西方发达资本主义国家的发展进程大体一致，但与发展中国家的实际却相差很大。在大多数发展中国家，不仅农村存在隐蔽性失业，在城市也存在为数不少的失业人口，发展中国家受制于生产力发展水平，工业部门的发展需要一个过程，因此，流入城市的农村人口未必能获得就业机会。大量的人口涌入城市，如果不能实现就业，会带来严重的城市病和社会问题。我国尽管也存在城乡二元结构，但我们从来没有放松对农业基础地位的重视，城乡一体化、新农村建设、乡村振兴战略、农村精准扶贫等政策都体现了党和国家对农业的高度重视。农村剩余劳动力向城市的转移，主要是通过实现就业并获得比农村较高的收入来吸引农村剩余劳动力的自由选择，他们并没有放弃其在农村的土地承包权，农村土地承包权为他们在城市的奋斗提供了最后的保障。我国在解决城乡二元结构矛盾时，主要是根据中国的实际制定相关的政策措施，对西方的理论有所借鉴，但并不是完全的照搬照抄，因此，不能因为理论表面上的相似性，就简单地将西方的理论等同于中国的政策。

（5）“极化涓滴效应”理论

赫希曼（Albert Otto Hirschman）认为，某个区域的经济增长会对其他区域产生影响。发达区域经济增长可能会对欠发达区域产生有利的涓滴效应，也可能产生不利的极化效应。涓滴效应（也有人译为淋下效应）理论认为，对欠发达区域无须采取特殊的支持，优先发展起来的地区会自动带动其发展。在涓滴效应理论的基础上，赫希曼进一步提出“不平衡增长”战略，他认为发展中国家要实现平衡增长是不可能的。在经济发展过程中，不同行业之间会产生“联系效应”，但不同行业发展所产生的联系效应是不同的，发展中国家只有集中力量把有限的资本和资源投入联系效应比较大的部门，促使这些部门出现跳跃式发展，对其他部门产生更大的引致投资效应，从而带动其他部门的发展，最终实现所有产业部门的增长，使经济社会出现整体增长，从而摆脱贫困状态。

“涓滴效应”认为经济发展的成果能自动缓解贫困，但事实上并不如此。发展中国家确实要通过经济增长来实现反贫困的目标，但是，经济增长并不必然会缓解和消除贫困，相反，可能会加剧社会的贫困和两极分化。如果没有公平正义的制度设计，经济增长的结果会使财富向富人阶层聚集，出现“致使贫困的增长”，结果是富人更富、穷人更穷，社会的贫富差距越拉越大，贫困问题越来越严重。因此，“涓滴效应”理论从反面启示我们，政府在促进经济增长的同时，必须做好制度安排，通过合理的政策调节，促使“有利于穷人的增长”，使经济增长的成果能够惠及广大贫困人口，实现减缓贫困的目的。

（6）累积因果关系理论

瑞典经济学家冈纳·缪尔达尔在《亚洲的戏剧：南亚国家贫困问题研究》指出，“研究欠发达和发展的任务在于确定社会系统中各种条件之间的关系。社会系统由大量互为因果的条件组成，其中一个条件的变化会引起其他条件的变化。”他把这些条件归类为：产出和收入、生产条件、生活水平、对待生活与工作的态度、各种制度、组织及政策。前两个属于“经济因素”，而对待生活和工作的态度以及制度、组织属于“非经济因素”；社会系统中没有上下主次之分，经济条件并不优先于其他条件。也就是说，影响一个国家经济发展的不是一个或几个因素（或条件），而是存在于这个社会体系的所有因素；这些因素之间存在着一般的因果关系，因此形成了一种社会系统。经济系统是社会系统的一部分。“发展”是这些因素同时发生变化并且相互作用的结果，表现为整个社会系统的上升运动，经济社会诸因素之间的关系是具有累积效果的运动，是“循环累积因果联系”。

因此，国家的发展是一种多种因素的综合发展。在发展中国家，国家收入低导致更加贫困。收入低下导致教育水平低下，进而影响到劳动力素质的提高，从而使就业产生困难；劳动力素质低下导致生产率低下，经济增长停滞，从而陷入低产出、低收入的因果循环中。

2. 社会学视角下的反贫困思想

19 世纪中后期，随着工业革命进入新的阶段，英国、美国等国的社会贫富差距进一步拉大，失业、贫困、犯罪等问题开始凸显，很多学者开始对贫困问题进行大范围的社会调查和研究，贫困问题的研究成为社会学研究的重要内容。

（1）亨利·乔治的反贫困思想

美国的亨利·乔治在《进步与贫困》一书中对美国社会的贫困问题进行了调查研究。他通过对美国贫困问题的分析，出“物质进步不仅不能解脱贫困，实际上它产生贫困”的结论。经济发展虽然使生产力上升，但并没有从底层对社会结构起作用，“加速度发展的巨大生产能力，并无根除贫困或减轻被迫做苦工那些人负担的趋势，它只不过加深了富人与穷人间的鸿沟，并使求生的斗争更加剧烈罢了”。他认为土地垄断是贫困的根源，要消灭贫困，只有去掉产生贫困的根源，使劳动者得到他的全部收益。这就要求“必须以土地公有制取代土地私有制”，舍此就没有其他的办法。

亨利·乔治的研究成果与传统经济学对贫困问题研究的结论大相径庭，以往人们普遍认为生产力发展和经济增长必然能提高人们的生活水平，能够很好地缓解贫困现象，但亨利·乔治从社会结构出发却得出相反的研究结果，这引起思想界的震动，促使人们开始更多的关注和研究英美等主要资本主义国家普遍存在的贫富差距问题。

（2）奥斯卡·刘易斯贫困文化理论

奥斯卡·刘易斯（Oscar Lewis）在 1959 年首次提出了贫困文化理论。由于贫困的条件，穷人在居住方面遵循着独特的生活方式，从而产生一种独特的贫困文化。这种贫困文化的特点是对自然的屈从感、听天由命、对主流社会价值体系的怀疑，会在贫困地区和贫困家庭中“代际传递”下来，成为一个与主流社会隔离的封闭的文化系统。

贫困文化理论受到社会学界的批判和质疑，在对贫困文化理论的批判中，以海曼·罗德曼、L. 戴维斯（L.Davison）等为代表的一批社会学家提出了贫困处境论。贫困处境论者不同意贫困文化的观点，认为贫困者之所以贫困，不是贫困者的责任，而是因为他们所处的环境。他们认为受到责备的不应当是穷人，而是穷人所处的环境。并非穷人不愿意学习，或学不会富有者或小资产阶级的生活方式、行为模式与态度、价值观等，而是穷人所处的直接环境不允许他们表现出上述态度与行为。因此，不是“文化”决定处境，而是“处境”决定“文化”，贫困人口所处的“处境”才是贫困产生的原因。只要通过改造贫困的经济方面的条件，改善穷人的经济、生活状况，提高贫困者的教育文化水平和质量，贫困文化可以得到改造。

（3）贫困的代际传递理论

贫困的代际传递指的是父辈将导致贫困的因素和条件以及贫困的生活状态、生活习惯、思维方式等传递给子辈，使子辈重复父辈的贫困境遇。刘易斯的贫困文化理论对贫困的代际传递进行了解释，贫困文化也会代际传递。美国学者劳伦斯·米德（Lawrence M.Mead）认为，依赖福利的贫困家庭之所以陷于贫困，是因为在长期接受福利救济的过程中，一些家庭的父母和孩子的价值观、思想意识和行为方式已经发生了改变，把福利救济视为一种理所当然的福利，产生了类似于“等、靠、要”的福利政策依赖心理，这种依赖心理传递到下一代，贫困的代际传递就不可避免。

迈克尔·哈瑞顿（Michael Harrington）在《另一个美国：美国的贫困》中研究了美国的贫困文化，他认为美国的穷人是“另一个美国”，这种贫困在美国形成了一种文化，“穷人有穷人的语言、心理和世界观”。这些穷人虽然不是绝对贫困，却过着“停滞、瘫痪、痛苦的生活”，他们是人类历史上最奇特的人，“生活在全世界最强大、最富饶的社会里”。但即使是在强大而富裕的美国，这些穷人也很难改变贫困的现状，“他们之所以穷，就是因为穷，之所以一直穷下去，也是因为穷”。当时的美国比比以往任何时候都要富裕，美国政府还制定了计划来帮助穷人。但是，这种贫困具有顽强的代际传递性。即使有的穷人因为技术进步而被迫离开土地，“也不过是脱离了贫困文化的这一部分而加入贫困文化的另一部分”。在《新的美国贫困》中，哈瑞顿认为造成美国某些人贫困的主要原因是种族歧视。

还有些学者，将家庭结构与贫困代际传递联系起来，认为家庭中兄弟姐妹或父母离异都有可能导致儿童成人后的贫困。贫困儿童难以获得经济、政治、文化、社会、物质、环境等方面的资源，长大后依然贫困，并使这种贫困代代相传。即由上一代人的能力被剥夺，导致下一代人的能力被剥夺，使贫困家庭的贫困代代相传。

3. 综合性视角下的反贫困思想

随着反贫困的深入，对贫困的认识日益多元化，反贫困的研究也有了进一步的拓展，从原来的经济、社会等单一视角逐步转向综合性视角。西方发展主义的理论研究将贫困从一种社会现象上升为理论研究，开启了反贫困的理论范式。但是，随着西方发展主义暴露出来的种种弊端，西方学者开始对发展理论进行反思和总结，不断深化了对发展本质的认识。阿马蒂亚·森（Amartya Sen）从经济和社会两个维度对贫困问题进行综合研究，从权利和能力两个方面提出了对贫困问题分析的新框架。1983 年，法国经济学家弗朗索瓦·佩鲁应联合国教科文组织的要求，出版了《新发展观》一书，是第四代发展观形成的标志，他提出了“整体的”“综合的”和“内生的”新发展观，将人的价值、人的需要和人的潜力作为关注的中心。在这一发展观的影响下，从 1990 年开始，联合国每年发表一份不同主题的《人类发展报告》，世界银行的《世界发展报告》也开始关注人的生活质量。联合国还提出了人类发展指数（HDI），超越了国民生产总值（GNP），更加注重经济增长、社会进步、环境和谐的综合反映。新发展观经过联合国、世界银行等国际组织的推动，在国际反贫困学术界形成了益贫式增长、包容性增长、绿色减贫增长等多元发展理论。

（1）阿马蒂亚·森的反贫困思想

阿马蒂亚·森是当今世界上广受赞誉的经济学家和哲学家，他致力于发展中国家的饥饿、贫困、不平等和社会福利等问题的研究，被誉为“穷人经济学家”“当代经济学的良心”。他从经济和社会两个维度入手，从权利和能力两个方面建立了对贫困问题分析的新框架。

阿马蒂亚·森认为，获得食物的权利是所有人的基本权利之一，而饥饿则是人们权利的失败。除非一个人自愿挨饿，否则，饥饿现象基本上是人类关于食物所有权的反映。他提出了饥饿分析的“权利方法”，“把饥饿问题放在权利体系中加以分析”。要理解贫困，不仅要关注权利，还要理解权利背后的因素。他认为反贫困必须要为人们提供能保障“食物权利”的社会保障，要提高人们通过生产机会、交易机会、国家赋予的权利及其他获得食物的方法等合法手段支配食物的能力。也就是说，解决贫困问题只能通过相应的制度安排，保证人们合法的享有控制包括食物在内的商品组合的权利，要赋予每个人取得一个包含有足够食物消费组合的权利。

阿马蒂亚·森还从能力的角度分析贫困，认为“贫困必须被视为基本可行能力的被剥夺，而不仅仅是收入低下”。“可行能力”（capability）是指“此人有可能实现的、各种可能的功能性活动组合。可行能力因此是一种自由，是实现各种可能的功能性活动组合的实质自由（或者用日常语言说，就是实现各种不同的生活方式的自由）”。既然贫困是“可行能力”的被剥夺，那么反贫困就必须要提高人们的“可行能力”。

（2）益贫式增长

益贫式增长（Pro-Poor Growth）即有利于贫困地区和贫困人口随着经济的增长而改善生活状况，强调既要关注增长速度又要关注增长质量，通过政府的制度设计和政策安排，使经济增长更有利于穷人或低收入者收入的增长，使他们能更多地分享经济增长成果，改善社会不平等状况。20世纪90年代，世界银行、亚洲发展银行等国际组织多次提出益贫式增长。益贫式增长，简而言之，是有利于贫困人口的增长，使贫困地区和贫困人口能够在经济发展的过程中获得更多的收益，缩短与发达地区和富裕人口的差距。益贫式增长必须依靠国家和政府的强力支持，对贫困地区和贫困人口实行特殊的政策，持续地加大投入，帮助他们尽快发展起来。我国的反贫困借鉴了益贫式增长的做法，在政策、资金等方面对贫困地区和贫困人口实行倾斜，取得了显著成效。但是，仅仅依靠益贫式增长可能只是有利于贫困地区和贫困人口的发展，并不一定能使他们摆脱贫困并实现富裕。我国的反贫困实现了对益贫式增长的超越，我们的反贫困不仅仅是使经济增长更有利于贫困地区和贫困人口，还要使贫困地区和贫困人口尽快脱贫致富，最后实现共同富裕。

（3）包容性增长

亚洲开发银行在益贫式增长的基础上，提出了“包容性增长”（inclusive growth），国内又译为共享式增长，他们将包容性增长定义为“机会平等的增长”。由于机会平等可以通过逐步减少机会不平等来实现，包容性增长也可以说是“机会不平等减少的增长”，不管哪种情况，包容性增长同时关注创造经济机会和使所有人都可获得机会。当增长使所有社会成员都可以在平等的基础上参加、贡献于以及受益于增长而不论个人环境如何，则增长即为包容性的。包容性增长一是要保持经济的高速和可持续的增长，二是要通过减少或者消除机会不平等来促进社会的公平和增长的共享性，即大家共享经济发展的成果。这对反贫困具有重要的意义，在保证经济增长的同时，为广大人民群众特别是贫困人口提供更多的权利保障和平等的机会，使发展成果能更好地惠及人民群众。

包容性增长提出后不久，就在我国产生了重要影响，进入新时代以来，习近平总书记也多次强调“包容性发展”。我国在反贫困领域的包容性增长主要体现为共享的发展理念，即坚持以人民为中心，通过全民共享、全面共享、共建共享、渐进共享，不断把“蛋糕”做大，同时把不断做大的“蛋糕”分好，让人民群众有更多的获得感，逐步实现共同富裕。

（4）绿色减贫增长

绿色减贫增长来源于可持续发展、绿色发展和绿色增长的理念。20 世纪 80 年代，国际自然资源保护联合会、联合国环境规划署（UNRP）提出了“可持续发展”的概念：“既满足当代人的需要，又不对后代人满足其需要的能力构成危害的发展”。可持续发展内在的包含了反贫困的内容，因为其要满足当代人的“需要”是将贫困人民的需要放在特别优先的地位来考虑。可持续发展的概念一经提出，就为世界各国所接受，成为国际社会共同推行的发展战略。

进入 21 世纪，在可持续发展战略的基础上，产生了绿色发展、绿色增长等理念。联合国开发计划署在《中国人类发展报告 2002：绿色发展必选之路》中，首次提出“绿色发展”。2005 年，第五届亚洲及太平洋环境与发展部长会议通过了《汉城绿色增长倡议》，首次提出“绿色增长”。联合国亚洲及大洋洲经济社会委员会（UNESCAP）提出，绿色增长是一种强调环境可持续性的经济增长过程以促进低碳社会包容发展。经济合作与发展组织（OECD）认为，绿色增长是在推动经济增长和发展的同时，也要保证自然资源能够持续提供人类赖以生存的资源和环境服务。

“绿色发展”“绿色增长”成为世界各国实现经济转型、寻找新发展动力的主要方向。反贫困领域也在绿色发展、绿色增长的基础上产生了绿色贫困、绿色减贫、益贫式绿色增长、包容性绿色增长等绿色减贫增长理论。可持续发展、绿色发展、绿色增长等发展理念及在此基础上形成的绿色减贫增长理论在我国引起广泛共鸣。国内许多专家学者对此进行了深入的研究，提出了相应的概念和解释，党和国家有关反贫困的政策、措施等方面也借鉴了这些理念。

西方的反贫困思想十分丰富，限于论文的选题和篇幅，本文只是选择其中几种进行介绍，不求面面俱到。西方的反贫困思想在国际上产生了重要影响，某些反贫困思想对我国的反贫困事业提供了很好的借鉴。

一是提供了反贫困理念的借鉴。反贫困作为一种学术研究，最早从西方国家开始。冈纳·缪尔达尔提出“反贫困”研究术语，是反贫困独立称为学术研究重要内容的标志。我们在向西方学习的过程中，借鉴了西方许多有关反贫困的理念。我们在反贫困过程中所使用的贫困线、贫困标准、贫困类型等概念直接借鉴了西方国家的反贫困研究成果。改革开放以来，联合国和其他国际组织在反贫困领域提出了许多新的理念，如可持续发展战略、包容性增长、绿色发展、绿色增长等理念，这些都对我国的反贫困理念产生了重要影响。这些反贫困理念在与中国反贫困实践相结合的过程中，产生了具有中国特色的新的理论成果，实现了对西方反贫困理念的超越。

二是提供了反贫困研究一般性问题的借鉴。西方反贫困理论也是从实践中总结出来的理论，一些理论还是对许多发展中国家研究得出的理论认识，其研究的许多问题是反贫困的一般性问题，如贫困的代际传递问题、区域发展不平衡问题、城乡二元结构问题、贫困人口的精神文化问题等等。这些问题我们在经济发展和反贫困过程中同样会遇到。西方的一些反贫困理论，如纳克斯的“贫困恶性循环”理论、纳尔逊的“低水平均衡陷阱”理论、莱宾斯坦的“临界最小努力”理论、刘易斯的“二元经济结构”理论、“极化－涓滴效应”理论、循环累积因果关系理论、贫困文化理论、贫困的代际传递理论等反贫困理论对相关问题进行了研究，无论其结论如何，其研究的问题本身具有重要的意义，也是我们在反贫困过程中必须要面对的问题，他们的研究从正反两个方面都能给我们提供借鉴。

三是提供了反贫困方法论的借鉴。西方学者在反贫困问题研究所采用的方法对我们的反贫困具有方法论的借鉴意义。“极化－涓滴效应”理论认为先发展起来的地区或群体能够通过消费、就业等方式帮助贫困群体或地区实现发展和消除贫困，因此需要采取“不平衡增长”的方法来使部分行业、部门、群体和地区先发展起来。但事实并非如此，先发展起来的地区或群体并不会自然帮助贫困群体和地区消除贫困。亨利·乔治的研究结果显示美国经济的发展不仅不能消除贫困，反而会增加贫困。西方学者的这些研究方法在实践中经过经验，无论其是合理的还是不合理的，都能通过现实表现和理论总结给我们以启示，使我们能在反贫困实践和理论研究中选择更科学、有效的方法，更好地开展反贫困实践和理论总结。以“涓滴效应”和我国的“共同富裕”为例，就可以看出这种方法论的借鉴意义。国内有人将“涓滴效应”简单等同于我国的共同富裕，这是一种误解，虽然“涓滴效应”和“共同富裕”都主张让一部分人、一部分地区先富起来，但在方法上两者有着本质的区别。我们实行共同富裕是在大家都普遍贫困的情况下，让资源条件比较好的一部分地区和一部分人先富起来，通过先富帮后富，最后实现共同富裕。这里“先富—后富—共富”是一个统一的整体，在先富起来的过程中，并不是说其他贫困地区就不发展了，只是相对于先富地区而言，后富地区的发展速度比较慢而已。与涓滴效应相反，我们的党和国家充分发挥了领导和调控作用，在先富的过程中，对贫困阶层、弱势群体或贫困地区实行了特别的优待，不断加大投入，实施有效的政策促进贫困地区经济社会的发展。因此，我们的共同富裕取得了巨大成就，而涓滴效应并没有达到预期的目的。尽管如此，西方学者提出的涓滴效应对我们的共同富裕有着重要的方法论意义，使我们在实现共同富裕的过程中避免了涓滴效应的不足。

我们应当注意，西方的反贫困思想所依据的理论框架和现实基础不一定适合我国的反贫困实际，我们在借鉴国外反贫困思想的有益内容时，必须要坚持马克思主义立场、观点和方法，结合中国的反贫困实际进行创造性转化和创新性发展。

二、旅游精准扶贫理论基础

（一）利益相关者理论

利益相关者理论最初由弗里曼在《战略管理：利益相关者管理的分析方法》提出，认为企业是由多个相关利益体构成的，企业的发展是各利益体的综合发展。将利益相关者理论延伸到旅游行业，国内的学者将旅游的利益相关者概括为当地居民、政府机构、旅游经营者、旅游者、压力集团、志愿部门、专家和媒体等旅游主体。旅游扶贫的主要对象是贫困人口，但同时会受到政府、旅游企业、旅游者等主要利益相关者的影响。旅游扶贫最直接的追求是贫困人口的脱贫和发展，但间接地会和旅游企业的盈利、旅游者的体验与满意度、政府的业绩、区域整体的发展等息息相关。从旅游扶贫的角度考虑，旅游扶贫利益相关者中处于核心地位的主要是地方政府、旅游企业、社区居民和旅游者。在旅游开发中，他们直接或间接地获得经济利益、社会利益及文化利益。因此旅游扶贫核心利益相关者角色定位以及利益诉求对于扶贫目标实现具有至关重要的作用和影响。在旅游扶贫过程中，作为核心利益相关者的地方政府、旅游企业、社区居民和旅游者，他们之间的关系相互交错、相互制约，而各核心利益相关者关系的均衡则是旅游扶贫取得有效推进的重要保证（见图 3）。

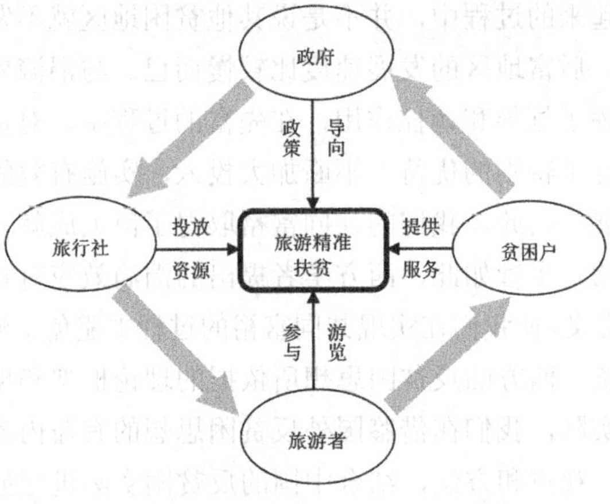

图3 旅游精准扶贫利益相关者关系图

（二）旅游可持续发展理论

可持续理论是西方国家在经济不断发展过程中发现环境破坏等生态问题后，在后人经过不断思考和探索后提出了可持续发展理论。可持续理论包括经济、生态和社会这三方面共同持续发展。随着可持续的发展，人们将旅游与可持续结合起来，并将可持续发展理论在旅游行业这一特定领域中延伸。旅游可持续发展是指人类社会可持续发展的一个分系统。值得注意的是，它是一种动态的系统，一方面强调旅游需求的可持续性，另一方强调旅游供给的可持续性，只有当这两个方面实现协调统一才会实现旅游的可持续发展。如果将可持续发展理论运用到旅游扶贫中，则需要注重三方面：首先，旅游扶贫致力于实现贫困人口的发展乃至区域的发展，这则是可持续理论中共同发展和协调发展的主要应用；其次，旅游扶贫注重先富带后富，运用综合的方式最终实现全面脱贫，这是公平发展与高效发展的写照；最后，旅游扶贫的任务是经济贫困、思想贫困、生态贫困等问题的最终解决。因此，旅游扶贫则是在可持续理论的基础上而形成，这是旅游扶贫的目的理论。

（三）顾客满意度理论

顾客满意度是一个变动的目标，因为消费者对于产品需求的着力点不同，所以针对不同的消费者来说对同一样产品的满意度可能会不同。此外，即使是同一个消费者在不同的情况下对同一个产品也会产生不同的满意度。对顾客的情况越熟悉，才越能最大限度地满足消费者的需求，顾客的满意度才会越高。其中顾客满意度指数（Customer Satisfaction Index）是指对受若干因素影响的复杂总体的满意度进行度量，从顾客忠诚度、感知价值、预期质量、顾客抱怨、顾客主观评价和行为趋势几个方面测量了顾客对产品服务的满意度，其原理就是基于计量经济学逻辑模型进行多元统计分析，然后了解消费者对某一对象的满意程度，并以之为依据，向上递归到部门、行业、国家等更广外延层面上。

第二节 新时期精准扶贫的时代意蕴

一、新时代精准扶贫战略的法治意蕴

党的十八大以来，习近平总书记从以人民为中心的思想高度，提出了“精准扶贫”的战略要求，我国扶贫事业取得了举世瞩目的成就，使得6000多万贫困人口稳定脱贫，贫困发生率从10.2%下降到4%以下。伴随着全面依法治国的深化与推进，法治已成为治国理政的基本方式，“人民日益增长的美好生活需要”必然在法治框架下得以实现。新时代精准扶贫战略内在地蕴涵着平等、公平、正义等法治价值的核心要素。

（一）平等是新时代精准扶贫战略的法治基点

习近平总书记指出：“我们将持续推进精准扶贫、精准脱贫，实现到2020年我国现行标准下农村贫困人口脱贫的目标。全面建成小康社会，13亿多中国人，一个都不能少！”不让一个人掉队，这是新时代精准扶贫战略法治平等价值观的基本内涵。一方面，精准扶贫战略充分承认并尊重我国贫困地区及其贫困状态的客观差异性，基于贫困线以下的群体的利益，缩小贫富差距，实现国家总体利益的最大化。另一方面，精准扶贫的战略目标是全面建成小康社会，而全面建成小康社会的“全面”也包含着“权利、自由、机会”等平等性法治要素。

（二）公平是新时代精准扶贫战略的法治准则

习近平总书记指出：“消除贫困、改善民生、实现共同富裕，是社会主义的本质要求，是我们党的重要使命。”这一精准扶贫理念深刻揭示了共同富裕的价值观，既要让有能力、有条件、有机会的人能够充分发展，也要让能力弱、条件差、机会少的人得到重视，实现公平性要求，解决新时代社会主要矛盾在民生领域的不平衡不充分发展。在社会发展进程中，社会公平体现于多层次和多方面，但收入分配公平是社会公平最直接、最具体的体现。从法治意义上考量精准扶贫的公平问题，主要是指精准扶贫政策与规则的目的合理性，它必须

符合人们公认的价值准则。也正是缘于这一目的合理性，政策与规则才能被人民群众高度认同或自愿服从。精准扶贫充分体现并尊重了这种“目的合理性”，特别注意到地域、收入不平等可能引发的社会不公平问题。党的十九大报告鲜明提出，要“努力让每个孩子都能享有公平而有质量的教育”“破除妨碍劳动力、人才社会性流动的体制机制弊端，使人人都有通过辛勤劳动实现自身发展的机会”“必须始终把人民利益摆在至高无上的地位，让改革发展成果更多更公平惠及全体人民，朝着实现全体人民共同富裕不断迈进”。共同富裕是社会主义的本质要求，也是凝聚社会公平价值观的政治导向与法治准则。这是新时代精准扶贫战略法治公平价值观的基本要求。

（三）正义是新时代精准扶贫战略的法治基石

习近平总书记指出：“我们要以更大的力度、更实的措施保障和改善民生，加强和创新社会治理，坚决打赢脱贫攻坚战，促进社会公平正义，在幼有所育、学有所教、劳有所得、病有所医、老有所养、住有所居、弱有所扶上不断取得新进展，让实现全体人民共同富裕在广大人民现实生活中更加充分地展示出来。”这一精准扶贫理念高度概括了扶贫领域的全方位性，并以“促进社会公平正义”充分展示了社会主义制度的优越性。精准扶贫是以消除物质层面贫困为目标的传统扶贫模式为基础，同时拓展与体现我国宪法规定的公民应享有的基本权利与自由的法治价值。在全面建成小康社会与实现中华民族伟大复兴的奋斗征程中，精准扶贫战略以正义原则优先的价值逻辑，以切实保障贫困者在生活权利、社会权利、政治权利等方面的实质平等与自由为举措，体现出法治正义价值观的基本导向。

二、新时代精准扶贫的政治意蕴

精准扶贫政策的实施能够从根本上改善我国的民生问题，其发展的根本也在于让广大农民能够享受到改革开放的成果。本文基于新时代深入实施精准扶贫的政治意义展开探讨，提出了其在共同富裕、里程碑问题发展层面的意义。通过精准扶贫政策的实施，全面建成小康社会。阐述精准扶贫政策成为社会主义共同富裕战略思想的原因，以此消除中国领域内的贫困问题。

贫困人口的脱贫攻坚问题一直都是党中央最为关注的一大民生问题，在新的思想浪潮发展下，目前中国也提出了一系列的脱贫攻坚策略。它在脱贫攻坚领域获得了非常大的成就。可以说，脱贫思想是指导中国工作开展的重要思想，对于中国的全面小康社会建设路途来讲，这也具有其深远的意义。

（一）精准脱贫是社会主义共同富裕的重要发展战略

从现实角度对其做出探讨来看的话，目前贫困人口的脱贫问题仍然是较为严峻的，它也是全面建设小康社会最为重大的一大环节。实现脱贫攻坚是社会共同富裕的一大本质特征，同时这也是其发展的基本特征。对于脱贫问题探讨来看，习近平总书记之前在陕西农村插队时就已经有摆脱贫困这一书籍。他在其中已经明确地指出，摆脱意识和思路的贫困是整个脱贫发展的关键成分。同时，这也是党和国家部门必须高度上升的一大战略。他们在强调脱贫实践功能的同时，也必须理解现实角度脱贫攻坚发展的重要意义。时刻围绕人们对于幸福生活的向往，在奋斗目标实现过程中了解人民的基本需求。这需要实际的组织人员将脱贫问题始终放在社会发展的首要位置，在强调农民改造社会的同时实现中国的发展目标。这一标志性的一大特征就是农村人口全部脱贫，每一位贫困群众都能够在生产力的提高过程中理解幸福生活的真谛。

1. 精准扶贫是全面建设小康社会的基本需要

从现实角度的发展过程进行探讨来看的话，党的十八大就已经提出了关于2020年全面建成小康社会的发展奋斗目标。国务院在2014年，将国际消贫日（10月17日）定为我国首个“扶贫日”。在这些年来的发展过程中，国家领导人多次前往到了湖北、湖南、贵州、云南等地，他们在该地区进行实际探讨，了解这一部分急需的脱贫工作进行状况。在抓准实务的同时，讲究真脱贫、真扶贫。习近平总书记还先后在考察过程中提出了脱贫工作发展的实际意见，将脱贫工作开发作为中国这些年来奋斗的重点目标。在任务实现过程中，将各类脱贫细节点考虑到位。对于脱贫工作开展来讲，其最为核心的部分也在于农村。对于农村地区发展，相应的人员也必须以全面建成小康社会目标作为其发展基础。在精准扶贫过程中，联系人民群众的小康梦。实现各级组织的共同建设，由此来完成脱贫攻坚方向的确定。

2. 精准扶贫体现了社会主义发展本质需求

邓小平同志在南方谈话中指出，社会主义发展的根本就是解放劳动力、消除一些削弱剥夺，最终达到共同富裕的团结目标。这是在中国境内也具有极为良好的现实意义，中国是拥有着13多亿人口的大国，实现共同富裕更是党和国家对于执政能力要求的一种严峻考验。自改革开放以来，中国就一直在发展过程中对各类发展现象作出的考察，它们在党和国家的领导之下坚持以经济作为发展的中心。并通过一系列措施的实施，空前解放了生产力。在长期保证生产份额的情况之下，这会结合民生实际，它也成功带动一部分人先富了起来。他们富裕发展过程中，能够对实际的发展状况进行了解。自 20 世纪 80 年代以后，也由重点扶贫县、重点扶贫乡镇等扶贫发展要素去进行发展。在扶贫要素掌握过程中，很多时候这些发展人员也真正实现了连带区域性的扶贫攻坚。在短短 30 年里，党和政府就能够促使农民群众的贫困率发生巨大的变化。这时农村人口真正得到了减少 7 亿多的人民成功摆脱贫困，实际的脱贫效果是十分显然的，国家一直遵循着看真贫、扶真贫发展策略。在扶贫过程中，对扶贫方法做出了深入的了解。积极走入基层，最终实现了人民的共同富裕。

3. 精准扶贫体现了民生发展内涵

精准扶贫政策实施实际上也是民生问题解决最为根本的一项策略，习近平总书记在讲话中已经表明不忘小康关键是在于老乡。这说明着扶贫过程必须由老乡的扶贫作出发点，在扶贫开展过程中，中国党员干部始终将各类扶贫工作落实到位。真正做到精准扶贫，对于困难群众，更是做到了特别关爱。在扶贫攻坚过程中，将群众的安危时刻放在心上，并努力去为这些群众排忧解难。它能够在困难群众基本的生活制度保障过程中，感受到社会这样一个大家庭的温暖。在关怀群众的同时，做好脱贫攻坚是实现小康社会发展的一项重要制度。在全面建成小康社会目标的同时，这样一个发展政策也真正让农村人口实现了突破。它不仅仅只是一个由数字决定的指标问题，更是由人心所向的一大重要问题。在 2020 年，中国已经基本建成小康社会。这时各类指标都得以实现了，它能够让中国老百姓放心、让世界安心。

（二）精准扶贫对实现农村贫困人口脱贫有着实践意义

1. 精准扶贫有效抑制了精英扶贫

对于贫困人口的脱贫过程来讲，其实际也在于对于关键性人口能力的把握。在脱贫攻坚发展道路上，实际的脱贫攻坚发展人员也必须由一些导向性问题去对其作出理解。在改革开放以后，伴随着人民公社的不断解体，市场经济也真正迎来了其新的发展机遇。在农村改革发展理念的指导之下，越来越多的人能够在改革过程中拥有一定的话语权。他们在占据市场份额的同时，能够获取地方政府府的胜利。这时政府人员也希望通过各类扶贫项目的开发，实现其对于公共利益的保障。此种做法在一定意义上能够推动基础设施的建设发展，它也有效地解决了村民因病、因残或者因为自然灾害而产生的一些贫困问题。正是因为资金、技术等分类过程的有效实施，这能够使脱贫问题真正得到解决。但是随之而来的贫富差距问题却又成了党领导部门需要探讨的重要问题，真正的贫困人口在贫困项目实施过程中往往缺乏一定的话语权。如今的精准扶贫政策已经解决了谁扶持、扶持谁的发展过程，他们也有效的去避免了以往的精英扶贫现象。实际的部门人员可以在抓准贫困人口的过程中，杜绝以往的贪污腐败现象。通过对于村民的大幅度走访、大幅度调查，由村民的实际决议去了解其发展过程。在公共事务处理过程中，由政府部门作为主导，均衡其内部发展机制。

2. 精准扶贫增加了扶贫资金的使用导向

在传统的扶贫工作开展过程中，其扶贫的具体方式不太明确。有些时候，扶贫资金的靶向正确率也不是太高。有些资金甚至还出现了一定的脱靶现象，这主要是与扶贫资金制度建设不到位与执行力度不到位有着一定的关系。有些时候，扶贫资金的准确度也不是太高。在扶贫项目发展过程中，如何做好脱贫，完成扶贫项目的有效发展成了工作者探讨的重点。在扶贫问题的瞄准过程中，他们能够脱离以往的偏离问题。按照实施发展策略，真正做到精准扶贫。在异地办理过程中，解决某些生态脱贫问题。实现一定的教育脱贫，在脱贫政策的扶持理念下，政府部门也真正由以往的扶贫发展过程实现了由中央到地方的新型发展机制改革，这也完成了制度的进一步改善。在监督发展过程中，某些角色过程能够被实际的监督人员更为有效地抓住。贫困村和贫困户的建档立卡过程变得更加完善，村委会也可以借此直接对村内的居民状况进行了解，加强国家脱贫制度的落实完善。

（三）精准扶贫是中国消除贫困的重要路途

1. 精准扶贫是消除贫困的攻坚战

达到全面小康社会是中国发展的不竭目标，而精准扶贫则是实际部门实现这一目标的重要途径。精准扶贫政策实施能够在一定范围内彻底消除贫困，实现城乡一体化的建设。在发展过程中，其共同富裕的指向过程也较为明显。中国可以借此对现代化的设计过程进行引入，在精准扶贫发展政策理念建设过程中彻底改善以往的设计缺陷问题。制定针对性发展政策去提高其扶贫效率，在扶贫理念应用过程中，则使用科学手段弥补某些扶贫发展机制不足问题。他们需要解决的重点问题也在于扶贫攻坚战到底应该在哪里打响？实际的政策应该用在谁身上？通过扶贫政策实施，落实好扶贫发展的精准度问题。这样的扶贫攻坚过程能够一改以往的扶贫发展不足，它是全面推进小康社会建设、完成人民共同富裕的一大必然道路。

2. 精准扶贫是中国历史发展的巨大转折

作为世界领域内的头号大国，中国的一举一动也被其他国家观摩着。对于贫困问题的解决过程，如何实现其发展过程中的差距减小也是世界领域的探讨难题。中国政府正在不断思考，并努力解决这一问题。实际经验已经表明，中国在发展过程中通过精准扶贫政策，能够解决一定的贫富差距。在扶贫发展过程中，为某些经济社会的运行提供良好的机制。基于关键性问题的探索，在扶贫发展道路上走得更加深远。实现精准扶贫能保贫困户的发声过程，传递着中国发展的新型能量。各部门人员都能够在抓准自己方向的同时，找到扶贫发展的靶向问题。这是改善贫困人口的关键，也是实际脱贫问题探讨的重点。

3. 精准扶贫是中国振兴的里程碑

社会主义制度表明中国发展的根本原则是实现人民的共同富裕，而共同富裕目标的实现也与中国的某些发展进程有着一定的关系。国家部门更为注重的是精准扶贫工作开展的效果，他们在建设过程中将扶贫当作中国共产党的一个重要攻克目标。并通过各种有效策略的实施，来实行狠抓猛打方案。这一发展过程真正具有其实际意义，它能够为中国的后期发展奠定更为良好的经济基础。在扶贫发展过程中，这也能够对某些扶贫理念做出改造。它是基于中国特色社会主义建设的一种新型改革路径，中国也必然会经历此种发展机遇，做出实际变革。

共同富裕是人民基于物质基础上的一大重要追求，而经济发展也是其人民进步的核心内容。实施精准扶贫已迫在眉睫，精准扶贫号角吹响必然能够对现今的中国发展带来一个实际导向。中国共产党在建设过程中必须理解到精准扶贫政策的落实情况，理解其巨大的转折作用。对其进行认知，打好精准扶贫攻坚战。

第三章 精准扶贫方略的主要内容

我国精准扶贫方略具有丰富而深厚的理论内容。其中，摆脱贫困是这一方略的理论主题，由宏观战略系统、中观理论系统和微观实践系统构成的三位体的内部结构是其理论框架，精准扶贫是其核心思想，精准化是其理论主线。而由摆脱贫困主题决定，由三位一体理论框架支撑，由精准化主线串联在一起的各个组成部分及其具体内涵，就构成了中国精准扶贫方略的主要内容，这也是中国精准扶贫方略的本体论。

第一节 精准扶贫方略的主要内容分析

按照由宏观战略系统、中观理论系统和微观实践系统构成的三位一体的理论框架，我们可以将中国精准扶贫方略的主要内容划分为三个部分。

一、宏观战略系统的构成要素及具体内涵

中国精准扶贫方略，是在国家扶贫开发工作大背景下打赢脱贫攻坚战的重大战略决策和总体策略部署。它主要回答什么是精准扶贫、为什么要实施精准扶贫以及如何实施精准扶贫的问题，而对这些问题的回答必须以对国家扶贫开发工作和脱贫攻坚战的认识为理论前提和分析基础。中国精准扶贫方略的宏观战略系统，是指党和国家对扶贫开发工作在全面建成小康社会和建设中国特色社会主义中的性质与地位的界定，是对扶贫开发工作和打赢脱贫攻坚战总体思路、总体要求、指导思想、基本原则的认识，是有关贫困现象和扶贫开发的认识论和方法论。这一宏观战略系统蕴含着深刻的战略观念与全局意识，体现着鲜明的中国政治优势、制度优势和中国传统文化元素，不仅为精准扶贫思想提供了理论前提与政治保障，而且为精准扶贫明确了大方向、总目标。

（一）扶贫开发工作的性质与定位

扶贫开发工作的性质与定位是指扶贫开发工作在党和国家各项工作和事业中的属性与地位。对扶贫开发工作的属性与地位的认知与界定关系到这项工作的进展与成效。党和国家非常重视扶贫开发工作，多次研究和阐述扶贫开发工作的性质、地位与重要性，明确了扶贫开发工作在建设中国特色社会主义制度和全面建成小康社会中的坐标定位，为扶贫开发工作的开展奠定了基础。

1. 扶贫开发工作的性质

扶贫开发是指发展生产、消除贫困的工作。从广义的视角分析，党和国家的各项工作都是为了实现人民的富裕、国家的富强，都是扶贫开发工作的一部分。从狭义的视角看，它单指由国家或发达地区组织专门人员实施的帮助特定贫困地区和贫困人口发展生产、改善生活、摆脱贫困的实践活动。

2. 扶贫开发工作的定位

扶贫开发工作定位，是指扶贫开发工作在中国特色社会主义建设和全面建成小康社会中的地位、重要性与作用。对扶贫开发工作做出精准定位，明确其地位、重要性与作用，是推进扶贫开发工作和精准扶贫方略的理论前提和必然要求。党和国家一直高度重视扶贫开发工作，从政治和全局的高度对扶贫开发工作的地位、重要性、优先序做出了重要阐述。

①政治定位。所谓政治定位，是指扶贫开发工作在党和国家政治生活中的地位。党的十八大以来，中央多次强调消除贫困、保障民生，提升人民生活获得感既是社会主义的本质要求，也是我们党的重要使命。这恰恰是对扶贫开发工作重要政治地位和重大政治意义的鲜明概括。一是它从政治上对扶贫开发工作做出明确定位，即扶贫开发工作是与社会主义的本质要求相一致的，也是与我们党执政为民的重要使命相一致的，由此将扶贫开发工作提升到社会主义本质和党的历史使命的政治高度。二是它为扶贫开发工作提供了切实的政治保障、政治基础、政治理论依据和强有力的政治动力。以前人们更多的是将扶贫开发工作视为一项社会工作，认为其从属于经济工作和政治工作，但现在我们将扶贫开发工作提升到政治高度，从而为扶贫开发工作奠定坚实的政治基础，提供有力的政治依据，注入强大的政治动力。

②全局定位。所谓全局定位，是指扶贫开发工作在党和国家工作全局中的地位。在一个时期，党和国家会面临许多工作，比如经济工作、社会工作、城市工作、农村工作等，其重要性、紧迫性各不相同。那么，在由众多轻重缓急

不同的工作构成的全局中，扶贫开发工作居于何种位置呢？概括地来讲就是“两个重中之重”——“三农”工作是重中之重，“三农”工作中革命老区、民族地区、边疆地区、贫困地区的扶贫开发工作是重中之重。“两个重中之重”思想是党对扶贫开发工作在党和国家工作全局中的轻重缓急排序中的定位。这一定位足见党和国家对扶贫开发工作的重视程度。做好党和国家的全部工作，首先要做好“三农”工作，而做好“三农”工作，首先要做好扶贫开发工作。

③现实定位。所谓现实定位，是指在当前党和国家的总体发展目标和工作全局中扶贫开发工作的性质、地位与作用。扶贫开发重在落实。对于当前如何更好地开展和推进扶贫开发工作，党和国家曾多次做出重要阐述和安排。

一是将扶贫开发纳入“四个全面”战略布局，摆在更加突出的位置。这也意味着它上升到党和国家的战略层面；摆在更加突出的位置，意味着扶贫开发工作更为重要醒目，处于优先地位。

二是将扶贫开发定性为脱贫攻坚。“扶贫开发”一词是对中国扶贫、反贫困、减贫工作的总称。这个词较为客观中性，无法表明这项工作的紧迫性和艰巨性。依据扶贫开发工作的难度、紧迫性和目标要求，中国曾将1994—2000年的扶贫开发工作表述为扶贫攻坚，意在表明这一时期的扶贫存在很大困难，但一定要迎难而上、克服困难，实现既定扶贫目标。在2015年的中国共产党十八届五中全会上，党中央再次把当前的扶贫攻坚一词改为“脱贫攻坚”。脱贫攻坚一词不仅再次表明了扶贫脱贫的高难度，也表明了党中央扶贫脱贫的强大信心和坚定决心。

三是将扶贫开发明确为庄严承诺和底线任务。扶贫开发工作是中国特色社会主义建设和实现全面建成小康社会目标的重要组成部分。到2020年全面建成小康社会目标实现之时，必须打赢脱贫攻坚战，取得扶贫开发工作的决定性胜利。这一定位，明白无误地将脱贫攻坚确定为党对人民的庄严承诺和必须完成的底线任务，既做出承诺又划出底线，表明了党和政府针对贫困背水一战的决心，同时又给扶贫开发工作带来了巨大的压力和动力。

四是将扶贫开发明确为一把手工程。中国的扶贫开发是以政府为主体和主导的工作，各级党委和政府负有主体责任。因此，党中央明确要求各级党委和政府必须把扶贫开发工作摆到更加突出的位置。同时，鉴于党政一把手在党委和政府中的特殊地位——权力大、资源集中，党中央要求贫困地区党委和政府必须把扶贫当作一把手工程，党委书记是扶贫开发工作的第一责任人。“一把手工程”和“第一责任人”的定位，在集体责任主体的基础上又为扶贫开发工作确定了真实具体的个人责任主体，从而使责任真正落实到了个人。

（二）当前扶贫开发工作总体形势分析

对当前中国扶贫开发工作的总体形势做出科学分析和准确判断，既是制定精准扶贫方略的客观依据，也是落实精准扶贫方略的前提条件。党和国家对中国当前扶贫开发总体形势的分析与判断，具体来说主要包括如下几个方面。

一是对中国扶贫开发工作发展阶段的判断。经过三十多年大规模的扶贫开发，我国的反贫困事业取得巨大成就，全国七亿多贫困人口成功实现脱贫，贫困发生率由改革开放初期的超过 90% 下降到 2017 年年底的 3.1%，全国大部分地区和人口基本实现小康。剩下的几千万贫困人口大多数处于交通不便，资源贫瘠的深山区、极寒区、荒漠区和边疆区，都是贫中之贫、困中之困，扶贫难度极大。党和国家对当前中国扶贫开发工作所处发展阶段的准确判断，为确立精准扶贫方略提供了重要的现实依据。

二是对中国扶贫开发路径和措施的分析。改革开放以来，中国的扶贫开发工作取得了巨大成就，但在扶贫模式，路径和措施上也存在底数不清。大水漫灌，针对性差等不足和缺陷，属于一种较为粗放简单的扶贫模式。对此，党和国家有着非常客观的评价。一方面，这一传统扶贫模式的形成有着客观的原因，也为中国扶贫开发事业做出了贡献。另一方面，扶贫开发工作进入啃硬骨头、攻坚拔寨的冲刺期，所面对的都是贫中之贫、困中之困，再采用常规思路和办法，按部就班推进，难以完成脱贫任务，必须以更大的决心。更明确的思路、更精准的举措。超常规的力度去推进脱贫攻坚。这“四个更”中的“更明确的思路，更精准的举措”就是指精准扶贫方略。也就是说，要打赢脱贫攻坚战，必须转变扶贫开发模式，由传统的“大水漫灌、一刀切。大面化之、走马观花、眉毛胡子一把抓”的粗放扶贫模式转向“因地制宜，对症下药、靶向治疗、精准滴灌”的精准扶贫模式。党和国家对当前和以往中国扶贫开发路径和措施的辩证分析，为精准扶贫方略的形成提供了直接的理论依据。

三是对扶贫开发工作持久性的认识。中国的贫困问题由来已久，脱贫也不可能毕其功于一役。当前中国脱贫攻坚工作既面临一些多年未解决的深层次矛盾和问题。也面临不少新情况、新挑战。对此，党中央有着非常清醒的认识，要求各级党委和政府做好打持久战的准备。对扶贫开发工作持久性的认识。明确了精准扶贫思想的战略性和长远性。

（三）现阶段扶贫开发工作的指导思想

中国精准扶贫方略立足于扶贫开发工作的现实基础，当前的扶贫开发工作就是集中精力打赢脱贫攻坚战。要打赢脱贫攻坚战，必须有一个正确的指导思想。毕竟理念是行动的先导，发展的理念引领着发展的实践产生。针对扶贫开发工作和脱贫攻坚战，党中央多次指出打赢脱贫攻坚战要持之以恒，坚持不懈，要真扶贫，扶真贫、真脱贫，要找准问题的关键点。找到脱贫良方，治疗穷根。

具体来说，这一指导思想主要包括以下内容。一是根本思想，即坚持邓小平理论、“三个代表”重要思想，科学发展观、习近平新时代中国特色社会主义思想，贯彻落实党的十八大会议精神。二是基本方略，即把精准扶贫、精准脱贫作为基本方略，坚持精准化的方向。三是基本方针，即以坚持扶贫开发与经济社会发展相互促进，坚持精准帮扶与集中连片特殊困难地区开发紧密结合，坚持扶贫开发与生态保护并重，坚持扶贫开发与社会保障有效衔接为内容的“四个坚持”。这“四个坚持”为精准扶贫方略的实施确定了基本路径。

（四）现阶段扶贫开发工作的总体目标

目标是前进的方向与动力。目标确定了，精准扶贫方略就可以有的放矢、有条不紊地实施。依据《中国农村扶贫开发纲要（2011—2020年）》，党和国家将“十三五”时期脱贫攻坚的总体目标概括为“两不愁、三保障、一高一近、两个确保”，具体来说，这一总目标主要包括两个方面。一是贫困人口脱贫目标，即“两不愁、三保障、一高一近”。这一目标是针对贫困人口的基本需求而制定的。二是贫困地区脱贫目标，即“两个保障”。这一目标是针对贫困地区而制定的。这一目标内涵极为全面，目标制定也比较合理，既有一定难度，也不好高骛远、不切实际。总体目标的确定，为精准扶贫思想明确了航向与发力点。

（五）现阶段扶贫开发工作的基本原则

所谓基本原则，是指扶贫开发工作应该和必须坚持的基本理念、经验。立场、制度和办法。没有规矩不成方圆，要想打赢脱贫攻坚战，必须不断总结扶贫开发的成功经验，并将之上升到基本原则的高度。“五个坚持”是对党和国家有关扶贫开发工作基本经验与基本原则表述的系统总结，它紧紧抓住扶贫开发的基本要素与关键环节，并对之做出开宗明义的规定。从而为扶贫开发工作提供了基本保证和路径约束。

（六）打赢脱贫攻坚战面临的矛盾和问题

知己知彼，百战不殆。要想打赢脱贫攻坚战，必须清楚脱贫攻坚战面临的各种矛盾和问题。为了解和掌握这些矛盾和问题，党的十八大以来，党中央做了大量的实地考察和调研，进行了深入细致的理论研究。2015年，中央召开扶贫开发工作会议。进一步系统阐述了中国脱贫攻坚战面临的矛盾和问题，提出了“两因素说”和“六薄弱环节说”。

“两因素说”提出了贫困的两大症结和扶贫的两大制约因素，为精准扶贫、对症下药提供了理论基础与发力方向。

“六薄弱环节说”指的是当前中国扶贫开发体制机制中存在的六个不完善的地方。第一，精准扶贫体制机制还不健全：第二，扶贫开发责任还没有完全落到实处；第三，扶贫合力还没有形成：第四，扶贫资金投入还不能满足需要：第五，贫困地区和贫困人口主观能动性还有待提高：第六，因地制宜、分类指导还有待加强。这六个方面，每一方面都意有所指、各有侧重。第一个方面说的是体制不健全，第二个方面说的是责任不到位，第三个方面说的是社会合力不足，第四个方面说的是扶贫资金不足，第五个方面说的是贫困群众主动性不强，第六个方面说的是分类不精细。总体来看，有体制问题，有动力问题，有资金问题，有方法问题。一言以蔽之，其实就是精准扶贫还受到诸多方面的制约，还没有得到全方位的贯彻落实。

“六薄弱环节说”是党中央在总体肯定当前中国扶贫开发体制机制基础上提出来的，是对当前中国扶贫开发体制机制进行辩证分析的结论。正是这“六薄弱环节”严重制约着当前脱贫攻坚工作的进展与实效。这一结论准确揭示了当前中国扶贫开发体制存在的问题，为下一步对症下药、靶向治疗找到了问题的症结所在。

以上是中国精准扶贫方略中的宏观战略系统。这部分内容全面阐述了扶贫开发工作在建设中国特色社会主义事业和全面建成小康社会全局中的性质与定位，深刻分析了当前扶贫开发工作的总体形势、主要问题。明确表述了当前扶贫开发工作的指导思想，基本原则，系统论述了对于贫困和扶贫开发工作的认识论和方法论，从宏观背景，理论基础和理论渊源上为提出和实施精准扶贫思想提供了思想前提，理论依据和方法指导，从而奠定了中国精准扶贫方略的理论基础。

二、中观理论系统的构成要素与具体内涵

（一）精准扶贫的总体思路

思路决定出路。对于中国如何摆脱贫困这一时代主题，党和国家进行了长期的实践探索与理论思考，提出了要坚持“因地制宜、科学规划、分类指导、因势利导”的思路。

这一思路是党和中央在提出“要找对路子”这一问题之后，进一步对“如何找对路子”这一问题的思考，也是对“要找对路子”这一问题的初步回答。这一问一答实际上就蕴含着精准扶贫的思想萌芽。2015 年，中央召开扶贫开发工作会议，不仅重新提出这一思路，而且明确了精准脱贫的出路，即“六个精准”（扶贫对象精准、项目安排精准、资金使用精准、措施到户精准、因村派人精准、脱贫成效精准）。可见，正是 16 字的总体思路决定着精准扶贫的出路。

“因地制宜，科学规划、分类指导，因势利导”的思路，通俗地讲，就是“能做什么就做什么，不要勉强搞一些东西，一定从实际出发，真正使老百姓得到实惠”。具体来说，因地制宜是根本方针，科学规划是前提和保证，分类指导是基本原则，因势利导是基本策略。这四个方面协同配合，相互作用就是做好扶贫开发和精准扶贫的总体思路。显然，这一思路是做好扶贫开发工作，也是做到精准扶贫、精准脱贫的根本遵循和基本路径。

（二）精准扶贫的总体要求

所谓总体要求，就是做好扶贫开发工作和落实精准扶贫思想的各项必要条件和原则性方法。扶贫开发工作是一项系统性工程，需要党政齐抓共管，社会协同配合。没有一个总体要求，很难形成齐心协力、各负其责的良好局面。作为扶贫开发工作的总指挥，党中央深知扶贫开发工作的系统性与协同性，因而在不同时期，面对不同的干部与群众，提出过不同的要求。

1.“四真”总体要求

扶贫工作进入攻坚阶段，中央明确提出了要因地制宜，“看真贫、扶真贫、真扶贫，真脱贫”的“四真”总要求，指出要严肃查处“数字扶贫”“虚假脱贫”“被脱贫”等虚假情况，强调脱贫结果既要获得人民的认可，也要经受住历史与实践的考验，以保证扶贫结果的真实性。由此可见，“四真”要求不仅是调研扶贫工作的要求，也是精准扶贫、精准脱贫的基本要求和根本目的。

2.“四个切实”总体要求

为进一步落实扶贫开发工作，中央在提出“四真”要求的同时，又提出了“四个切实”的总体要求，即切实落实领导责任，切实做到精准扶贫，切实强化社会合力，切实加强基层组织，从而为扶贫开发工作明确了政治保障、效率举措、推进动力，发展基础。

一是切实落实领导责任，才能确保扶贫规划的落实。实践证明，只有各级领导真正把扶贫放在心上、扛在肩上。只有这样，扶贫计划才能得到持续实施。

为此，习近平总书记要求，要严格落实党政领导分管扶贫的责任制。党政领导必须履行扶贫第一责任人的职责。扶贫开发关键是落实扶贫责任特别是领导责任，牢牢把握第一责任主体。

二是切实做到精准扶贫，才能确保扶贫工作事半功倍。新时期，扶贫开发的责任在于精准，成功的关键在于精准。因此，一剂治病的解药，是党委总书记习近平所要求的。精准是扶贫开发取得成效的必由之路。

三是加强社会合力，才能保证扶贫工作的全面推进。扶贫开发是全党全社会的共同责任。要调动一切积极因素，努力建设专项扶贫工程。产业扶贫、社会扶贫等多种力量有机结合、相互支撑的大扶贫格局。因此，习近平总书记要求各级、各部门要科学划分权力，明确部门职责分工，整合各类扶贫资源。提高资金使用效率，在全社会形成扶贫“合唱”局面。

四是加强基层组织建设，才能确保扶贫工作稳步发展。做好扶贫开发工作，基层是基础。党和国家的扶贫政策再好，也不会自动执行。还需要基层干部和群众来落实。因此，党中央要求，要重视以村党组织为核心的村级组织配套建设，选派第二任党委书记，把我们党基层组织的优势转化为扶贫优势。

“四个切实”从领导保障、实践方法，社会动力和实践基础四个方面对新时期的扶贫开发工作提出了总体要求，指明了前进方向，提供了必要条件，从而为新时期的精准扶贫工作营造了良好的政治氛围和制度环境。

（三）精准扶贫的战略目标

精准扶贫的一个重要含义就是有的放矢。这也是其目的之一。只有先明确扶贫目标，才能做到精准扶贫。在党和国家关于扶贫开发工作和精准扶贫的重要文献中，党中央站在社会主义本质的高度，从不同视角和层面全面阐述了精准扶贫工作的目标。具体来说，主要包括如下层次。

1. 扶贫开发的总目标

在谈到扶贫开发工作时，中央多次强调，消除贫困，改善民生，逐步实现共同富裕，是社会主义的本质要求，是我们党的重要使命。这一科学论断不仅明确了扶贫开发工作的总依据，而且明确了扶贫开发工作的总目标，即扶贫开发工作就是要消除贫困。改善民生、逐步实现共同富裕。这一总目标与社会主义本质以及我们党的奋斗目标，根本宗旨和历史使命是一致的。精准扶贫就是为实现这一总目标而提出的基本方略，因而扶贫开发的总目标就是精准扶贫的总目标。

2. 当前扶贫开发工作的具体目标

总目标的明确为扶贫开发和精准扶贫指明了根本方向与基本遵循，但这一目标过于笼统和抽象。为了更好地推进扶贫开发工作和精准扶贫思想，中央结合全面建成小康社会的目标要求和当前我国经济社会发展的实际情况，进一步从多角度提出了当前精准扶贫工作的具体目标。

（1）内容目标

所谓内容目标，就是从扶贫的工作内容、努力方向上确立的目标。这一目标，概括地说就是“两不愁、三保、一高一近、两保一解”，即到2020年，农村贫困人口温饱不愁：义务教育，基本医疗保障和住房保障：贫困地区农民人均纯收入增长速度高于全国平均水平，基本公共服务主要领域指标接近现行标准下全国平均水平，实现农村贫困人口脱贫，确保所有贫困县摘帽：解决区域整体贫困。其中，“两不愁，三保障、一高一近”主要是针对贫困人口确立的目标，是从贫困群众的生活和收入角度确立的，最能让贫困群众有获得感和脱贫感。“两个确保，一个解决”主要是针对贫困地区确立的目标，最能让国家有获得感和脱贫感。总体而言，这一目标虽然实现起来并不容易，但基本是符合当前中国经济社会发展的实际的。

（2）否定目标——“四不目标”

为进一步强调扶贫脱贫的坚决性、彻底性和完全性，增强干部群众打赢脱贫攻坚战的信心和决心，争取脱贫攻坚战的完胜，精准扶贫方略从否定和反面的视角提出精准扶贫的目标，即“四不目标”：脱贫不能落下一个民族，不能落下一个贫困村，不漏掉一个贫困户，不丢下一个贫困人口。2015年，中央扶贫开发工作会议强调，全党同志务必把思想和行动统一到党中央决策部署上来，统一到实现“两个确保”的目标上来，决不能落下一个贫困地区、一个贫困群众。“四不目标”是从反面和否定角度针对贫困村，贫困户，贫困贫困人口而确定的，是扶贫目标的进村入户到人，既是精准脱贫的标准，也是精准脱贫的标志，更是党中央向人民做出的庄严承诺。党和国家之所以多次从反面去谈精准扶贫的目标，意在强调和突出这次脱贫攻坚的彻底性和完全性，意在向全党全社会表明务必争取脱贫攻坚战的全胜，充分体现了党和国家打赢脱贫攻坚战的信心和决心、勇气和担当。“四不目标”涵盖民族，村落、家庭，个人。由区域、族群到个人，意在表明小康路上一个都不能少。相对内容目标而言，“四不目标”更清楚简单，更能够让人民清清楚楚地知道精准扶贫的目标，也便于接受人民的检验。

（3）数据目标

数据是扶贫开发工作中必不可少的工具。扶贫要想做到精准，必须做到贫困数据与脱贫数据的一致。因此，精准扶贫方略非常重视扶贫开发工作中数据的收集与比较。精准扶贫的一个重要前提和重要目的就是要做到底数清楚。因此，精准扶贫方略在提出“到2020年确保我国现行标准下的农村贫困人口实现脱贫，贫困县全部摘帽，解决区域性整体贫困”的“两个确保”目标的同时，也提出了相对应的数据目标。截至2015年年底，中国还有14个集中连片特困区，592个贫困县，12.8万个贫困村，7017万贫困人口。而要打赢脱贫攻坚战，到2020年就必须实现上述区域、村落和人口全部脱贫。这一数据目标，是从人口、村落、行政县和区域四个角度确立的，点面结合，数据制约，因而目标更加全面科学。虽然人们只能看到数据目标中抽象的数字，看不到其实质内涵，但其统计学上的精准意义使之更具权威性和说服力。

（4）细分目标

相对于扶贫开发工作的总目标，内容目标、否定目标和数据目标较为具体，但相对于扶贫开发的年限和不同方式而言，这些目标仍然较为抽象和概括。上述细分目标不是随意制定的，而是依据过去几年的减贫经验和贫困地区、贫困贫困人口的具体实际情况确定的。它包括两个方面，一是年度减贫目标，即每年减贫1000万贫困人口，这主要是依据过去几年年均减贫数量而确定的：二是路径减贫目标，即产业减贫3000万，转移就业1000万，易地搬迁1000万，社保兜底2000万，这主要是依据贫困地区和贫困人口的客观实际而确定的。显然。这一目标更为具体，也更为可信。因为它把脱贫路径与脱贫人口数量对应起来，让人感觉更加现实可行，对脱贫目标也更确信无疑。

3.精准扶贫的主要思想与观点

精准扶贫的主要思想与观点，是中国精准扶贫方略中观理论系统的核心内容，是精准扶贫方略本体论的支柱，主要包括分类施策与“四因施策”“六个精准”“五个一批”等内容。

（1）分类施策与“四因施策”

①分类施策与“四因施策”的提出。中国的贫困区域辽阔，贫困人口规模庞大，贫困类型多样，致贫原因复杂。尽管贫困及其原因有其共性，但事实证明，采取“一刀切、大水漫灌、撒胡椒面、眉毛胡子一把抓”的办法效果并不好。因此，提高扶贫质量与效益，必须实行分类施策的办法，一定要因地制宜，因地、因人，因贫困原因和因贫困类型施策。这就是中国精准扶贫方略分类施策和“四因施策”

的思想观点。分类施策与“四因施策”是中国精准扶贫方略的方法论基础和本体论的重要内容。

②分类施策与“四因施策”的定义。分类施策即区分贫困类型并根据贫困类型制定和实施不同的扶贫策略的方法论。分类施策是具体问题具体分析哲学方法论在精准扶贫工作中的具体应用与体现，也是精准扶贫实践的要求。“四因施策”即因人施策、因地施策、因贫困原因施策、因贫困类型施策。分类施策是“四因施策”的根据，“四因施策”又是分类施策的具体化。分类施策与“四因施策”是党和国家对扶贫脱贫实践经验的理论思考与理论总结，体现了党和国家对扶贫方法的理论自觉，是中国精准扶贫方略达到理论成熟的表现与标志之一。

一是因人施策，即因贫困人口的不同情况，制定和实施不同的扶贫策略。我国现有几千万贫困人口，他们的年龄、知识，能力、诉求各不相同，如果实行一个扶贫策略和路子，其效果必然大打折扣。精准扶贫必须因人而异，根据每个贫困村，每个贫困户的实际情况，制定个性化的帮扶措施。对有劳动能力的扶持就业创业，对子女上学的抓好教育扶贫，对因病致贫的提供医疗救助，对缺乏劳动能力的实施兜底保障。

二是因地施策，即因贫困地区的不同情况，制定和实施不同的扶贫策略。我国现有 14 个集中连片特困区，占国土面积的 40%，此外还有很多散点式贫困区，分布在更广的区域内。如此众多和广阔的贫困地区，它们的资源、人口结构、产业基础、地理环境各不相同，如果不加区分，实施同一个扶贫策略，效果必然不理想。因此，要想做到精准扶贫，必须因地而异，依据不同贫困县、贫困村的资源、地理、环境情况制定和实施不同的扶贫策略。从地与人之间的关系来看，一方水土能养一方人，但没养好的，要就地发展产业扶贫；一方水土养不活、养不好一方人的，要易地搬迁扶贫；一方水土没养好一方人但具有重大生态价值的，要实施生态补偿扶贫策略。从地与业之间的关系来看，一方水土宜粮则粮、宜林则林，宜牧则牧．宜渔则渔、宜游则游。

三是因贫困原因施策，即分析和区分贫困的致贫原因，依照贫困的原因对症下药。贫困的原因往往不是单一的。包括内部和外部，宏观和微观等多种因素。但具体到某个贫困村或贫困户，可以梳理出主要原因。扶贫脱贫必须针对主要原因制定和实施扶贫的主要路径与策略。如对于缺少劳动技能的，就要实施技能培训，提高就业能力；缺少发展资金的，就要实施金融扶贫支持；缺少劳动能力的，就应实施社会保障兜底扶贫；因病致贫的，就要实施医疗救助扶贫；缺少致富项目的，就要实施特色产业扶贫；因基础设施落后的，就要加强基础设施投资。当然，也可以将共性措施与个性措施结合，综合施策。

四是因贫困类型施策，即分析和区分贫困的类型，依照贫困的类型分别施策。按照不同的标准划分，可以将贫困划分为不同的类型。如按照贫困程度划分，有深度贫困和浅度贫困：按照贫困原因划分，有因病致贫、因灾致贫、因子女教育致贫、因缺少发展资金致贫，因交通闭塞致贫，因市场经营失败致贫，因缺少劳动能力致贫，因资源匮乏致贫等；按照比较划分，有绝对贫困和相对贫困：按照贫困内容划分。有物质贫困和精神贫困；按照贫困空间分布状况划分，有集中连片贫困和个体散点贫困；按照贫困的代际划分，有原生贫困和再生贫困，等等。精准扶贫要求根据贫困的轻重，简复、难易类型制定和实施不同的扶贫策略。

总之，“四因施策”其实就是立足实际，错位发展、分类实施的思想，是分类施策总方法的具体化。“五个一批”就是分类施策、四因施策思想在精准扶贫工作中的体现、具体化和产物。

（2）“六个精准”思想

①“六个精准”的提出及其含义。

“六个精准”思想的内涵为：扶贫对象精准、项目安排精准、资金使用精准、措施到位精准、因村派人精准、脱贫成效精准。

“‘六个精准’取纵向观察视角，指精准扶贫的不同环节及其要求”，是从扶贫的要素，环节出发对精准扶贫概念的理论阐发和方法阐释，是中国精准扶贫方略的最重要内容之一，具有重大的理论意义和实践意义。在理论上，它把精准扶贫的概念一分为六，进一步丰富和发展了精准扶贫思想的内涵；在实践上，它在六个环节和要素上为实施精准扶贫策略提供了具体方法，使之更具操作性和应用性，从而达到知行合一的境界。

一是扶贫对象精准。扶贫对象精准即扶贫要识别和瞄准真正贫困的地区、村落、家庭和人口，扶真贫。因为贫困人口与非贫困人口往往混居在一起，很难辨识。因此，做到扶贫对象精准既是精准扶贫的第一步，也是精准扶贫的重要前提。扶贫对象精准是精准扶贫的必然要求，也是克服以往扶贫中底数不清、目标不准的缺陷的必由之路。而要做到扶贫对象精准，就要做好两个方面的工作，一是精准识别，二是建档立卡。

精准识别是指依据经济社会发展程度、收入水平数据以及现实生活状况，将贫困与非贫困区分开来，准确定位贫困区域和人口。无论是从贫困区域在我国国土面积中的占比还是从贫困人口在我国总人口中的占比看，贫困都是少数，处于被非贫困包围和分割的状态，因此，将占少数的贫困地区和贫困人口从占多数的非贫困地区和非贫困人口中识别出来，在实践中的确是一个很大的工程。在中国精准扶贫方略的指引下，国家和各省市区依据国家和各省经济社会发展数据，确定了国家贫困线和各省贫困线，并据此核查，筛选出国家级贫困县和各省级贫困县、贫困村，又根据它们在地理上相连或分割的状况，确定了全国14个集中连片贫困地区。在此基础上，各个贫困县和贫困村又通过数据分析和入户调查，确定了各个贫困村中的贫困户。

精准识别贫困地区和贫困家庭、贫困人口是精准扶贫的基础性工程。没有精准识别就不会有精准扶贫。精准识别的前提是确定贫困线。由于改革开放以来，我国越来越重视经济数据统计，国家和各省级行政区的经济发展数据越来越健全和完善，依据这些数据和人民群众日常生活需求状况，可以较容易地确定国家贫困线和省级贫困线。2013年，国家按2010年不变价格确定国家贫困线为人均收入2300元，并根据物价上涨指数确定2020年的贫困线为2800元。依据贫困线确定贫困县和贫困村并不难，因为相对数据较为全面。但在此基础上，要确定贫困村里的贫困户相当困难。除了极少数和极个别的老幼病残、鳏寡孤独人员之外，其他低收入者不易识别。首先是因为贫困家庭及人口与非贫困家庭及人口处于大杂居，混居状态，整体人均收入极为接近，没有明显差距和界线。其次是因为村庄及家庭的经济数据缺失不全，收入不稳定。为了确定贫困户，各地政府发挥聪明才智，创造性地提出了许多行之有效的标准。

建档立卡是精准识别中的一项重大发明。它以贫困户为单位，记录贫困户的户主。家庭成员的基本情况，以及贫困程度、致贫原因、扶贫举措等扶贫信息。建档立卡旨在把精准识别的成果按制式表格做好底账，实现扶贫信息的数据化、科学化，克服扶贫信息的口头化、随意性。建档立卡实行一个贫困户一档一卡制度。一旦贫困户录入好信息，经公示无异议之后，数据就上传到国家贫困户信息数据库，既不能随意改动，也方便上级检查。

二是项目安排精准。项目安排精准是指扶贫项目安排一定要符合贫困地区的实际情况和贫困人口的需求。具体的扶贫项目是精准扶贫的落地载体，没有合适的扶贫项目，扶贫工作很难取得成效。扶贫项目安排精准是精准扶贫的重要内容和重要标志，也是精准扶贫的必然要求。

要做到项目安排精准，既不能拍脑袋决策，也不能随大流、盲目攀比和模仿。首先要做好调查，全面掌握贫困地区的自然地理、资源禀赋情况，依据比较优势原理确定符合当地实际的可行性项目。其次，要考虑贫困群众的需要。有些项目虽然符合实际，也具有可行性，但与贫困群众的需要脱节，这样的项目也不可能成功。因此，要做到项目安排精准，一要注意合规律性，即符合贫困地区的实际情况与客观发展规律，做到实事求是，二要注意合目的性，即符合贫困群众的主观需要，做到供求均衡。简单地说，就是要实现合规律性与合目的性的统一。

三是资金使用精准。扶贫资金是扶贫的血液和源头活水，是精准扶贫的最重要的资源。没有扶贫资金，扶贫方案设计得再好。项目规划再适合，也是“巧妇难为无米之炊”。相对于庞大的扶贫资金需求而言，无论任何时候，扶贫资金都是短缺的。按照投入2万元基本解决1个农村贫困人口的脱贫问题推算，每年平均需中央财政投入2400亿元左右。这对于我们这个仍然处于社会主义初级阶段的发展中国家来说，是一项巨额财政支出需求，财政扶贫资金缺口明显。因此，要做到精准扶贫，首先要实现扶贫资金使用的精准，即要把有限的扶贫资金用在最需要的贫困人口和贫困地区、最合适的扶贫项目上，实现扶贫资金效用的最大化。

目前，我国扶贫资金主要包括政府专项财政扶贫资金（中央政府专项财政扶贫资金和地方政府专项财政扶贫资金）、政府各行业部门专项扶贫资金、金融扶贫资金，定点扶贫单位资金（党、政、军、学、国企等机关企事业单位）和社会扶贫资金（民营企业、社会团体）等，处于渠道多元、多头管理，各自为战的状态，虽有各负其责的优势，但也存在缺少合作和协同不足的问题，一定程度上导致了扶贫资金使用不精准、效率不高。因此，要做到资金使用精准，必须改革现有扶贫资金管理体制，适度集中扶贫资金及其使用权限，做好资金使用规划，统筹安排扶贫项目，形成规模优势，避免出现资金使用过度分散、浪费和重复建设等情况。

四是措施到位精准。所谓措施到位精准，即扶贫措施一定要到村、到户、到人，要因村、因户、因人施策。措施到位精准是精准扶贫的保证，只有措施到位精准，精准扶贫思想才能落地见效。

实现扶贫措施到位精准，首先要做到“四因制策”，即因村制策、因户制策，因贫困类型制策，因贫困原因制策。尽管同属于贫困，但贫困的类型，原因可能因村而异、因户而异，因此，要想措施到位，首先要根据贫困的具体情况制定符合各村各户实际的措施，一村一策。一户一策。当然。如果贫困的情况大体相当，不同的村户也可以实行同样的措施。其次，要切实落实扶贫措施，不能仅将之说之于口、挂之于墙、放之于柜，要施之于村。落之于人，要见之于效、益之于民。也就是说，要把扶贫措施真正落实于实践，让它在实践中开花结果。这取决于广大扶贫工作者的埋头苦干和真抓实干。

五是因村派人精准。所谓因村派人精准，即根据贫困村的实际情况与脱贫需要，比如产业发展需要、易地搬迁需要、社会建设需要，生态保护需要等选派专业知识、工作能力与脱贫工作需要相匹配的驻村工作队员，特别是驻村第一书记。中央非常重视驻村扶贫干部的选配工作，打赢脱贫攻坚战，关键在人，要选派懂扶贫、有能力、作风硬的优秀年轻干部队伍深入各地贫困村一线，担任第一书记。

因村派人精准，就是要选好配齐扶贫工作队，特别是第一书记。要选有知识、懂技术，有热情的干部担任第一书记。第一书记及工作队是扶贫工作的发动机，是扶贫工作的专家型人才。选好第一书记是扶贫工作成功的重要前提。

六是脱贫成效精准。所谓脱贫成效精准，即脱贫成效要真实准确。脱贫成效精准是对精准扶贫工作的精准验收，也是精准扶贫在一个阶段内的完美收官。只有脱贫成效精准，扶贫工作才能经得起人民的检验和历史的检验，也才能保证扶贫的效果。

脱贫成效精准，一方面取决于干部群众在扶贫开发工作中的真抓实干：另一方面取决于对脱贫成效的考核评估机制。前者是激励和基础，后者是保证和约束，只有二者结合，才能促进和保证脱贫成效精准。

②“六个精准”的内在关系。

“六个精准”是由六个相互联系、相互作用、相互影响的环节和要素构成的精准扶贫的科学系统。严格地讲，只有这六个环节都精准，精准扶贫的整个链条才能达到真正的精准。只要有一个环节出现问题，必然导致其他环节出现连锁反应，从而导致精准扶贫整个链条的精准度下降。例如，如果扶贫对象识别不精准，即便其他方面都精准，扶贫的整个链条也难以做到精准。再比如，如果扶贫项目安排不精准，扶贫资金和措施也难以做到精准。因为扶贫项目安排是扶贫载体，载体不精准，作为扶贫血液和脉络的资金、措施肯定无法精准。

首先，“六个精准”各具特定的角色与功能、扶贫对象精准是前提。扶贫对象是精准扶贫的目标，客体，是精准扶贫的工作对象，是所有扶贫资源、项目、措施、资金的指向。只有做到目标明确，才能有的放矢，才能对症下药，才能因村因人施策。相反，如果目标瞄准不准确，则整个扶贫的后续工作肯定不精准。所以，“扶持谁”是精准扶贫要解决的首要问题，对象精准是精准扶贫的前提，是精准扶贫的首要要求。

项目安排精准是基础。扶贫项目是扶贫工作人员依据当地经济地理、人文环境、贫困群众需求而设计的产业发展计划和基础设施建设工程，是扶贫的载体和工具，是所有扶贫资源汇集的“集成电路板”和“芯片”。因此，如果扶贫项目安排不合理，不适应当地的资源禀赋和人文环境，则必然导致整个扶贫工作的失败。所以，项目安排精准是基础。

资金使用精准是动力。资金是扶贫的血液，没有资金，项目规划再好、措施再到位也是摆设。有了资金，扶贫工作才能开展，扶贫项目和措施才能发挥其应有作用。如果资金使用精准，就犹如给扶贫工作安装了助推器，必然能有力提高扶贫的效率。汪洋同志指出，扶贫资金是贫困群众的“保命钱”，也是脱贫攻坚的“助推剂”，每一分钱都必须用到贫困群众脱贫上。但由于扶贫对象量大面广，资金使用环节多，监管机制不完善，一些虚报冒领、挥霍浪费等现象时有发生。资金使用精准是精准扶贫的重要保障和强大动力、中心环节。所谓资金精准，一是要避免上述不良现象的发生，降低和减少非正常损耗；二是把资金用在恰当的扶贫项目中和真正贫困的贫困户身上，实现扶贫资金的效应最大化。

措施到户精准是保障。现实中的贫困往往表现为以户为单位的众多贫困家庭。这些贫困家庭各有各的不幸，不仅贫困程度不同，致贫原因也各异。因此，扶贫必须落实到户，因人因户施策。只有扶贫措施到户，扶贫才算真正落地。否则，扶贫无法收到实效。因此，措施到户是精准扶贫的保障。

因村派人精准是关键。人的因素是扶贫开发工作中最重要，最能动的因素，所有的扶贫项目安排、措施制定、路径规划，资源配置、资金使用都要靠人来组织和实施，人是精准扶贫的大脑。因此，从一定程度上讲，扶贫能否做到精准，关键取决于人，取决于能否为贫困村选派出一支基层工作能力突出、知识结构与当地资源环境适配、热爱扶贫事业的扶贫工作队，特别是取决于能否选派出一位有能力、懂经营、会管理的队长，即“第一书记”。只有因村派人精准，其他工作才会顺当。

脱贫成效精准是压力。精准扶贫是为了精准脱贫，脱贫成效精准既是精准扶贫的必然要求，也是衡量扶贫是否精准的一个重要标准。要想做到脱贫成效精准，必须制定一套完善的脱贫成效考核机制，以此为脱贫成效的衡量标准。对脱贫成效的精准考核，既是对扶贫成效、进度及精准度的事后性统计，以便于对扶贫效果能有一个清醒认知，也是对扶贫工作人员政绩的考核，以便于督促他们落实精准扶贫要求，扶真贫、真扶贫，杜绝“数字脱贫”“被脱贫”“假脱贫”等弄虚作假行为。因此，脱贫成效精准必然对扶贫工作形成一定压力，从而促进精准扶贫工作的开展。

其次，“六个精准”不可分割。“六个精准”是精准扶贫的内在要求，也是落实精准扶贫方略的操作系统。每个精准环节都不可或缺，整个系统不可分割。其一。它们共同构成对精准扶贫方略的诠释与表达，如果缺失一个环节，则精准扶贫方略就是不健全的，也难以做到精准。其二，分开来看，它们是对精准扶贫方略的完整分解与科学解构，是一个整体的全部组成部分：合起来看，它们是对精准扶贫方略的完整建构与科学整合，是由全部组成部分构成的一个整体。其三，它们彼此相互影响、相互作用、相互支持，协同完成精准扶贫工作。前者是后者的前提与基础，后者则是前者的继续与深化。从纵向看，若要实现精准扶贫，首先要实现对象精准，其次是项目、资金、措施精准，再次是实施扶贫的主体精准，主体精准可以保证扶贫过程的精准：最后是脱贫成效精准，这是对精准扶贫的考核与评定，也是一个精准扶贫过程的终结，从而完成扶贫的一个闭合的环。

（3）“五个一批”思想

①“五个一批”的内涵。

“五个一批”是指精准扶贫的五条路径，即发展生产脱贫一批、易地搬迁脱贫一批，生态补偿脱贫一批、发展教育脱贫一批、社会保障兜底一批。“五个一批”是中央扶贫开发分类施策方法论的具体产物，是中国精准扶贫方略的最核心内容之一，也是对精准扶贫概念的进一步细化，在中国精准扶贫方略中占有重要地位，在理论和实践上具有重要意义。一是它进一步丰富和发展了中国精准扶贫方略的理论内涵，增加了精准扶贫思想的理论厚度：二是它进一步增强了精准扶贫理念的可操作性，突出了精准扶贫思想的实践性。

②“五个一批”的形成。

追溯“五个一批”的理论渊源，“五个一批”的出现，不是偶然的。中国农村地域广阔，资源禀赋、水文地理、气候土壤各不相同，东西南北差异很大。因此，要想精准扶贫，必须分类施策、分类发展。

分类发展是党和国家长期农村工作的重要经验。党的十八大之后，党中央更加重视扶贫开发工作及分类施策的作用。推进扶贫开发工作，找对路子是首先需要考量的问题，路子选择正确了，努力才不会白费。“找对路子”这个命题对于中国精准扶贫方略的形成具有重要作用，它实际上是中国精准扶贫方略的开篇之语。精准扶贫方略和“五个一批”就是党和国家一直在苦苦寻找的“对”的路子。在提出“找对路子”的要求和任务后，需要对“如何找对路子”有一个回应，即对破解“如何找对路子”这一问题的一个总体思路进行阐述。对此，党中央找到了分类指导，分类施策的思想，即坚持“因地制宜、科学规划、分类指导。因势利导”。由此可见，坚持“五个一批”思想就是党和国家对“找对路子”的直接回答，也是其分类施策总方法的具体产物。

“五个一批”之间的关系，“五个一批”是精准扶贫的主要举措和代表性路径。

是分类施策和“四因施策”的产物与体现，是党的实事求是思想路线对扶贫开发工作中的必然要求，是中国精准扶贫方略的核心内容。研究中国精准扶贫方略。必须科学阐释“五个一批”之间的内在关系。

③“五个一批”功能与特色。

首先，它们的客观依据不同。在“五个一批”中，发展生产脱贫一批、易地搬迁脱贫一批、生态补偿脱贫一批，是因贫困地区资源和地理环境特殊性而设定的：发展教育脱贫一批、社会保障兜底脱贫一批，是因贫困人口的特殊性而设定的。其中，发展生产脱贫是因贫困地区具有发展生产和产业的条件，如比较优势资源、充足的劳动力、便利的交通设施等。易地搬迁脱贫是因贫困地区不适宜人类生产生活，一方水土难养一方人，不得不易地脱贫。生态．补偿脱贫是因贫困地区是重要的生态涵养区，具有较丰富的林草水资源或其他生态条件。发展教育脱贫是因贫困地区教育水平落后，贫困人口的科学文化素质低下，严重制约了该地区经济社会的发展，因此，要脱贫首先要发展教育。社会保障兜底脱贫是因为贫困人口多为老弱病残或智障人士，不具备基本的劳动能力，因而只能依靠国家社会保障制度脱贫。总之，“五个一批”的指向性针对性都非常明显，充分体现了实事求是，因地制宜、分类指导的方针和因地、因人、因户施策的方法论。

其次，它们的功能与目标不同。发展生产脱贫旨在充分利用贫困地区的资源禀赋条件，推动贫困地区的一、二、三产业发展，通过产业发展和经济增长实现脱贫致富。易地搬迁脱贫旨在通过迁移、易地，定居到更适宜生产生活的自然地理环境，通过环境的改变脱贫致富。生态补偿脱贫旨在通过保护和发展贫困地区独特的生态环境，实现更大范围的生态效应来获取国家生态补偿，从而脱贫致富。发展教育脱贫旨在通过发展贫困地区的基础教育和职业教育，提高贫困人口的科学文化素质和就业能力，从而实现脱贫致富。社会保障脱贫旨在通过健全，完善国家社会保障制度，将那些因老弱病残和智力缺陷面丧失劳动能力的人纳入国家社会保障系统，以此实现脱贫目标。可见，尽管“五个一批”的总目标都是脱贫，但它们的作用机理和功能目标是不同的。简言之，产业扶贫是“富袋子”，易地搬迁是“挪穷窝”。生态脱贫是“聚宝盆”，教育扶贫是“拔穷根”。社会保障是“兜底线”。

④“五个一批”相互兼容。

首先，“五个一批”既可以同时并用，也可以先后使用，只不过在使用过程中有主辅之别和主次之分。事实上，就某一贫困地区的脱贫而言，往往是以某种脱贫路径为主，其他路径为辅。例如，就易地搬迁脱贫而言，就必须在易地搬迁的同时发展生产、教育和社会保障，只有这样，贫困人口才能搬得出、稳得住。否则，搬走的人还可能再回去或四处流散，让新村成为“空心村”。

其次，“五个一批”中有的是直接扶贫，有的是间接扶贫。直接扶贫是指能直接提高贫困人口个人收入，让贫困人口直接脱贫的路径，如发展生产、社会保障和生态补偿。间接扶贫是只能改变贫困人口的生产生活条件、居住环境、文化素质、就业能力，但不能直接提高贫困人口收入的路径。如易地搬迁、发展教育。发展生产、社会保障和生态补偿可以直接增加贫困人口收入。因而具有直接脱贫的效应。但其他两种路径则不同，易地搬迁只是改变了不利的自然地理环境，还不能让贫困人口直接脱贫，要脱贫还必须发展生产：发展教育只是提高了贫困人口的科学文化素质和就业能力，也不能直接让贫困人口脱贫，要脱贫还必须抓住就业机会，实现稳定就业，提高个人收入。

再次，“五个一批”既有治标作用，更具治本功效。对于贫困而言，“五个一批”都是标本兼治的，只不过治标治本的功能比重不同。发展生产脱贫和生态补偿脱贫的治标治本功能较为均衡，既能在短期内收到减贫效果，持续下去也能从根本上解决贫困问题。易地搬迁、发展教育、社会保障脱贫的路径更具治本功能，易地搬迁可以从根本上解决制约贫困地区经济发展的不利环境因素，有一劳永逸的功效；发展教育可以从根本上解决制约贫困人口发展的能力素质问题，也有治本之效；社会保障更能从根本上解决了部分贫困人口的后顾之忧。但上述三种路径也有治标之效，如职业技术教育在扶贫中也可以发挥立竿见影的治标效应，社会保障的治标效应更明显。

最后，“五个一批”是相对的，不是绝对的。“五个一批”中的每一路径都有着明确的内涵与外延，但这并不意味着它们是绝对的。事实上，“五个一批”中的每一路径都是相对的，都是就其主要手段、方式，目的和特色而言的。例如，发展生产不是只发展生产而不注意生态保护，发展教育和社会保障，易地搬迁也不是只易地搬迁而不注意发展生产。保护生态、发展教育和社会保障，其他方式也不例外。因此，在落实“五个一批”时，不可以将之绝对化、片面化。特别是发展生产，易地搬迁、生态补偿这三种路径，一定要辅之发展教育和社会保障；同样，发展教育和社会保障也要注重发展生产和生态保护。

⑤“五个一批”是一个开放包容的体系。

“五个一批”是对精准扶贫，精准脱贫路径模式举措的概括总结。之所以把这“五个一批”从众多精准扶贫路径中抽出来重点阐述，是因为这“五个一批”具有典型示范性、广泛适用性和高度可复制性，可以为各地落实精准扶贫、精准脱贫思想提供经验引导和实践借鉴。“五个一批”为精准扶贫、精准脱贫工作提供了多种可行的路径，其意义在于表明精准扶贫可以多路并行、多措并举，只要能实现精准扶贫，精准脱贫，任何路径、模式、方法和举措都是合理的、可取的。

⑥“五个一批”有优先序和内在逻辑。

发展生产脱贫是精准脱贫的首要选择、最优选择和最佳路径。一般而言，精准扶贫首先应想到和采纳发展生产,就地脱贫这一路径。发展是扶贫的总方法，要想发展必须以经济建设为中心。依托当地的资源禀赋优势，发展特色产业和优势产业。经济是脱贫的基础，产业、经济发展了，收入提高了，自然而然就脱贫了。易地搬迁脱贫是在发展生产脱贫路径走不通的情况下的一种无奈之举，是一种次选方案。对于一般的贫困地区而言，脱贫首先还是要考虑就地脱贫，而就地脱贫必须依靠发展生产。在不具备发展生产的资源条件或不具备安居乐业的地质条件之下，就地脱贫就无法实现，必须易地脱贫。生态补偿脱贫是一种一种比较特殊的脱贫路径，它是在既不能发展生产又不用易地搬迁的情况下的一种选择。简单地讲，就是在前两条路径都走不通的情况下的第三种选择。当然，这种选择并不适宜所有既不能发展又不用易地搬迁的贫困地区，因为它需要一个特殊资源优势，就是独特的生态资源优势。但我国有些地方既是少数民族聚居区，又是贫困区，还是自然保护区，这意味着生态补偿脱贫路径也有很大的适用空间和作用范围。发展教育脱贫是脱贫的治本之策。教育脱贫的长期效应显著，但它也具有治标作用和短期效应。教有脱贫既可以消除当代贫困，也可以阻断贫困的代际传递，标本兼治。教育脱贫是在上述三种路径的基础上，从长远视角和治本出发而得出的第四条脱贫路径。教育脱贫具有广泛的适用性和兼容性，它既可以成为一种独立的主要脱贫路径，也可以成为上述三种脱贫路径的辅助路径。社会保障兜底脱贫是在上述四种脱贫路径基础上的一种兜底式路径。发展生产、易地搬迁、生态补偿和发展教育这四种脱贫路径的作用再大，总存在一定程度的“脱贫失灵”，即不能让所有贫困者都脱贫；总会有一部分“贫困剩余”，即上述四种脱贫路径对之不能发挥脱贫作用的贫困人群，主要是因各种先天后天因素而导致的完全丧失或部分丧失劳动能力的人群。那对这部分因为上述四种脱贫路径“脱贫失灵”而产生的“贫困剩余”该怎么办呢？社会保障兜底脱贫路径就应运而生。所以，社会保障兜底脱贫是对上述四种脱贫路径的根本保障，是消除一切贫困的总的法宝。由此可见，“五个一批”的次序并不是偶然和随意的，而是有着内在逻辑和严格优先序的，不能任意颠倒和胡乱排列。因此，在扶贫路径的选择上，“五个一批”给我们制定了一个科学的逻辑顺序：先考虑发展生产，如果不行，再考虑易地搬迁：如果既不能发展生产又不必易地搬迁，则考虑生态补偿：如果这三条路径都不行，则考虑发展教育脱贫：在主要脱贫路径确定后，还要考虑“贫困剩余”，以社会保障脱贫兜底。但这样一个思维逻辑顺序只是就主要路径而言的，并不意味着在扶贫实践中“五个一批”不可以同时并行、相辅相成，特别是发展教育和社会保障这两个路径，它们一个治本，一个兜底，是对发展生产、易地搬迁、生态补偿的保障、辅助、补充，完全可以与其他脱贫路径并行不悖。

⑦“五个一批”是指取横向观察视角。

“五个一批”思想是中国精准扶贫方略根据中国各个贫困地区致贫原因的多样性和客观实际情况的差异性提出的一个总的脱贫思路，也是党和国家从横向观察视角对不同贫困地区具体脱贫路径的抽象概括。因此，“五”只是指脱贫的五条主要路径，并不是说只有这五条路径。除了这五条脱贫路径之外，还有转移就业脱贫，基础设施建设扶贫，资产收益脱贫、健康扶贫等多种途径，既有开发式路径，又有救济式措施，核心意旨是因地制宜、因人施策、对症干预。中国精准扶贫方略之所以使用“五”这个数字，一方面是为了突出和强调上述这五条是具有典型性和代表性的主要路径，另一方面是为了表明脱贫路径是多元多样的，一定要“四因施策”、分类脱贫，绝不能一刀切、大水漫灌。

⑧“五个一批”的适用条件。

其中，产业扶贫是就地造血扶贫。是在具备产业发展资源前提下，但产业发展条件不完备或不充分的贫困地区采取的扶贫路径。这类贫困地区常常是守着金饭碗要饭，具有优势资源，但常常得不到有效开发与利用。主要是受制于道路不畅、网络不通，信息不灵、水源匮乏、资金不足、缺少人才等因素。如果补齐这些短板，就能发展生产。这是一种就地造血式扶贫。易地搬迁扶贫，是在既不宜居又不具备发展生产资源的贫困地区采取的扶贫路径。这类贫困地区往往地处偏远山区，地质灾害频发，缺少水源和电力，不具备开发条件或开发成本过高，要想摆脱贫困必须搬迁，因此这是一种易地造血式扶贫。生态扶贫。是在宜于生活居住，但一旦发展生产就会破坏生态环境的贫困地区采取的扶贫路径。这类地区往往处于大城市生态涵养区，生态环境本就脆弱，一旦生态环境受到破坏，不易修复，有可能对周围地区造成生态灾害，开发的经济效益低于生态效益。这是一种基于公平的反哺输血式扶贫。教育扶贫是在具备劳动力资源，但劳动力缺乏知识和生产技能的贫困地区采取的一种扶贫路径。这类贫困地区往往具有较为充足的劳动力资源，但由于教育落后，这些劳动力没有得到很好的开发，缺少基本的劳动技能和致富手段。这是一种扶智式扶贫。社保扶贫是针对贫困地区缺少劳动能力的老幼病残等贫困人员的一种扶贫路径，是一种兜底，保底的路径。由于这类贫困人口缺少劳动能力，只能由国家财政兜底，这是国家的责任，也是这部分贫困人口的应有权利。这是一种一种保底式扶贫。总之，这五种扶贫路径各具特色，各有其适用条件，适用对象，既不相互排斥，又不互相对立：既可单独使用，又可综合使用。此外，还需要注意的是，"'五个一批'每一个方面的内容，均涉及大量的配套改革和政策安排"，所以，在运用过程中必须强调统筹规划、协调联动。

通过发展产业脱贫一批。这是针对贫困地区产业发展情况而设定的。中国精准扶贫方略特别强调产业扶贫是扶贫的主渠道，也是扶贫的长远之道，其他渠道都是对产业扶贫的补充。发展产业脱贫是扶贫的最主要路径，其基本的适用条件包括两个方面。一是内在条件：要具有居住生活的自然条件，有一定具有劳动能力的贫困人口，有一定面积的可耕地或其他较为富集的资源，具有发展农林牧渔副特色产业、就地脱贫的可能性。二是外在条件：要有生产资金投入，产业扶持政策、劳动技能培训。只有在内外条件具备的情况下，发展生产脱贫之路才具有可行性。

通过易地搬迁脱贫一批。这是针对贫困地区地理环境和生存条件差异而设定的脱贫路径。这一脱贫路径适用于生存条件恶劣、自然灾害频发的地方，即一方水土不能养活一方人的地方。这些地方通水、通路、通电等成本很高，贫困人口很难就地脱贫，不得不易地搬迁。所以，这是一种受迫性的，不得已的措施。在"十三五"期间，我国大约有1000万贫困人口需要易地扶贫搬迁。习近平总书记在中央扶贫开发工作会议上指出，易地搬迁是一项复杂的系统工程，政策性强、难度大，需要把工作做深做细。

易地搬迁的内在条件主要有两个。一是就地脱贫难度太大、成本太高，或者是存在地质灾害。不适宜居住生活。这是一个最基本的条件，只有具备这一条件，才能考虑选择易地搬迁脱贫路径。二是居民愿意搬迁，并愿意承担搬迁的部分成本。这是易地搬迁脱贫的必要条件。贫困群众是搬迁的当事人，只有在他们主观上愿意搬迁的前提条件之下，易地搬迁扶贫才有可能成功。对于一些贫困群众来说，离开祖祖辈辈生活的地方是一个大转折、大事件，既需要时间来消化、转变观念，也需要承担一笔不小的搬迁成本。另外，对于新家和新生活的迷茫也让他们心存疑虑。因此，加强思想引导，做好搬迁动员和说服工作很重要。

做好易地搬迁脱贫仅有内在条件还不够，更重要的是外部条件。一是适宜的安置点。在贫困地区选择一处宜于生产生活、交通便利、没有地质灾害的新生活区域很不容易，因为贫困地区大多处于深山区和偏远地区，自然条件本就恶劣，土地和水资源极为稀缺。只有找到宜于生产生活的新区，贫困居民才愿意搬迁，脱贫才有希望。二是足够的搬迁费用。整村易地搬迁安置的费用极高，这既包括搬迁修复费用，也包括新村建设装修费用和基础设施建设费用，因此，没有稳定的出资渠道和足够的搬迁费用，易地搬迁脱贫工作难以开展。三是较好的发展生产条件和稳定的就业增收途径。易地搬迁是为了脱贫致富，因此，新的居住点必须具有较好的发展生产的条件，比如便利的交通、丰富的资源、较好的产业基础、充足的市场需求等。只有有了新的产业和稳定的就业增收途径，贫困群众才能搬得出，稳得住、能致富。四是较好的公共服务。良好的公共服务是吸引贫困居民搬迁的重要条件，也是他们在新家安居乐业的基本保障。因此，新的安置地必须有较好的社会公共服务体系，比如较为优质的教育，医疗、养老等公共产品。五是开放包容的社区氛围。因为贫困地区的村落都比较小，人口不多，如果一村一个新安置点。不仅容易造成资源浪费，也难以形成聚集效应。因此，易地搬迁往往伴随着多村合并或就近城镇化。在这种情况下，政府和扶贫人员在搬迁的同时必须加强对社区文化的重塑再造，促进不同村落文化的融合，建设和谐包容的社区文化，消除文化隔阂和排外心理。否则，文化差异和心理陌生极易造成新的矛盾，如原居民的排外现象。新旧居民的对立现象、新居民的逃离现象等，这会使易地搬迁搬得出但稳不住。

通过生态补偿脱贫一批。这是针对贫困地区地理环境特点和生态资源优势而设定的脱贫路径。这一脱贫路径适用于生存条件差但生态系统重要、需要保护修复的地区。这类地区一方面生存条件差生态环境脆弱，不适合发展生产和大规模人口定居：另一方面拥有重要的生态系统，需要有人保护和修复。一般而言，这样的地区既是贫困地区，又是重点生态功能区或自然保护区，具有重要的生态调节功能、产品提供功能与人居保障功能。特别是生态修复、涵养水源、净化空气、保持水土、调节气候、防风固沙、城市生态屏障等生态调节功能，对维持整个区域的生产生活发挥着重要保障作用。对于这样的贫困地区，可以由国家财政和主要受益地区给予一定的生态补偿，还可以通过发展生态林业和旅游业，在传统的发展模式中，经济发展与生态文明之间总是对立的：要实现经济发展就要以牺牲生态环境为代价，要实现生态文明就要以牺牲经济发展为代价。如何解决二者之间的矛盾，实现经济发展与生态文明的有机结合，是扶贫开发工作中必须思考的问题。生态补偿脱贫的内部条件主要有以下两点。一是要具有生态资源优势，如大面积的森林、草场、湿地或水城，并对上游或下游的大中城市、人口聚集区发挥生态调节功能、生态产品提供功能和人居保障功能。这是实行生态补偿脱贫的基本条件。二是其生存条件较差，生态系统较脆弱，不适合发展生产。这是实行生态补偿脱贫的必要条件。这类地区一般处于发展生产和保护生态环境的两难境地：如果发展生产就会破坏生态环境，如果保护生态环境就要牺牲经济发展。为了长远利益和全局利益，只能采取保护生态环境、修复生态系统的办法。这样的话，当地贫困群众就很难脱贫致富。这实际上是经济学中所讲的生态环境的外部性问题，即贫困地区为了保护生态环境而牺牲了当地的经济发展，最直接的表现就是贫困，但良好的生态环境使周围地区得到了优良空气、优质水源、安居环境等。为了维护社会公平，政府和生态受益区就要从财政中拿出一部分资金对生态功能区的贫困群众给予一定的经济补偿，弥补生态功能区的贫困群众因保护生态环境而牺牲经济发展的损失。

生态补偿脱贫路径需要的外部条件，首推可靠而有保障的补偿资金，这是生态补偿脱贫能够实行的最重要的外部条件，也是最基本的保障。生态环境具有外部性，但对于外部性究竟有多大、受益区究竟包括哪些地区、受益程度究竟如何计算等问题都是很难度量的。因此，对于谁来出钱、出多少，必须有一个确切的统计方法。另外，生态补偿脱贫还需要一个补偿资金分配办法。在有了生态补偿渠道和资金之后，对于这些资金按什么标准分配，分给谁、分多少，也必须有一个公平的办法。只有这样，生态补偿才具有长效机制。

通过教育扶贫一批，贫困之所以发生，从根本上讲是因为教育的落后，因此要“治贫先治愚，扶贫先扶智”。所谓教育扶贫，就是通过发展和完善贫困地区的基础教育和职业教育，提高贫困群众特别是其下一代的文化素质和职业技能，增强贫困群众特别是其下一代的就业能力和社会竞争力，进而增加个人劳动收入，改变自身及家庭贫困状况。简单地讲，就是通过教育增加知识。通过知识改变命运。教育扶贫不是针对地区资源和地理环境差异，而是针对贫困人口中有劳动能力但缺少知识、文化和劳动技能的那部分贫困贫困人口而设定的，特别是针对贫困群众的下一代而设定的，是一种具有广泛适用性的脱贫路径，是一种既有利于消除贫困者的当代贫困，又可以阻断贫困代际传递、消除贫困者的下一代贫困的治本之策。“联合国教科文组织研究表明，不同层次受教育者提高劳动生产率的水平不同：本科300%、初中108%、小学43%，人均受教育年限与人均GDP的相关系数为0.562。”所以，教育脱贫具有显著的基础性、先导性和根本性。

教育扶贫也需要多种条件。其内在条件是：首先，客观上要有一定数量的有劳动能力但缺少劳动技能的贫困者。或有一定数量的需要接受教育的贫困家庭的孩子，这是一个客观要素：其次，上述一定数量的贫困者愿意接受职业技能培训，或愿意让孩子接受义务教育，这是一个主观要素。只有在这样两个要素，即主、客观要素都具备的情况下，教育扶贫才具有了必要性和可能性。

教育扶贫也需要一定的外在条件。一是要有一定的基础教育和职业教育资源，包括师资、场地、费用等。这是教育扶贫的前提条件。有了教育资源，可以就近建设学校，方便贫困群众和其子女就近入学接受教育和职业技能培训；也可以组织贫困群众及其子女到异地接受教育培训。二是要帮助接受职业技能培训的贫困者或其子女寻找就业机会。教育的目的是帮助受教者更好地就业，拥有更高的收入，如果不能实现就业和增加收入，教育扶贫的目的就要落空，贫困群众就看不到教育脱贫的希望，教育扶贫之路也就走不下去。

通过社会保障兜底一部分。所谓社会保障兜底，就是由社会保障体系，特别是最低生活保障制度来解决那些没有劳动能力的贫困者的贫困问题，简单地讲，就是社会供养。这一路径是针对贫困人口类别而设定的。依据劳动能力划分，全国贫困人口基本可以划分为两大类，一是有劳动能力的贫困人口，二是因患病、残疾、智障，年老体衰等原因没有或部分丧失劳动能力的贫困人口。社会保障兜底是专门为这些完全或部分丧失劳动能力的贫困人口而设定的特殊扶贫措施。

脱贫主要靠外部扶持和自身努力相结合，但这一模式不可能让一个国家或一个社会的所有贫困者都脱贫致富。因为任何国家总是有一部分因各种先天或后天因素丧失或部分丧失劳动能力的贫困者，对于这部分贫困者，无论外部怎么扶持也很难增强其自身脱贫能力。因此，这部分贫困者的脱贫目标只能由国家社会保障体系兜底。国家社会保障体系，特别是最低生活保障制度，是解决贫困问题的最后保障，可以帮助上述四批扶贫范围之外还没有覆盖和受益的贫困者和经过上述四批扶贫之后剩余的最后贫困者。

社会保障兜底脱贫也有其内外条件。其内在条件主要是精准核实丧失劳动能力的贫困人口，摸清底数。这是实行社会保障兜底脱贫的基础和前提。相对而言，这部分贫困人口具有较为明显的外部特征，贫困程度也比较深，对他们的身份认定和贫困认定，因乡邻抱持同情心理也没有太多分歧。

社会保障兜底脱贫的外在条件非常重要，首先是健全的社会保障体系。特别是最低生活保障制度。一方面要有这样的制度，另一方面是要有足够的社会保障资金。覆盖城乡的健全的最低生活保障制度是社会保障兜底脱贫的关键。其次，国家贫困线与最低生活水平要一致。只有这样，保障最低生活水平才能达到脱贫目标。否则，二者可能出现背离。

三、微观操作系统的制度设计、资源配置与实践

中国精准扶贫方略的微观操作系统，是指实施精准扶贫的实践操作系统，是其宏观战略系统和中观理论系统的实践版，主要包括落实精准扶贫思想的顶层制度设计和实施“四因施策”“六个精准”“五个一批”等理论内涵的工作方法，资源配置、实践模式。简单地看，中国精准扶贫方略的微观操作系统包括两点，一是扶贫顶层机制设计，二是扶贫资源配置与实践模式。

（一）精准扶贫的制度设计

1. 精准扶贫制度设计的定义与内容

中国精准扶贫方略非常重视扶贫开发工作的体制机制设计。明确扶贫开发工作的领导责任（党政一把手负总责），确立三级管理体制（中央统筹，省负总责，市县抓落实）。将扶贫工作到村、扶贫到户的工作机制落到实处。

党的十八大以来，党中央在推进扶贫开发工作中的一个重要着力点，就是完善扶贫开发工作的体制机制。经过多年的努力，“四梁八柱”的顶层设计基本形成。“这些顶层设计集中体现出我国的贫困治理迈向理性化和现代化。”不仅如此，也标志着中国扶贫开发的制度化和科学化。

所谓顶层设计。是指党中央，国务院从扶贫开发工作的全局出发，自上而下制定的实施精准扶贫的具体体制、机制和制度安排。因为这些体制、机制和制度安排是党和国家从中央层面自上面下制定的，因而称作顶层设计。扶贫开发工作是一项系统工程，是对资金、人力、资源、项目，措施、责任、职能等要素的统筹配置。涉及中央、省、市、县，乡等多个政府层级，因而必须由中央从顶层为扶贫开发设计合适的体制，机制和制度。一定的体制、机制和制度安排是推进扶贫开发工作和落实精准扶贫方略的载体与规则，也是实施精准扶贫方略的基础。尽管这些体制、机制和制度统称为顶层设计，但它们也是为实施精准扶贫方略服务的，属于中国精准扶贫方略中的微观实践系统。目前来看，这些四梁八柱性质的顶层设计就是在党的领导下建立的扶贫开发工作八大制度体系，即扶贫开发的领导管理体制、工作机制、责任机制、督查问责机制、驻村工作队机制、资金管理机制、考核评估机制、退出机制等。

2. 精准扶贫顶层设计的具体内涵

（1）领导管理体制

所谓领导管理体制，就是在精准扶贫的制度体系中具有领导和管理职能的

体制，它负责在全国层面制定精准扶贫的大政方针和制度安排，规划精准扶贫的全国性重大项目和资源配置，划分精准扶贫在各个层级、部门间的权限，责任和分工，协调精准扶贫纵向和横向间的运转、操作和落实。具体来说，当前我国精准扶贫的管理体制或领导体制是：中央统筹、省（自治区、直辖市）负总责、市县抓落实。这一体制总体上做到了分工明确、责任清晰、任务到人、考核到位，既各司其职，各尽其责，协调运转、协同发力。

针对这一管理体制，党中央进一步明确阐释，党中央负责制定脱贫攻坚大政方针，整体统筹协调全局性重大问题；省（市）级党委和政府负责本区域内的脱贫攻坚工作，包括政府资金投入、明确目标、组织安排、上下协调，考核监督等工作，确保辖区内贫困人口如期全部脱贫：县级党委和政府承担脱贫工作的主体责任，县委书记和县长是第一责任人，负责做好精准识别，进度安排、项目落地、资金使用、人力调配、推进实施等工作。这一详尽诠释全面阐述了中央与各级地方在扶贫开发工作中的权限、职责与分工，对扶贫开发工作的领导，管理、运作从顶层做出制度性安排，从而为扶贫开发工作的顺利推进奠定了制度基础。

（2）工作机制

所谓工作机制，是指扶贫开发和精准扶贫方略如何落地、如何开展的机制。从广义上看，中央统筹、省（自治区、直辖市）负总责、市县抓落实的领导管理体制也是一种工作机制。但是这种工作机制是一种领导机制、管理机制，是从总体上对扶贫开发工作如何从上到下开展的制度性规定。这里所讲的工作机制，是一种狭义上的工作机制，指的是扶贫开发工作在贫困地区和贫困人口中如何开展的问题。也就是“片区为重点、工作到村、扶贫到户”的工作机制。由此明确规定了扶贫开发的工作机制。这一工作机制从狭义上规定了扶贫开发工作如何在贫困地区和贫困人口中具体开展、实施的问题。也就是说，要让扶贫开发工作落地生根，必须以全国 14 个集中连片特困区为扶贫主战场和工作重点，同时扶贫工作要下沉到贫困村，扶贫措施要下沉到贫困户。这一工作机制可以简称为“双到”模式。

所谓以片区为重点，就是以全国 14 个集中连片特困区为扶贫开发工作的主战场，集中人力、物力、财力，攻坚克难，坚决做好连片特困区的脱贫工作，彻底解决区域性整体贫困问题。集中连片特困区，是我国贫困人口最集中的地区，也是贫困程度最高的地区，做好集中连片特困区的脱贫攻坚工作对于做好全国的脱贫攻坚工作具有决定性意义。所谓工作到村，就是扶贫开发工作必须深入贫困村，扶贫工作队要入驻贫困村，扶贫规划、项目、资金要“下沉”到贫困村，各级地方党委、政府和村两委要对贫困村的整体脱贫工作做出安排。简单地讲，所谓工作到村，就是以贫困村为扶贫开发工作的作业面，以村为单元实施精准扶贫工作。工作到村机制有利于扶贫开发工作的落地化、也有利于结合贫困村实际开展扶贫工作。所谓扶贫到户，就是扶贫措施要因户施策，要根据贫困户的实际需求、致贫原因分类施策、对症下药。扶贫到户机制，既是精准扶贫的鲜明体现，也是精准扶贫的必然要求，它有利于精准扶贫进一步落地化，有利于促进精准扶贫与贫困户的有机结合。总之，以“片区为重点、工作到村、扶贫到户”的工作机制，一步步缩小了扶贫开发的瞄准目标，一步步提升了精准扶贫的精准度，从而从制度安排上有利于促进精准扶贫做深、做细、做实。

（3）责任机制

扶贫责任，既是扶贫的内在动力，也是扶贫的外在压力。扶贫开发和精准扶贫是一项复杂的系统工程，涉及的部门众多、资源众多，既需要分工又需要协同，因此，明确各级党委、政府及其职能部门的扶贫责任，是做好扶贫开发工作的必然要求。所谓责任机制，是指各级党委和政府及其职能部门在扶贫开发和精准扶贫工作中所承担的具体职责与任务。因为扶贫涉及的层级、部门众多，所以扶贫的责任机制比较复杂。

从领导责任来看，各级党政一把手是第一责任人，承担领导责任。由中央农村工作领导小组和国务院扶贫开发领导小组制定脱贫攻坚责任书，中西部省区市党政主要负责同志先签字，向中央立下军令状，然后地市州、县市区、乡镇、村的主要负责同志依次签字，层层压实责任，级级传导压力，形成五级书记抓扶贫的责任机制。五级书记抓扶贫、党政一把手负总责的扶贫责任制，为扶贫开发和精准扶贫注入了强大动力，同时也施加了巨大压力，有力地促进了扶贫开发和精准扶贫工作的开展。

从主体责任来看，县级党委和政府承担主体责任，县委书记和县长是第一责任人。客观来讲，每一个扶贫人都是一个扶贫责任主体，因而一个县域的扶贫工作中会有众多责任主体，但由谁来承担这一县域扶贫的主体责任呢？对此，我国扶贫开发工作的领导管理体制规定，县级党委和政府是本县扶贫的总主体，要承担扶贫的主体责任。这一规定就为县域扶贫工作明确了责任主体，避免了上下推诿和相互推卸责任的情况出现。

（4）组织体制

无论是扶贫的制度安排，还是工作落实，都需要依托一定的组织机构来进行。当前我国扶贫的组织机构主要分常设机构与临时机构两种。

常设机构主要包括党中央及地方党委系统的农村工作领导小组和国务院及

地方政府系统的扶贫开发领导小组及其办公室，前者是党中央及地方党委系统专门负责包含扶贫工作在内的整个农村工作的专职机构，后者是国务院及地方政府系统专门负责扶贫开发工作的专职机构。当然，与扶贫相关的政府职能部门，如农业农村部、水利部、民政部、人力资源和社会保障部、城乡建设部、教育部等，虽然不是专职扶贫机构，但也承担着与其职能相近的扶贫工作。

临时机构是指从全国党政机关事业单位、军队、国有企业、社会组织中选拔成立的扶贫工作队。目前，全国每一个建档立卡贫困村都有一支驻村扶贫工作队，总共有12万个工作队和四十多万扶贫干部。常设扶贫机构与临时扶贫机构，为扶贫开发和精准扶贫工作提供了强大的组织保障和必要的人力资源，从而保证了扶贫开发和精准扶贫工作的可持续性。

（5）督查问责机制

由于我国贫困人口规模庞大，贫困地区范围较广，扶贫开发所涉及的人力、物力、财力都极其巨大，加之脱贫难度越来越大，扶贫工作中难免出现不作为、假作为、履责不力的懒政怠政行为。因则必须建立有效的督查问责机制，一是给予扶贫责任人强有力的外在监督，促使其切实履行扶贫责任，真抓实干、埋头苦干，真扶贫、扶真贫；二是严格查处扶贫领域的形式主义，官僚主义等，全面遏制扶贫领域的各种违纪违法行为。

目前来看，中国在扶贫领域的督查问责机制主要包括年度脱贫攻坚报告制度、上级约谈制度、向责制度和各种巡查制度、督查制度，审计制度、第三方检查制度等。年度脱贫攻坚报告制度是指有扶贫任务的省级党委和政府年底要向党中央、国务院报告年度扶贫攻坚进展情况、脱贫任务完成情况、脱贫实际效果，扶贫存在的问题、下一步工作安排等，以备党中央和国务院审阅评估。向责制度是指对落实不力的部门和地区，由国务院扶贫开发领导小组向党中央，国务院报告并提出责任追究建议，由相关部门给予责任处分。上级约谈制度是指对未完成年度减贫任务的省区市，党中央。国务院要对党政主要负责同志进行约谈。各种巡查制度。督查制度、检查制度和审计制度，是指由上级或同级党委、政府、人大、纪委、监察、审计等部门组织的对扶贫工作的各种专项或联合，异地或第三方的督导检查工作。上述这些督查问责制度的存在。对于保证扶贫开发工作的顺利开展起到了强力推进，有效护航和可靠保障作用。

（6）资金管理机制

我国贫困人口规模庞大，贫困地域辽阔，贫困程度艰深，扶贫脱贫所需资金巨大。因此，要想打赢脱贫攻坚战，必须调动全党、全国，全社会的力量，汇聚各方财力。这就使得扶贫资金的来源渠道众多、资金类型多样。从目前来看，我国扶贫资金不仅包括中央和地方财政专项扶贫资金，还包括东西部协作扶贫资金、定点单位扶贫资金、中央各部委和省级各厅局掌管的相关扶贫资金、社会捐助扶贫资金、金融扶贫资金等。如此众多的资金渠道，如果不能汇聚起来，就会形成九龙治水、各自为政的局面，导致资金分散，就像撒胡椒面一样，无法发挥规模效应。就扶贫资金的管理制度而言，我国还没有制定统一的扶贫资金管理办法，只有一些按资金来源渠道进行分门别类管理的专门办法。

（7）考核评估机制

科学的扶贫脱贫考核机制既是中国精准扶贫方略的中国特色，也是精准扶贫的外在压力机制和内在动力机制。考核机制犹如扶贫脱贫的指挥棒和“游戏规则”，考核什么。怎么考核、考核之后的奖惩措施等内容对扶贫开发工作具有重要指导意义。它一方面可以考量扶贫脱贫成绩，检验前期扶贫措施、项目的实际效果，以便于总结经验与教训，进一步完善扶贫方案，提高扶贫脱贫实效:另一方面可以衡量贫困地区党政领导的政绩和扶贫干部群众的工作绩效，为干部的升迁转隶提供依据。

考核机制既是精准扶贫本身的重要组成部分，也是贫困地区党政领导体制和干部队伍建设的重要组成部分：既可以让脱贫成绩更加精准，又可以让扶贫责任担当更加清晰明确，还可以让扶贫工作的奖惩更有据可查、有制可依。因此，考核机制既能激发贫困地区干部群众的扶贫积极性、主动性和创造性，形成强大内在动力，又能增强贫困地区干部群众扶贫的紧迫感和责任感，形成强大外在压力。从目前来看，我国精准扶贫的考核机制主要包括对贫困地区党委政府扶贫绩效的考核、对定点单位及驻村干部扶贫工作绩效的考核、对东西部协作扶贫工作绩效的考核、对贫困县和贫困村扶贫脱贫成效的考核与评估等。各省级党委政府制定的市县区党委和政府脱贫攻坚工作年度考核办法，国务院扶贫办印发的（东西部扶贫协作考核办法［试行］），各地方制定的定点单位及驻村干部帮扶工作考核办法，扶贫脱贫成效考核与评估机制等。

（8）脱贫退出机制

扶贫不等于慈善救济，救贫救不了懒。精准扶贫是为了精准脱贫，不能无限期持续下去，必须建立已经实现脱贫目标的贫困县，贫困户的退出机制。第一，退出是对精准扶贫工作成效的官方认可与事实认定，也是对精准扶贫前一阶段工作的终结。没有退出机制，精准扶贫工作成效就得不到认定，精准扶贫工作就无法结束，从而会陷入混乱无序状态。第二，国家用于扶贫开发的资源是极其稀缺宝贵的，好钢要用在刀刃上。已经实现脱贫目标的贫困县和贫困村就不能长期占用国家有限的扶贫资源了，否则就会造成资源的浪费。第三，有了退出机制，就可以把有限的资源用于贫困程度更深，脱贫难度更大的地区。集中资源攻坚克难，以保证精准扶贫，精准脱贫工作的全局进展和整体推进。因此，退出机制是精准扶贫、精准脱贫工作必不可少的环节，也是精准扶贫、精准脱贫工作有序开展的保障机制。

2015 年 11 月，在中央扶贫开发工作会议上，党中央详尽论述了精准扶贫的退出机制。具体来说，精准扶贫的退出机制主要包括退出时间表、退出后缓冲期、评估标准、到户到人等方面。一是退出时间表。要根据不同贫困县。贫困村和贫困户脱贫的难易程度制定退出时间表，既要防止拖延病，又要防止急躁症，要做到心中有数，以实现有序退出。二是留出缓冲期，在一定时间内实行摘帽不摘政策，这是退出机制的重要保证。很多贫困县不愿意摘帽，宁愿戴帽享受扶贫政策。这给脱贫退出造成一定困难。为保证有序退出、促进主动退出、鼓励自愿退出。将摘帽不摘政策纳入退出机制。并保留一定缓冲期。是非常必要的。三是实行严格评估，按照摘帽标准验收。这是退出机制的核心内容。退出必须有一套严谨科学的标准，既不能弄虚作假、蒙混过关，也不能降低标准、为摘帽而摘帽。脱贫摘帽标准必须以贫困线为尺度，以贫困人员的实际收入为基础，以公平的评估机制为保证。四是要逐户销号，做到脱贫到人。我国的贫困家庭和贫困人员呈现散点式分布，即使是在集中连片特困区内也是如此。因此，退出不能以贫困县和贫困村的人均收入为基础，必须以贫困户和贫困人的实际收入为基础，要下沉到户到人，不能“被平均”退出，也不能“被连带”退出。

（二）扶贫资源配置与实践模式

从微观实践层面看，精准扶贫是一个顶层制度设计下的资源再配置过程，包括两个环节：一是根据脱贫的客观需要，注入部分外来优质资源，如资金、技术，人才、项目等，二是将外来优质资源与贫困村和贫困户的既有资源在国家法律和政策允许的框架内重新配置，以形成新动能、新产业、新环境、新业态、新制度，借此实现经济效益和社会效益的提高。显然，在顶层制度设计已定的情况下，精准扶贫的实践就取决于资源的精准再配置。

从党和国家关于扶贫开发工作和精准扶贫的重要文献和制度安排来看，精准扶贫方略的微观实践系统是一个政府主导的多元实践模式。具体来看，它主要包括如下内容。

1. 以贫困村为作业面和以贫困户为单元

扶贫是一个资源再配置过程，因此要开展扶贫开发工作，首先要确定资源配置的地理范围和行政区域范围。由于中国对贫困人口的统计是按行政村为单位的，且每一个行政村都有自己相对独立的经济利益和固有的资源权属，因此，中国扶贫开发的资源配置范围一般是以行政村为界限的。也就是说，扶贫是以贫困村为作业面、以贫困户为施工单元的。上述这一结论，一方面源自精准扶贫实践之所见，即从战略层面看，中国的扶贫开发以集中连片特困区为主战场，但在战术层面，以贫困村为主战场，逐村逐户脱贫，另一方面也是中国精准扶贫方略的必然要求。首先，精准扶贫方略强调“做好扶贫开发工作，基层是基础”。扶贫是“上面千条线，下面一根针”，只有基层把工作做好，扶贫才算真正落地。其次。在论述精准扶贫的体制机制时。中国精准扶贫方略指出。一定要落实“片为重点，工作到村，扶贫到户的工作机制”。这种“双到”工作机制就意味着精准扶贫必须以村为作业面，以户为作业点。最后，在确定脱贫目标时，中国精准扶贫方略一再强调“绝不丢下一个贫困村，绝不落下一个贫困户”。“两不”目标也意味着扶贫必须以村为作业面，以户为施工单元。

扶贫以村为作业面，以户为作业点有诸多好处。一是工作比较便利。因为土地、户籍等资源的归属都是以行政村为单位的，以村为作业面，以户为作业点，更容易落实因村施策和因户施策的方针。二是可以避免在不同行政村之间产生利益纠纷。三是便于统筹。同一行政村的村民，土地相邻、关系亲近、彼此熟悉，因而更容易协同合作，共同应对贫困。

以村为作业面和以户为作业点，需要对村庄的情况与贫困户的情况进行统筹考虑，既可以实行整村推进的办法，也可以推行分户施策的办法。这需要扶贫工作队与村两委班子成员认真调查村庄和贫困户的实际情况。从实际出发，科学选择和确定脱贫路径，制订产业规划，设计扶贫项目，合理配置资源，真正“干”起来。

2. 以扶贫工作队和村两委班子为核心

资源再配置，必须有一个配置核心和领导核心。就村级扶贫实践而言，这一配置核心和领导核心就是驻村工作队和村两委班子成员，他们是扶贫脱贫的“发动机”和“车间主任”。

中国精准扶贫方略极为重视乡村基层组织的作用，认为扶贫必须牢固树立大抓基层的鲜明导向，推动基层建设全面进步。在扶贫开发工作中，党和国家非常重视驻村工作队和贫困村“两委”的作用，多次指出，“帮钱帮物，不如帮助建个好支部”“一定要选好配强村‘两委’班子……打造一支‘不走的扶贫工作队’”“要充实一线扶贫工作队伍。发挥贫困村第一书记和驻村工作队作用”。因此，驻村扶贫工作队和村“两委”班子必须担负起村级扶贫第一责任主体的重任，了解村情民情，制订规划，内引外联，科学立项，及时开工，走出各具村庄特色的扶贫之路。

驻村第一书记是村级扶贫的第一责任人。对扶贫脱贫工作负有首要责任，因此，第一书记就是扶贫资源再配置的核心。“驻村第一书记既是中央政策的落点，也是精准扶贫的支点，成为精准扶贫联通上下的中坚力量。”第一书记是扶贫能否成功的关键。首先，第一书记要沉下心，不仅下得去，而且待得住，与村民打成一片，赢得村民的信任；其次，第一书记要从实际出发，提出扶贫规划设想，经集体讨论和科学论证，制定正式的村庄脱贫规划；最后，第一书记要和村两委班子积极筹措和科学配置扶贫资源，开工建设一些产业项目，改善村庄环境，培育新产业、新动能和新业态，让精准扶贫方略真正落地生根、开花结果。

3. 以贫困村的干部群众为主体

摆脱贫困既是国家的事，更是个人的事。因此，扶贫不能只靠党和国家政策，也不能只靠扶贫工作队的帮扶。贫困群众不仅是脱贫攻坚的对象，也是脱贫攻坚的主体。我们要充分调动贫困群众的积极性和主动性，发扬其自力更生精神，鼓励他们依靠自己的力量改变自身的贫困状态。

贫困群众是脱贫的主力军。没有贫困群众的自力更生、自我努力，外部的帮扶就犹如杯水车薪，无济于事。发挥贫困群众的主力军作用，是基层精准扶贫取得成功的重要保障。具体做法有三点：一是要把贫困群众纳入扶贫开发的规划体系，为他们的增收脱贫想办法，出主意，定项目；二是要引导贫困群众重新配置生产生活资源，或外出打工创业，或在本地发展特色种养产业、规模经济和产供销合作社；三是在帮扶过程中，引导贫困群众成长为市场经济的主体，成长为有知识、懂管理、会经营、有专长的新型农民，使之走上自我发展、自我脱贫之路。

4. 以扶贫规划、路径、项目为载体

任何扶贫，最后都要落实到一定的扶贫规划，路径和项目上。扶贫规划、路径和项目是扶贫的载体和工具，而贫困村是扶贫的战场，是脱贫的工厂车间，只有当扶贫规划、路径和项目这些载体、工具落到贫困村这个“战场”和“工厂”中的时候，扶贫开发工作才算落地。因此，党中央强调落实精准扶贫，必须做到“六个精准”和“五个一批”，特别是其中的项目安排精准、资金使用精准、措施到位精准、路径选择精准等要求，即一定一定要把扶贫规划设计、路径选择和项目立项等工作做好。

基层的扶贫实践通常始于制订村级扶贫规划、选择扶贫路径、确定扶贫项目。没有一定的扶贫规划，明确的扶贫路径和合适的扶贫项目，扶贫工作就缺少抓手和着力点。就很难开展起来。做好扶贫规划设计、路径选择和项目立项等工作，一定要从贫困村的实际出发，从贫困户的需求出发，设计出既有合理性又有可行性的方案，打造具有村庄特色的扶贫之路。

扶贫必须有规划、路径和项目，但不能因发展心切而违背规律、盲目蛮干，甚至搞劳民伤财的政绩工程、形象工程，更不能搞形式主义。

5. 资源配置以计划方式为主，以市场方式为辅

贫困村之所以贫困，或者是因为交通不便，当地资源得不到有效开发，或者是因为资源稀缺和匮乏。因此，扶贫的关键是盘活现有资源，使之得到充分开发和利用，或从外部引入优质稀缺资源，从而激活贫困地区的闲置资源。

在扶贫规划、路径、项目确定之后，如何筹措到所需要的各种资源，就是摆在扶贫工作队和村两委班子面前的下一道难题。只有筹措到这些宝贵的资源，扶贫图纸才可能变成现实。否则，它们只能是空中楼阁。

贫困是市场经济发展的产物，是市场失灵的表现。完全依靠市场方式配置扶贫所需要的各种资源，如人才、技术、资金、产品需求等往往是不可能的。市场的规则是趋利避害，如果没有人为干预，要素一般会从效益比较低的行业和地区流入效益比较高的行业和地区，这势必导致贫者越贫、富者越富。因此，配置扶贫所需要的各种资源，必须以政府计划为主，以市场手段为辅。即实行“反哺”的资源配置方式。这也是中国村级扶贫资源配置的主要模式。

通常情况下，政府会为贫困村的脱贫工作配置一定的财政专项扶贫资金，专职的扶贫工作队、一定的扶贫规划指导，统筹的扶贫项目、职业技能培训等，然后，扶贫工作队和村两委再通过市场手段为脱贫筹措必要的金融扶贫资金、外部投资、技术指导。市场需求等稀缺要素。将两类要素即政府供给要素、市场供给因素与村民自有要素结合起来，在一定的成本分摊机制和利润分成机制的基础上，就可以组织合作社或企业等市场主体，发展一些特色项目和优势产业，落实扶贫规划。

总之，中国精准扶贫方略的微观实践系统，就是在顶层制度设计下，由驻村扶贫工作队和村两委班子在贫困村范围内构建的各具村庄特色的扶贫实践模式。

第二节　精准扶贫方略的核心思想分析

一、精准扶贫的多维度思考

（一）两维视角：精准、扶贫

从字面看，精准扶贫概念由两个关键词构成，一个是精准，一个是扶贫。其中，精准是对扶贫的修饰和限制，而扶贫是精准的指向与主体，是一个客观事件或实践活动。它们二者之间的关系是修饰与被修饰、限制与被限制的关系。显然，精准是表达对扶贫这一客观事件或实践活动的态度、看法、观点与价值追求，构成精准扶贫概念的核心要义。失去精准，这个词就只剩"扶贫"这一客观对象了，就无所谓主观看法与思想了。扶贫是精准的作用对象，也是精准扶贫概念的主体，失去扶贫，精准就会成为无的之矢和空中楼阁了。要想理解精准扶贫的概念，就要全面阐释"精准"和"扶贫"这两个关键词。鉴于"精准"是精准扶贫思想的核心要义，本章将在后面做专门论述。这里只对"扶贫"做出阐释。

1. 扶贫的定义与渊源

顾名思义，扶贫就是政府、发达地区、社会组织扶持、帮扶贫困地区、贫困人口，以使之摆脱贫困、走向富裕的意思。扶贫是中国语境中或中国减贫、反贫困理论中的具有中国特色的独特话语、概念与词语，充分体现了中国特色社会主义制度的优越性，即先富帮扶后富、以实现共同富裕的制度优势。同时，扶贫一词还符合中华民族从古至今的守望相助、扶贫济困、扶贫济弱、兼济天下的传统美德。因此，以"扶贫"一词来指称西方贫困理论中的反贫困减贫概念，是最符合中国国情和传统文化的话语选择，是马克思主义中国化的产物，也是东西方文化交融的成果。使用"扶贫"一词，不仅是对传统美德的批判性继承，也是弘扬社会主义核心价值观的当然之义。

"扶贫"一词的产生与贫困密不可分。贫困，特别是乡村贫困，是近代以来一直困扰中国的一个经济社会现象，但由于当时的主要矛盾是政治上的矛盾，因而扶贫没有成为社会的主要任务，"扶贫"一词也没有产生。1949 年中华人民共和国成立和 1956 年社会主义制度的建立，为消除贫困奠定了良好的制度基础与政治基础。在经过一系列的贫困斗争后，我国的贫困程度大大降低。但由于"左"的思想的持续干扰，当时我国既没有消除贫困现象，也不承认贫困现象的存在。因而，党的十一届三中全会之前的中国，只有扶贫实践而没有扶贫概念。

“扶贫”一词产生于改革开放贫富分化时期。改革开放初期，全国处于普遍贫穷状态，这时既没有扶贫的条件，也没有扶贫的需要。面对这种普遍贫穷的状况，邓小平在思考“什么是社会主义、如何建设社会主义”这个根本问题时，鲜明提出“贫穷不是社会主义、两极分化也不是社会主义”的观点。他认为，让全国人民按同一速度在同一时间富裕起来也是不可能的。因此，他提出“允许一部分人、一部分地区通过诚实劳动和合法经营先富起来”的观点，然后“先富帮助后富”，一起走向共同富裕。此时，帮扶、帮助的设想进入了党和国家领导人关于社会主义建设的蓝图之中。进入 20 世纪 80 年代中期，随着东部沿海地区经济的快速发展，中国东部与中西部、城市与乡村之间开始出现贫富分化现象。特别是广大的中西部内陆地区，经济发展缓慢，人民生活困苦，亟须外部的帮扶。党中央、国务院敏锐地认识到这一点，1986 年，国务院成立贫困地区经济开发领导小组，专门负责贫困地区的经济开发工作，由此拉开由政府主导的、有组织的、大规模的扶贫开发工作的序幕。1993 年 12 月 8 日，这一机构更名为国务院扶贫开发领导小组，下设国务院扶贫开发领导小组办公室，负责领导小组的日常工作。由此，“扶贫”一词产生，并进入学界学术话语体系和政界的政策话语体系，成为中国专门用于表达减贫和反贫困意思的专用术语。

2. 扶贫与反贫困、脱贫、减贫的关系

扶贫等同于“反贫困”一词，但更具中国特色。扶贫是中国减少贫困、消除贫困的手段，在词语含义上等同于国外的反贫困（anti-poverty）一词。但它又是具有中国特色的反贫困话语，不仅体现了中国特色社会主义的社会性质及其制度优势，“突出了政府在反贫困实践中的主导作用”，而且更符合中国反贫困的历史逻辑与现实状况。中国的反贫困是先富起来的地区及其人口帮助、扶持还没有富裕起来的、还比较贫穷落后的地区及其人口，走的是一条先富帮后富、以实现共同富裕的道路。扶贫不仅说的是一种实践活动，更表明这种实践活动具有道义精神、奉献精神、团结互助精神，具有价值理性。

“反贫困”一词最早是由瑞典经济学家冈纳·缪尔达尔（Gunnar Myrdal）引入学术研究中的。1969 年，冈纳·缪尔达尔的《世界贫困的挑战——世界反贫困大纲》一书出版，其在书中首次明确提出“反贫困”的概念。显然，在这本书里，冈纳·缪尔达尔是站在贫困的对立面，即从人类为应对贫困挑战而不得不制定和采取的贫困治理政策这一角度出发提出了“反贫困”概念，意思是贫困是人类面临的共同挑战，应对贫困挑战必须加强贫困治理，必须制定有效的反贫困政策措施。由于这本书中贫困与“反贫困”的鲜明对立性，反贫困概念对后来的学术研究产生了极大影响。改革开放以后，中国学术界的贫困研究也开始使用“反贫困”一词，但“由于中国农村反贫困策略实质上是采取了瞄准贫困人口的发展援助的方式，因此中国农村‘反贫困’的政策含义完整表述是：帮助农村贫困人口通过发展摆脱贫困”。因此，“反贫困”这一国际话语在中国更为恰当的表述就是“扶贫”。与“扶贫”相比，“反贫困”描述和表达的是一种客观行为或一些政策措施，更多的是指一种工具理性，并不包括道义成分和价值理性。

3. 扶贫与脱贫、减贫之间的关系是手段与目的的关系

脱贫即摆脱贫困，脱离贫困状态，过上比较富裕文明的生活。扶贫与脱贫都属于中国在反贫困领域中的具有中国特色的话语，显然，它们二者之间的关系是手段与目的的关系。扶贫是手段，脱贫是目的，以扶贫实现脱贫就是有的放矢。

扶贫与减贫之间的关系也是手段与目的的关系，扶贫是手段，减贫是目的。只不过减贫是国外反贫困理论中的专用术语，有时与反贫困相对而言，反贫困是手段和方法，减贫是目的与目标；有时与反贫困同义使用，意即减贫就是反贫困，反之亦然。“减贫”一词源于世界银行和联合国等国际组织对贫困问题的关注，以及对反贫困目标——减贫的追求。第二次世界大战之后，发展中国家的贫困问题引起了国际社会的广泛关注。从20世纪90年代开始，围绕着减少贫困问题，世界银行和联合国开发计划署等机构连续召开了多次国际会议，并制定了如“千年发展目标”这样的全球减贫目标。随着世界银行、联合国开发署等国际机构对“减贫”一词的使用，减贫概念也逐渐进入学术范畴。一般而言，减贫具有三重意思，一是减少贫困现象或贫困人口数量，二是减轻、减缓贫困程度，三是消除贫困。

当然，减贫也具有手段的功能，这时它就成为扶贫、反贫困的近义词。不管它是作为目的还是作为手段，同反贫困一样，都是指一种客观实践活动，是一种工具理性，没有也不包含价值理性的要求。而扶贫则是价值理性与工具理性的统一、实践活动与道义责任的统一。

（二）四维视角：理论、方略、制度和实践

精准扶贫表现为思想理论、政策方略、制度安排和实践道路的四合一。思

想理论、政策方略、制度安排与实践道路都是其存在的载体与形态，思想理论是其理论形态与理论内核，政策方略是其国家贫困治理的基本策略形态，制度安排是其制度载体与制度设计，实践道路是其实践载体与终极目的。精准扶贫思想的四合一特性，使得它既有理论上的合理性和政策上的权威性，又有制度上的合规性和实践上的操作性，这保证了其科学性、正确性和先进性。

精准扶贫首先是一种有关扶贫、脱贫、减贫和反贫困的思想理论体系，是党中央在我国全面建成小康社会进入决胜阶段、扶贫开发工作进入啃硬骨头和攻坚拔寨时期，对如何摆脱贫困这一时代课题的理论思考，基本回答了什么是精准扶贫、为什么要精准扶贫以及如何实现精准扶贫等一系列主要问题，它包括精准扶贫、“四因施策”“六个精准”“五个一批”等一系列具有内在逻辑的新思想、新论断、新方法、新战略，是我国新时期、新阶段全面打赢脱贫攻坚战的理论指南和基本遵循，是全党集体智慧的结晶。

中国精准扶贫方略是马克思主义中国化在扶贫开发工作中的最新成果，是中国特色社会主义理论体系在扶贫开发领域的最新发展，开辟了中国扶贫开发工作的新境界。党和国家围绕“扶持谁、谁来扶、怎么扶”等基本问题提出一系列相互联系、相互贯通的扶贫开发新理念、新思想、新战略，进一步丰富和发展了党的扶贫开发、共同富裕的科学理论。其主题是如何摆脱贫困，主线是精准扶贫，总要求是“四个切实”，总方法是发展，具体方法是“四因施策”、对症下药，靶向治疗，总举措是“六个精准”，总路径是“五个一批”，总目标是消除贫困。

其次，精准扶贫是一种国家贫困治理的基本方略。2016 年 3 月 16 日，十二届全国人大四次会议审查通过了《中华人民共和国国民经济和社会发展第十三个五年规划纲要》，在第十三篇“全力实施脱贫攻坚”部分，确定了实施精准扶贫的国家贫困治理的基本方略，从而赋予精准扶贫国家政策方略的形态。这一方略是在中国精准扶贫方略指导下，在党和国家对扶贫开发工作全局进行总体判断和科学分析的基础之上，经过党和国家的民主决策过程而确定的治理贫困的大政方针。作为基本方略的精准扶贫，是国家意志的体现，是国家权力的产物，是国家决策的成果，是人民的心声，具有强大的行政力和内在的责任使命，它要求国家各级机关必须严格贯彻执行，全面落实“六个精准”，坚决实施“五个一批”工程。真扶贫。扶真贫，坚决打赢脱贫攻坚战，确保 2020 年全面建成小康社会。

再次，精准扶贫是一种扶贫体制、机制、制度安排，即为落实精准扶贫要求，实现和提高精准扶贫的成效，按照制度的要素构成，结合客观实际情况，将精准扶贫思想理论转化具有操作性、规范性、稳定性和长期性的一种或一组相互关联的扶贫制度安排。具体来说，它主要包括管理体制、责任机制、工作机制、考核机制、督查机制、机构设置与运行机制、项目规划机制、资金筹集分配机制、精准识别和建档立卡机制、驻村帮扶机制、扶贫队伍建设机制、扶贫路径选择机制、脱贫退出机制等。精准扶贫思想的制度化，为精准扶贫搭建起了四梁八柱的制度体系，从而使之有制可循、有制可依。

最后，精准扶贫是一种一种扶贫实践道路（工作方式）。党和国家提出精准扶贫思想，实现精准扶贫的制度化，最终目的都是落实精准扶贫、实现精准脱贫。精准扶贫具有显著的实践性，它是以精准扶贫思想理论为指导，以精准扶贫制度安排为载体，以精准扶贫的贫困村为战场，以精准扶贫的贫困人口为对象，以精准脱贫为目标的实践活动。它主要在全国 14 个集中连片特困区、12.8 万个贫困村展开，以七千多万贫困人口为扶助对象。它是由中央统筹领导、省负总责、市县抓落实的扶贫实践活动，是一场自上而下的、大规模的，举世罕见的啃硬骨头、攻坚拔寨的脱贫攻坚实践活动，是一场举全国之力消除绝对贫困的战略决战，举世关注。这一实践活动意义重大，关乎我国全面建成小康社会目标和第一个百年奋斗目标的实现，是党和国家工作中的两个重中之重（“三农”是国家工作的重中之重，扶贫又是“三农”工作的重中之重）。

总之，精准扶贫是思想理论。政策方略、制度安排、实践道路四者的四合一，“是中国扶贫进行到新阶段后的新举措，符合中国国情”。

1. 学界对精准扶贫的定义

2013 年 11 月，习近平总书记在湖南湘西考察时提出“精准扶贫”概念。这一概念甫一提出就吸引了国内学界的目光，大家纷纷从各自的专业视角对精准扶贫进行了学术研究与理论阐释。总体来看，具有代表性的观点主要有以下几个。

第一，四环节论。部分学者依据国务院扶贫办 2014 年 5 月印发的《建立精准扶贫工作机制实施方案》将精准扶贫定义为精准识别、精准帮扶、精准管理和精准考核四方面的统一。例如，唐任伍（2015）认为，“精准扶贫包括了精准识别、精准帮扶、精准管理和精准考核，其核心要义是精准化理念，要求将精准化理念作为扶贫工作基本理念，贯穿于扶贫工作的全过程”。这一界定是从构成扶贫全部过程的主要阶段、环节来概括的，虽有利于精准扶贫的贯彻落实，但并没有揭示精准的核心要义。

第二，改进与创新论。部分学者认为精准扶贫是对中国原有扶贫战略、机制的改进与创新。如葛志军（2015）等学者认为精准扶贫思想“是对以往在扶贫领域实施的工作战略的发展与补充”。也有学者总结了精准扶贫概念的提出过程，认为精准扶贫“是对原有的扶贫机制的反思与改进，是我国现阶段扶贫开发的重大创新”。这一界定只是阐明了精准扶贫的继承性与发展性，并没有科学揭示出精准的确切含义。

第三，扶贫机制优化论。部分学者认为精准扶贫是适应中国贫困状况变化而更加趋向于目标瞄准的动态调整与演化发展。左停（2015）认为，精准扶贫是中国的扶贫政策在面对农村贫困状况的新变化时，从扶贫机制上由主要依赖经济增长的涓滴效应到更加注重靶向性对目标人群直接加以扶贫干预的动态调整。李鹃（2015）认为，精准扶贫既是从国内外诸多贫困与减贫理论中逐步演化发展而来，也是我国过去农村扶贫减贫的实践经验与新时期农村扶贫开发实际相结合的产物。这一界定在一定程度上阐释了精准扶贫的现实性。

第四，目标瞄准论。部分学者从精准扶贫提出的背景、核心内容、本质要求出发，认为精准扶贫就是要瞄准目标人群。例如，张占斌认为，“精准扶贫是解决扶贫开发工作中底数不清、目标不准、效果不佳等问题的重要途径。精准扶贫的核心内容是做到‘真扶贫’‘扶真贫’，其实质是使扶贫资源更好地瞄准贫困目标人群”。相比较而言，这一定义不仅阐明了精准扶贫提出的背景，而且准确揭示了精准扶贫的实质意涵。

2. 党和国家对精准扶贫的定义

纵览党和国家关于扶贫开发和精准扶贫的重要文献，可以看到党和国家对精准扶贫从不同视角做出了多方面的解释与界定。

2013 年 12 月，中共中央办公厅、国务院办公厅印发《关于创新机制扎实推进农村扶贫开发工作的意见》，指出：“各省（自治区、直辖市）在已有工作基础上，坚持扶贫开发和农村最低生活保障制度有效衔接，按照县为单位、规模控制、分级负责、精准识别、动态管理的原则，对每个贫困村、贫困户建档立卡，建设全国扶贫信息网络系统。专项扶贫措施要与贫困识别结果相衔接，深入分析致贫原因，逐村逐户制定帮扶措施，集中力量予以扶持，切实做到扶真贫、真扶贫，确保在规定时间内达到稳定脱贫目标。”这一诠释从工作机制角度对精准扶贫做出了较为具体的描述，包括精准识别、建档立卡、扶贫措施、扶贫目的等，这实际上是对精准扶贫过程与目的的两维图像扫描。

2015 年 11 月 29 日，中共中央、国务院印发《中共中央 国务院关于打赢脱贫攻坚战的决定》，在明确提出精准扶贫方略概念之后，进一步指出：“按照扶持对象精准、项目安排精准、资金使用精准、措施到户精准、因村派人精准、脱贫成效精准的要求，使建档立卡贫困人口中有5000万人左右通过产业扶持、转移就业、易地搬迁、教育支持、医疗救助等措施实现脱贫，其余完全或部分丧失劳动能力的贫困人口实行社保政策兜底脱贫。”这一定义是党和国家在将精准扶贫定性为“方略”之后，从扶贫的环节、要素、要求以及措施等方面对精准扶贫的具体描述。

2015年11月中央扶贫开发工作会议强调，实现脱贫工作的实效性，关键在于“找准路子”“构建好的体制机制”，这一界定是从微观上对精准扶贫内在要素和环节的系统而完整的阐释，它包括两层含义。一是精准扶贫是经过实践检验的扶贫开发的好路子、好机制，这是对精准扶贫做出的微观“好路子、好机制”的定性；二是精准扶贫就是要做到“六个精准”，这是从系统论和实践论视角对精准扶贫内在要素和具体做法的全面阐释。

2017年2月21日，习近平总书记在中共中央政治局第39次集体学习时明确指出，要坚持精准扶贫，精准脱贫，通过建档立卡，摸清贫困人口底数。做实做细，要提高扶贫措施有效性，核心是因地制宜、因人因户因村施策。这一界定一方面强调了精准的重要性，另一方面从宏观和微观的结合上对精准做出了阐释，强调了“针对性”和“四因施策”。

2018年8月，中共中央、国务院发布《关于打赢脱贫攻坚战三年行动的指导意见》，指出坚持精准扶贫精准脱贫基本方略，就是“做到扶持对象精准、项目安排精准、资金使用精准、措施到户精准，因村派人（第一书记）精准、脱贫成效精准，因地制宜、从实际出发，解决好扶持谁、谁来扶、怎么扶、如何退出等问题，做到扶真贫、真扶贫，脱真贫、真脱贫”。这一界定是在前述定义基础上更为全面的描述，不仅概括了精准扶贫的要素，环节、要求，而且明确了扶贫过程中的四大问题及扶贫目的。

通过以上五次界定，党和国家从过程与目的、宏观和微观的结合、纵向和横向的结合等方面对精准扶贫做出了多视角、多方位的准确定位、科学定性、内涵阐发和要素描述。由此，可以将精准扶贫定义为：精准扶贫是被中国扶贫开发实践证明了的扶贫的好路子、好机制，是中国打赢脱贫攻坚战的基本方略，是最适合当前中国贫困状况的反贫困的战略举措，其要义是精准，旨在分类施策、找到贫根、对症下药、精准滴灌、靶向治疗。

3.精准扶贫战略实施的必要性

精准扶贫是推进扶贫开发工作和打赢脱贫攻坚战的必由之路，也是应对当前中国贫困状况、提高贫困治理质量与效益的必然要求。

（1）贫困情况的变化要求

经过长时间的经济发展和大规模扶贫开发，我国普遍性整体贫困已经不复存在，贫困收缩为个别集中连片区和部分零星、孤立的点位。这种贫困现象的空间地理分布使得过去那种大水漫灌或“撒胡椒面式”的扶贫方式不再适用。精准扶贫就是“由主要依赖经济增长的‘涓滴效应’到更加注重‘靶向性’对目标人群直接加以扶贫干预的动态调整”。

（2）提高扶贫效率的要求

过去大水漫灌式的粗放扶贫，虽然也能实现脱贫目标，但极易造成扶贫资源浪费。特别是在贫困已经从普遍性贫困和整体性贫困演变为区域性贫困和零散性贫困的情况下，再以大水漫灌的方法扶贫，会造成更大的资源浪费。更重要的是，大水漫灌式的扶贫，通常会导致底数不清、目标不明、成效模糊、供求失衡，扶贫的质量与效益低下，也无法完成“不丢下一个贫困村、不落下一个贫困人口”的脱贫目标。因此，要提高扶贫的质量与效益，必须做到真实化、精准化、精细化。

（3）扶贫资源稀缺性的要求

改革开放以来，中国发展迅速，但仍然是一个发展中国家，仍然处于社会主义初级阶段。国家发展的任务仍然繁重，人力、物力、财力并不充裕，扶贫所需要的资金、人力资源仍然十分稀缺。在这种情况下，必须充分提高扶贫资源的利用效率，即好钢要用到刀刃上，要发挥四两拨千斤的作用。扶贫是在资源有限性约束下的经济活动，必须符合经济发展规律和效率原则。要提高扶贫效率，就必须做到精准。一是改变不利于扶贫的制度环境，打破城乡二元结构，实现城乡一体化；二是对症下药、靶向治疗；三是供求均衡、同心协力。

4. 扶贫开发经验与教训的要求

我国大规模的有组织的扶贫开发工作早在20世纪80年代就开始了，由于当时全国都处于一种较为普遍的整体性贫困状态，更多的是采取以促进贫困地区经济发展来减少贫困和大水漫灌式输血的粗放扶贫方式，不论是在贫困人口的识别上，还是在扶贫措施的针对性上，都缺乏精细化的理念与方法。20世纪80年代中期，我国扶贫开发的瞄准对象是县级贫困区域。进入21世纪，扶贫瞄准对象缩小，由贫困县转向15万个贫困村，但仍然没有识别到户。在扶贫方式上，大水漫灌、撒胡椒面、一方治百病的粗放扶贫也没有得到显著改变，因村施策、因人施策和对症下药、靶向治疗的“手术刀”式精确制导化扶贫仍然不足，扶贫成效下降，扶贫成本上升。实践经验证明，随着我国贫困状况由过去的普遍性整体贫困转变为散点式、嵌入式贫困，扶贫方式也必须由粗放转为精准，这是提高扶贫成效、打赢脱贫攻坚战，全面建成小康社会的必然要求和必由之路。

二、核心要义——精准

精准扶贫方略是新时代中国贫困治理的基本策略工具，其核心要义是精准，即找到穷根、对症下药、靶向治疗：其理论精髓是从实际出发、实事求是、具体问题具体分析。它与我们党为人民服务的宗旨是息息相关的，与马克思主义、毛泽东思想和中国特色社会主义理论体系的精髓是一脉相承的。“精准扶贫是解决扶贫开发工作中底数不清、目标不准、效果不佳等问题的重要途径，精准扶贫的核心内容是做到‘真扶贫、扶真贫’，其实质是使扶贫资源更好地瞄准贫困目标人群。”精准扶贫的核心要义是精准，即对症下药、靶向治疗，其目的是真扶贫、扶真贫，提高扶贫效率。

（一）核心要义是精准的理论依据

首先，从党和国家提出精准扶贫思想的历程看，国家主要是针对过去扶贫开发工作中的粗放、短期、表面等缺陷和当前我国贫困情况的现状提出来的，是对过去粗放型扶贫方式方法的否定，也是对新时期、新阶段扶贫方式方法的理论创新。其次，如前所述，从精准扶贫这个概念看，精准是对扶贫的要求，也是对扶贫的修饰与限制，表达的是对扶贫的态度、理念与价值追求，而扶贫只是对一件客观事件或实践活动的表述，陈述、描述，无所谓好坏之分，粗精之别、准差之异。因此，失去精准，精准扶贫概念就成为无主观价值追求或主观态度表达的中性词了。唐钧（2016）认为，“追求‘精准’，则是中国反贫困战略的一个关键性的核心概念”。准确理解精准，已经成为正确理解中国当前反贫困战略的关键。

最后，从中国精准扶贫方略的主题、主线和理论内容看，精准都是核心要义。第一，精准扶贫是对摆脱贫困主题的最直接、最言简意赅的回答。第二，精准是中国精准扶贫方略的主线精准化的准绳。第三，精准是中国精准扶贫方略核心思想，主要内容的纲领，“四因施策”“六个精准”“五个一批”等内容都是对精准的细化、深化与具体化。精准是其根与魂。汪三贵（2016）认为，“六个精准是精准扶贫的本质要求”，依此分析，完全可以得出“精准是精准扶贫的本质要求”的结论，而本质要求其实就是核心要义的意思。

（二）对“精准”的理解

1. 从理论、制度和实践角度看精准的表现形态

从思想理论视角看，精准是一个理念。精准扶贫理念是在总结几十年扶贫工作经验教训的基础上，根据我国贫困群体现状提出的有针对性的措施，其核心实质是精准理念，这就要求精准理念作为扶贫开发的基本理念贯穿扶贫的全过程。

从制度安排视角看，精准是一种或一套制度安排。精准扶贫旨在克服过去扶贫开发工作的随意性、粗放性、短期性和表面化的缺陷，提高扶贫的针对性和实效性，实现扶贫的精细化、均衡化、科学化、长期化。而欲达此目的，必须把精准扶贫打造成一套精准化的制度安排。党的十八大以来，为了贯彻落实中国精准扶贫方略，“中央和地方层面全面完成了脱贫攻坚四梁八柱顶层设计——主要是建立了六大体系”。中共中央办公厅、国务院办公厅出台了多个配套文件，各部门出台二百多个政策文件或实施方案，各地相继出台和完善“1+N”的脱贫攻坚系列文件，基本实现了精准扶贫的制度化。

从实践视角看，精准是一种依据精准化理念，按照精准化制度安排而展开的识真贫、扶真贫、真扶贫的实践活动。这一实践活动以全国 14 个集中连片特困区为主战场，以各个具体的贫困村为作业面，逐村逐户扶贫，因村、因户、因人施策。因而，在具体实践过程中，精准扶贫演绎为多种具有地域特色或村庄特色的精准扶贫之路。例如，在精准扶贫、精准脱贫实践模式上，地方政府创造了资产收益扶贫，光伏扶贫、电商扶贫、信息化扶贫、生态扶贫、旅游扶贫，产业扶贫等多种多样多元的扶贫模式，精准扶贫实践丰富而多彩。

2. 从词源学的视角看精准的字面含义

从词源学视角看，“精准”有两种用法。首先，它是一个日常生活用词，特别用于表示对时间概念和空间位置把握的精细无误，准确无差，也常用于办事、干活、想问题、学习、工作等多方面多场合，如指某人办事、干活精准，某人学习、工作、分析问题精准等。其次，“精准”也可以作为一个专业学术语言，用在多个专业领域，如精准射击、精准农业、精准医疗、精准营销、精准扶贫等。从现有文献看，对于“精准”一词最早出现于什么时代和什么书籍，尚没有权威性考证。汉语最初是以单音节词为主的，后来随着社会发展和文化交融，双音节词才应运而生。“精准”即为一个双音节词，由“精”和“准”两个单音节词拼合而成。因此，要想了解“精准”的原始意义，必须将其分开来看。

“准”字本义表示指向确定，目标不再游移。后引申为“朝确定方向走，

按既定方针办”。准是自古就有的汉字，现为“準”的简化字。但在未简化前，“准”习用的意义与“準”字有别。准既可用作名词，又可用作动词和形容词。作为动词，主要有三种意思，一是允许、许可，如准许、准予、批准；二是依照，依据、如此处理；三是对接准确、瞄好目标，如对准、瞄准。作为名词，主要有三种意思，一是定平直的东西，如水准、准绳；二是法则，可以作为依据的，如准则、标准；三是箭靶的中心，如准的（dì）。作为形容词，它有三种意思，一是指正确，如准确、准星、瞄准；二是指一定、确实，如准保、准定；三是指和某类事物差不多，如同，类似，如准尉、准平原。显然，从“准”字的几种用法和含义判断，精准里的“准”，理应是作为名词和形容词使用，与“差”或“误”相对，意思是对准、瞄准、准确、正确。

可见，“精准”一词是由汉语中“精”和“准”拼接而成的一个独特词汇，从其词源学视角看，它是非常精细周密，准确无误的意思，在中华文化中源远流长，使用极其广泛，含义也极为通俗易懂，具有鲜明的中华传统文化特色。正是学术界的相关研究成果为中国精准扶贫方略的产生提供了土壤。2013 年年底，党中央将这样一个中国老百姓喜闻乐见、熟稔于心、运用如常的词汇纳入扶贫开发领域，结合我国扶贫开发的历史经验和现实需求，创立“精准扶贫”这样一个专用学术词汇，并以之统领党和国家关于扶贫脱贫的理论创新、制度创新和实践创新，不仅表现出非凡的理论创新勇气和胆识，而且赋予“精准”这一中华传统文化中的古老词汇以新的学术意义，使之焕发出新的生命力。精准扶贫是党和国家将马克思主义中国化的重要理论成果，是党和国家对如何摆脱贫困这一困扰中国改革开放全过程的时代课题的精辟回答。它恰如其分、全面而深刻地概括了党和国家的扶贫思想理论体系，成为贯穿这一理论体系的核心概念。

3. 从经济理论的视角看精准的扶贫含义

首先，它是一个“大精准”概念。也就是说，精准不仅仅指对症下药，还包括更多内容，是一个大精准概念。

一是对“政”精准，“策”“略”一致。这是指国家经济社会发展的大政方针，即国策与精准扶贫方略一致，这是精准的理论前提与政策保证。只有党和国家经济社会发展的大政方针与精准扶贫方略相一致，扶贫才能做到精准。所以，精准必然要求国家大策略与扶贫小策略的一致，或国家战略与扶贫战术的一致，精准扶贫的项目，手段要与党和国家的大政方针一致。

二是对需精准，供求一致，即国家的制度安排、政策体系、体制机制要与扶贫脱贫的社会需要一致，政府提供的资金、项目，采取的措施手段要与贫困群众的脱贫需求一致。只有实现这两个一致，才能达到供给精准，实现扶贫供给与脱贫需求的均衡，解决供给与需求的错配问题。这种状况其实是扶贫开发中供需脱节、供需结构性失衡的表现。精准扶贫就是要改变这种状况，实现供需数量和结构上的双均衡。

三是对症精准，症药一致，即脱贫处方与药品开列要针对贫困的原因与症结，对症下药、靶向治疗。这是精准的最重要含义。所谓精准就是对症下药、因病施治。这其实就是党中央强调的“四因施策”。

四是对“实”精准，“实”“是”一致。即要根据贫困地区和贫困群众的客观实际情况，确定扶贫的路径、模式和举措，在实事中求是，在实事中定策。绝不能不顾客观实际，盲目决策，胡乱上项目，也不能好高骛远，搞一些脱离实际的政绩工程和形象工程。

五是对标精准，“的”“矢”一致。即有的放矢，要依据扶贫目标制定扶贫策略。要制定扶贫的总目标和总策略，也要制定扶贫的分目标与步骤，根据每步的分目标采取不同的扶贫策略。用不同的策略实现不同的目标，有的放矢。

六是对效精准，“预”“效”一致，即预期成效与实际成效要一致。所谓精准，就是事前预期达到什么样的效果，事后就能达到什么样的效果。这需要依据贫困地区和贫困群众的客观情况，制定合理的脱贫目标与可行的脱贫举措，通过强有力的扶贫实践，实现预设脱贫目标。

六是对接精准，帮与被帮一致。即安排帮扶结对和东西部协作，要依据各单位行业属性和专业所长及被帮扶单位资源分布状况，结好对子。东西部对口帮扶要在层级上精准对接，实现省级、市县级和村级的对口帮扶。并根据双方经济发展态势适当做出调整。一句话，就是实现各种扶贫资源要素配置精准，做到目标明确、任务明确、责任明确，把钱真正用到关键点上。

无论是从中国精准扶贫方略的宏观战略系统看，还是从其中观理论系统和微观实践系统看，它们都围绕着一个中心思想，即精准扶贫，它们都为精准扶贫服务。其中，宏观战略思想是精准扶贫的理论基础，理论依据和理论前提。中观理论系统和微观实践系统是精准扶贫的理论规划、思想深化与具体展开，是精准扶贫思想的本体论，是实现精准扶贫的理论指导与实践指南。毫无疑问，精准扶贫思想是中国精准扶贫方略的联系纽带与核心观点。研究中国精准扶贫方略，必须深入研究和全面阐释精准扶贫思想。精准具有多维属性。

第一，精准是一个关系属性概念，具有针对性。它强调对应、适应、均衡、一致、协调，讲对症下药、靶向治疗、供求均衡、有的放矢。也就是说，它要求供求关系均衡、制度环境与制度安排关系适配、症结症状与处方对应、帮扶单位与被帮扶单位适合、东西部对口帮扶对接精准、手段项目路径与目标目的一致。

第二，精准是一个实践属性概念，具有精确性。它强调瞄准、精确、无误，扶真贫、真扶贫；强调可操作性以及过程和步骤的精良性。也就是说，它要求扶贫对象是真实的，扶贫过程是精准的，扶贫效果是真实的。

第三，精准是一个思维属性概念，具有真实性。它强调求真务实、实事求是，不弄虚作假，不走马观花。也就是说，它要求扶贫必须本着求真务实、真抓实干的精神去做。

4. 精准的多维视角

（1）宏观精准

经济社会基础有利，制度环境适配。导致农村贫困的既有具体原因，也有宏观政策和制度的因素。从宏观因素看，一个重要原因在于城乡关系不平等和城乡二元结构不合理。所以，消除贫困，不仅要针对贫困村和贫困人员采取有针对性的举措，还必须从政策环境和制度环境上改变不合理的城乡关系和城乡结构。如果只是从微观入手。不改变不合理、不公平的制度环境和政策环境，则微观扶贫不易取得成效，即便取得一定成效，也不能长久。要做到精准扶贫，必须针对宏观原因使用宏观对策，针对微观原因使用微观对策。精准扶贫的宏观举措，目的是营造一个有利于扶贫的经济社会基础和制度环境。因而宏观精准实际上是一种宏观发展战略精准。

（2）中观精准

贫困情况分析科学合理，扶贫战略决策精准。中国的贫困情况极其复杂，要做到精准扶贫，首先需要对中国的贫困情况从总体上做出全面而准确的分析，包括中国的贫困人口数量、贫困类型、贫困原因，中国扶贫开发的理论、方针政策及其效果，扶贫开发的历史阶段、成就及存在问题。在此基础上，依据贫困的现实状况及国家扶贫能力、脱贫的可行性制定出切合实际，行之有效的基本方略。中观精准实际上是一种扶贫理论精准和扶贫策略精准，具体来说，主要包括贫困及扶贫开发的认识论与方法论、“四因施策”“六个精准”“五个一批”等。

（3）微观精准

制度安排和村户扶贫精准。在宏观精准的基础上，依据中观精准的理论要求和政策需要，通过一定的制度安排，将中观精准理论与策略落实到村户层面，因村因户施策，实现到村到户扶贫的精准。因此，微观精准实际上是一种微观实践精准。具体来说，微观精准包括顶层设计的精准、因村派人的精准、扶贫对象的精准、项目规划的精准、措施入户的精准、资金使用的精准、脱贫成效的精准等，是扶贫实践从上到下的精准与基层落实的精准的结合。

第四章　精准扶贫工作的现状与存在问题

精准扶贫，相对粗放式扶贫来说是对我国几十年扶贫工作在方法上的一种升华和递进，但是精准扶贫在方法的实践过程中仍旧存在不足。本章在精准扶贫工作现状、精准扶贫工作存在的问题基础上展开分析。

第一节　精准扶贫工作的现状分析

一、精准识别工作广泛开展，识别步骤有序推进

一些地方政府更注重准确鉴定。为加强组织领导，各地抽调年轻有为的领导干部组成领导小组，负责工作监督检查，并抽调人员专门负责这项工作。贫困村相继开展入户调查工作，第一阶段集中时间和精力进行贫困户认定，初步整理贫困数据。加强组织培训，将贫困人口规模划分为行政村，召开精准扶贫开发认定专题会议，开展业务培训，抓好目标任务，把贫困户认定的工作要求和具体方法作为培训的重点内容，重点抓好镇、村两级政府干部和村干部，确保有工作班子，每个村都有清楚的认识人，确保准确鉴定工作规范有序开展。鼓励农民主动申请，向每个行政村和每个农民宣传准确认定的相关政策，保障群众的知情权和参与权，向每个村宣传贫困村的申请条件和工作流程，组织动员农民自愿申请，确保符合条件的贫困户全部纳入认定范围，各行政村在广泛征求群众意见和村级组织充分讨论的基础上，自愿申请上报镇人民政府审批，形成了贫困村初选名单。

大部分贫困村都按程序开展了鉴定工作。首先由农民提出申请，由镇机关和村委会的包村干部进行入户调查核实相关情况，淘汰不符合条件的，筛选出初选贫困户名单。村委会对初选贫困户名单进行民主评议，每个行政村召开村民代表会议进行民主评议。根据考核结果，经两个村委会集体研究，由村党支部书记、村委会主任和村里的“第一书记”（或挂靠干部）核实签字后，确定

贫困户候选名单，再将入选名单纳入行政审批贫困户所在村无异议后，报镇人民政府审查，确定本镇贫困户名单。汇总后报市农村扶贫开发准确认定办公室复审，复审后公告。最后，乡政府组织村委会、村工作队和帮扶单位填写贫困户登记表，录入贫困户信息数据库。

政府扶贫模式转化及时。首先，精准扶贫呈现出的是从局部不断向外拓展为全局的趋势特点。在发展初期，扶贫工作的开展主要是由某一具体的机构负责，但现在则由每个级别中的“一把手”负责，而且采取的是多个部门协同合作的方式，以期在扶贫工作中利用不同的部门职能与功效解决在扶贫工作中遇到的参差不齐的难点问题。其次，扶贫的对象更加具体，以前是将县、村作为扶贫的对象，但是现在进一步细分、识别扶贫对象，通过参考国家最低贫困线的方式确定贫困对象，然后对其进行帮扶。但是在这个过程中，各种各样复杂的问题都阻碍了扶贫工作的顺利推进，例如，农村流动人口收入的测算，或者是因为当地政府财政力量不足以支撑扶贫工作的开展等，都使得精准扶贫工作遭受挑战。最后，精准扶贫中很多有关于基础设施、大工程的项目、现代信息化软件的转化等预期目标的设定，需要经过长久的努力才能实现。

二、产业扶贫开始发力，贫困地区发展进入关键期

扶贫工作是一项巨大的工作挑战，仅仅是依靠政府的力量恐怕也难以支撑，于是中国政府在进行扶贫的时候，采取引进其他主体一同参与的策略，但就实施的具体情况来说，其效果参差不齐，有待提高。

2016 年以来，经过充分准备，大部分农村贫困地区都不同程度地开展了产业扶贫，逐步走上了产业扶贫之路。我国贫困地区普遍存在着工业水平低、二、三产业发展严重不足、非农收入增长渠道不足等问题。因此，各地纷纷开展产业扶贫，致力于拓宽增收渠道，促进贫困人口有效参与产业发展，提高生产能力发展和就近转移就业，促进区域资源优势转化为产业优势和经济优势，促进县域经济发展，在一定程度上提高农民收入水平。

特色产业受到追捧，一些贫困村也在想方设法打开市场大门。茶叶、蚕桑、水产品、中药、高山蔬菜等特色农业资源成为特色产业发展的重点。贫困地区纷纷开展集约化生产，充分发挥资源优势和品牌效益，有力地推动了扶贫开发步伐。随着规模化生产的实施，逐步实现了种植、饲养、加工、生产、供销一体化管理。我们的产品已逐渐在市场上占有一席之地，品牌效应也逐渐确立。一些贫困村善于利用得天独厚的农业条件，发展特色生态种植、畜禽养殖和水产养殖，建设一批标准化、规模化、专业化生产基地。加强特色品牌建设，提

高农产品市场竞争力。创新农业生产经营体制，培育壮大股份合作社、专业合作社、龙头企业、家庭农场、专业大户等新型生产经营主体，发展多种形式的适度规模经营。为提高贫困户的产业参与度，整合资金支持贫困户收购苗木、发展生产、开展技术培训、参与基地建设，实现贫困户稳定增收。四川眉山洪雅县的奶牛养殖、湖北麻城的光伏发电、贵州石阡县的特色种植，都立足自身特点，充分发展特色产业，有效提高了当地贫困人口的经济收入。

三、扶贫队伍初步组建，参与力量多元化

精准扶贫的体制机制还在形成。精准扶贫在中国首次提出到现在，也不过才短短五年的时间，虽然从中央到地方，都希望能进一步创新扶贫政策，健全精准扶贫的各项体制机制，但是在实际的工作过程中，总是会发现各种各样的问题，当问题反馈上去之后又需要较长的时间对工作进行反思，对原有的体制机制进行完善，由此分析，还需要相当长的一段时间才能完善精准扶贫的各项机制。

各省在扶贫干部配置上下了功夫，在选好和加强贫困地区领导班子、加强扶贫开发支持和智力服务等多方面提出并实施了一系列保障政策，抓好贫困地区干部和扶贫干部培训，提高基层党组织领导和服务能力，动员各方面力量参与扶贫开发措施。

加大定向扶贫干部培训力度。各省根据自身实际，有针对性地对少数党员骨干开展扶贫培训，以培训为重点，及时把党中央的最新精神传达到基层，切实提高这些党员干部的扶贫意识和工作能力，解决基层方向不清、能力不强、动力不足的问题。选好用好领导干部，打造脱贫精英队伍。中国共产党是社会主义建设的领导核心，有针对性的扶贫工作离不开我们党的领导和我们党员干部。因此，有针对性的扶贫工作要选好干部、配好队伍，切实带领我们的贫困人口脱贫致富。在定向扶贫过程中，倡导充分发挥党员干部的先锋模范作用，带领群众脱贫致富、实现小康。

四、医疗、教育、养老受关注

近年来，在精准扶贫的背景下，农村社会公共服务受到广泛关注，各级政府都下大力气抓好。一些贫困地区的医疗、教育、养老等社会服务水平有了一定提高。

医疗服务一直是农村公共服务的短板。为了弥补这一短板，各级政府采取了一些行之有效的措施。近两年来，新型农村合作医疗新增筹资主要用于提高

农村居民基本医疗保障水平，加大对大病保险的支持力度，通过逐步降低大病保险起付线、提高医疗保障水平，提高农村贫困人口的受益水平大病保险报销比例。加大医疗救助力度，将农村贫困人口全部纳入大病医疗救助范围，对因突发大病暂时无法获得家庭抚养、基本生活困难的患者，加大临时救助和慈善救助力度。对农村重慢性病贫困人口实行分类治疗，优先建立每人动态电子健康档案，建立贫困人口健康卡，推动基层医疗卫生机构提供基本医疗服务，为农村贫困家庭提供公共卫生和卫生管理服务。在县定点医疗机构，贫困患者经诊断治疗后应缴纳费用。定点医疗机构要建立综合服务窗口，实现基本医疗保险、大病保险、疾病应急救助、医疗救助“一站式”信息交流和实时结算。贫困病人出院时只需自己支付医药费。

教育扶贫再次受到重视。农村教育一直是社会关注的焦点。在定向扶贫政策的推动下，再次得到社会各界的支持。让贫困地区的孩子接受良好的教育，是拔除贫困根源、阻断贫困代际传递的重要途径。实施定向扶贫以来，教育部紧紧围绕贫困地区的每一所学校、每一位教师、每一个孩子，启动实施教育扶贫普惠行动。先后组织实施了20项教育惠民政策措施，在贫困地区普及义务教育、学校基础设施建设、学生资助制度、教师队伍建设等方面实现了教育扶贫的全方位覆盖，发展民族教育，促进职业教育。特别是我们不遗余力地帮助少数民族和边远地区的穷人。中央和自治区不断加大投入，逐步建立了较为完善的生源资助体系。目前，南疆四地州已实现14年免费教育。四川藏区实施“9+3”免费教育计划以来，内地已有90所中等职业学校和5所高职院校，在藏区招收“9+3”学生4万余人。此外，全州享受补贴的中职生已达近7万人。

养老问题是我国对农村发展关注比较薄弱的一部分，关爱农村老人在精准扶贫工作中得到了一定体现，目前的扶贫工作对农村孤寡老人、留守老人都给予了一定的帮扶。湖北襄阳联合民营企业，建立了关爱留守老人长效机制，定期为老年人进行体检服务，并在节日给予老年人一定的资金、物资进行慰问。湖北襄阳、荆州等地扶贫干部在驻村工作期间，经常到孤寡老人家中走访，与他们聊天，为他们打扫房屋，点点小事不仅丰富了老年人的生活，也让他们感受了党和政府的温暖。

五、考核机制逐步建立，扶贫考核工作步入正轨

在对贫困县和扶贫领导干部的考核方面，我国正在努力摸索出一套较为系统的考核机制，一些贫困地区也在根据自身实际情况不断优化地方考核。针对扶贫中存在的体制性障碍，一些地方政府正在从完善贫困县考核机制、建立定

向扶贫机制、完善驻村干部帮扶机制、改革财政管理机制等六个方面进行改革专项扶贫资金，完善金融服务机制，创新社会参与机制。部分贫困县的考核逐步由以往的GDP考核转向扶贫开发成效考核为主，以提高贫困人口生活水平、减少贫困人口为主要考核指标，从而降低GDP在考核中的权重。对部分开发受限地区和生态脆弱地区，取消国家扶贫开发工作重点县GDP考核，重点考核扶贫开发成效。

一些地方政府更注重对扶贫干部的考核。为鼓励地方领导干部真正扶贫，各地扶贫评估工作正经历转型期，这对扶贫工作提出了新的要求，要求干部见贫、扶贫、扶贫。贵州省修订了扶贫工作考核办法，将扶贫工作绩效作为考核队伍和干部的重要内容。通过考核办法，充分调动了各级领导干部的积极性，督促引导他们"担起扶贫责任，抓好扶贫任务"，勇抓实干。要与时俱进，提高扶贫实际评估的科学水平，为扶贫评价的准确、规范、科学化打下坚实的基础。

六、环保与发展不断博弈

把生态文明建设与反贫困结合起来，处理好人与自然的关系，让人民在良好的生态环境中生活和生产，是消除绝对贫困、实现可持续发展、实现共同富裕的根本途径。环境与发展的权衡，体现在定向扶贫工作中。绿色发展已成为人们的共识。要让贫困人口脱贫，不破坏农村环境。

我国在生态扶贫方面积累了大量经验，也形成了许多具有学习价值的案例，为提高生态扶贫效果、改进生态扶贫工作提供了有益的借鉴。在打赢扶贫攻坚战的剩余时间里，生态脆弱地区的定向扶贫和定向扶贫任务依然十分艰巨。要创新政策制度，进一步加强和改进生态扶贫工作。

目前，我国生态补偿政策已初步形成了较为明确的政策方向和框架，明确了"权责统一、合理补偿、谁受益、谁补偿"和"坚持政府主导、社会参与"的补偿原则。然而，我国在生态补偿的范围、资金筹措、标准和方式等方面的政策法规还不够规范、明确和具体。特别是对生态保护区和生态脆弱区扶贫对象的生态补偿政策比较随意。报告建议，在调查研究的基础上，进一步明确生态补偿的范围和标准，确定生态补偿与社会保障等干预工具相结合的方向。一方面要提高生态补偿标准；另一方面要综合运用生态现金补偿，提供生态公益岗位和社会保障，帮助受生态保护影响的扶贫对象脱贫。

第二节 精准扶贫工作存在的问题

目前，我国各地正如火如荼地开展定向扶贫，力争到2020年实现贫困人口脱贫。这对中国全面建设小康社会具有重要意义，为中国实现两个百年奋斗目标奠定了基础。但随着精准扶贫的开展，出现的问题和难题需要相关部门和部门的领导来解决，才能做到准确认定、准确帮扶、准确评估。

一、精准扶贫工作的精准问题与对策

（一）现阶段精准扶贫工作的精准问题

经过长时的反贫工作推进，虽然旅游精准扶贫取得了阶段性成效，但从社会长远战略发展角度来看，还存在一些问题。主要表现为投入大，欠缺精准；同类化现象严重；运行机制缺乏系统性三方面问题。

1. 投入大，欠缺精准

中国式扶贫大多以政府主导为主，这就使得很多地方在开展该项工作时单一的依靠政府力量。贫困人口众多，致贫原因存在差异，参与能力也是参差不齐，面对种种问题，单一的政府力量显得尤为捉襟见肘。长期粗放式管理在扶贫方式上就显现出投入大、欠缺精准的问题，主要表现在以下两个方面。

一是盲目投资，“雷声大、雨点小”现象频出。由于我国贫困人口多集中在偏远且可进入性差的区域，交通不便、设施不全，无法满足基本旅游需求是影响扶贫计划实施的首要因素。地方政府为顺利引进旅游扶贫项目，就需要先对乡村道路、村民房屋、村落土地等基础性设施进行修葺或重建。一些贫困地区技术水平和经济基础都非常落后，想要急于摆脱贫困，就加大资金投入，一味追求旅游规模。扶贫开发时只考虑了客流量可以增加收入，恰恰忽视了整体规划和环境保护，超额的客流量势必会带来环境破坏、服务质量下降、旅游设施无法满足需求等问题。可见，政府未经规划盲目投入资金，短时间又不能为贫困户带来实际收益，使得旅游发展成本居高不下，难以发挥旅游扶贫的最大效益。

二是欠缺精准管理，扶贫难以扶到点子上。国家在扶贫实施中要求对贫困户开展建档立卡管理，主要采用层级上报的形式。但笔者在搜集相关资料和实地调研中发现，该方式过于落后，对于贫困户的变化完全无法监管到位，甚至有些地方还存在困难户不清楚自己为何不能纳入帮扶范围的现象。此外，部分

领导对旅游精准扶贫工作重视不够，认为只要提高地方经济水平，就能摆脱贫困，所以将大部分扶贫资金用来投放在发展经济建设上，而未真正落实到贫困户身上。面对贫困户致贫原因各不相同的时候，有些政府仍采用统一的扶贫方式，认为只需要为贫困户提供生活用品、改造房屋、保障基本生活需求即可。国内外扶贫实践和研究表明，单独依靠政府物质帮助是不能从根本解决脱贫问题的，粗放型的管理限制了旅游帮扶发挥作用，只有精准化管理才能帮助贫困人口获得生存能力，才是持久摆脱贫困的需求表现。

2. 扶贫同类化现象严重

我国正处于精准扶贫的决胜阶段，涉及贫困人员分散、贫困地区封闭落后、贫困程度深等问题，造成在发展旅游扶贫时易陷入“盲从”的误区。设计开发的旅游产品没有区域特点和文化内涵，甚至有些还停留在观光旅游上，这样开发出来的产品易复制、可替代。

扶贫同类化现象严重，从区域发展角度看，同一区域或相邻地区，景区定位、产品设计、经营模式、特色文化等方面最容易出现模仿，景区间可替代性和竞争性强。从旅游者角度看，追求新鲜、特色、舒适是大众普遍需求，那么过多的雷同会造成游客对景区的认同感下降，降低旅游吸引力，究其原因，主要有以下几点。

（1）缺少顶层设计，在设计贫困地区旅游扶贫项目时，政府没有将设计纳入全域旅游发展规划中。加之沿袭了传统扶贫部门包办的思维模式，习惯性地将所有需求和规划都仰仗政府一个主体部门解决，社会组织自身优势得不到充分展现，造成区域扶贫同类化现象严重，旅游扶贫项目未市场化、产业化。

（2）欠缺市场定位，对贫困地区资源特色了解不深入，无法准确把握开发方向。在设计和打造旅游产品时，有些政府为图省事、见效快，盲目借鉴优秀旅游脱脱贫案例，未结合自身实际，而是直接照搬照抄过来，对市场需求、目标群体缺少科学分析和调研，导致定位不准确。

在寻求旅游精准扶贫的过程中，实践证明旅游产业扶贫具有可持续性，也是带动贫困地区摆脱贫困的有效途径。只有将贫困地区旅游扶贫项目产业化、市场化，借助市场机制，合理规划全域旅游开发，科学培育产业链条，才能使旅游产业在扶贫中发挥更大的作用。

3. 运行机制缺乏系统性

确保旅游扶贫实施精准，达到预期目标，建立旅游精准扶贫运行管理机制是重要手段。回顾我国旅游扶贫历程，虽然已经提出精准概念，但对于区域性扶贫的建立与实施、资源分配与利用、贫困户动态监管、管理绩效考核等方面都还处于“各自为政”的状态。各机制得不到整合，无法合理有效的运行，会导致扶贫资源的流失，扶贫工作流于形式，实施过程管理无序无控。

反观当下，旅游精准扶贫形势更为复杂和严峻，扶贫成本居高不下、管理系统性差等问题对扶贫成效影响极大。建立健全规范的管理机制，并切实可行的投入运行是当务之急。引入市场参与机制，转变政府职能服务、提高旅游扶贫实施精准度，科学合理制定贫困人口参与标准，协调发展各利益者之间利益关系等等，都是保障旅游精准扶贫机制良好运行的重要手段。

（二）精准问题的解决对策

1. 辨别要精准

旅游精准扶贫是指以精准扶贫为理论支撑，以贫困地区的资源优势为现实支撑，以贫困人口的脱贫意愿为信念支撑，通过规范化的方法步骤，有针对性地开展扶贫整个工作，从而实现真扶贫和扶真贫。因此，在开展旅游精准扶贫之前，要先对贫困地区是否具有开展旅游经营活动的可行性进行分析，可行性分析主要从其开发条件和开发意愿两方面来考察。其中，贫困地区进行旅游精准扶贫开发的条件可以结合我国学者吴必虎提出的旅游系统构成图（见图 4），从其区位条件、资源条件、设施条件、政策条件四个方面进行探讨，而开发意愿主要是指贫困地区的贫困人口是否有意愿及是否有能力通过参与旅游活动来脱贫致富。

（1）精准识别当地开发条件

旅游精准扶贫需要辨别的开发条件有区位、资源、设施和政策四个方面。具体为：

区位条件。区位，也即 Location，是指一个地区或一个事物的位置、布局、分布等方面，是该地区或该事物与其他地区或事物的空间联系特征。旅游区位是指探讨旅游目的地、旅游客源地和旅游交通间的相互联系。对于贫困地区而言，要想通过发展旅游业带动当地经济、社会、文化的发展，就必须考察其旅游区位。也就是该贫困地区与周围旅游客源地、旅游交通设施的联系。通常，地理位置越优越，越有利于吸引外来游客前来进行旅游体验，反之则缺乏区位优势。除了考虑区位优势之外，还要对潜在的客源群体进行调查，判断客源地来源和客源旅游特征，确定其旅游开发的潜在收益。

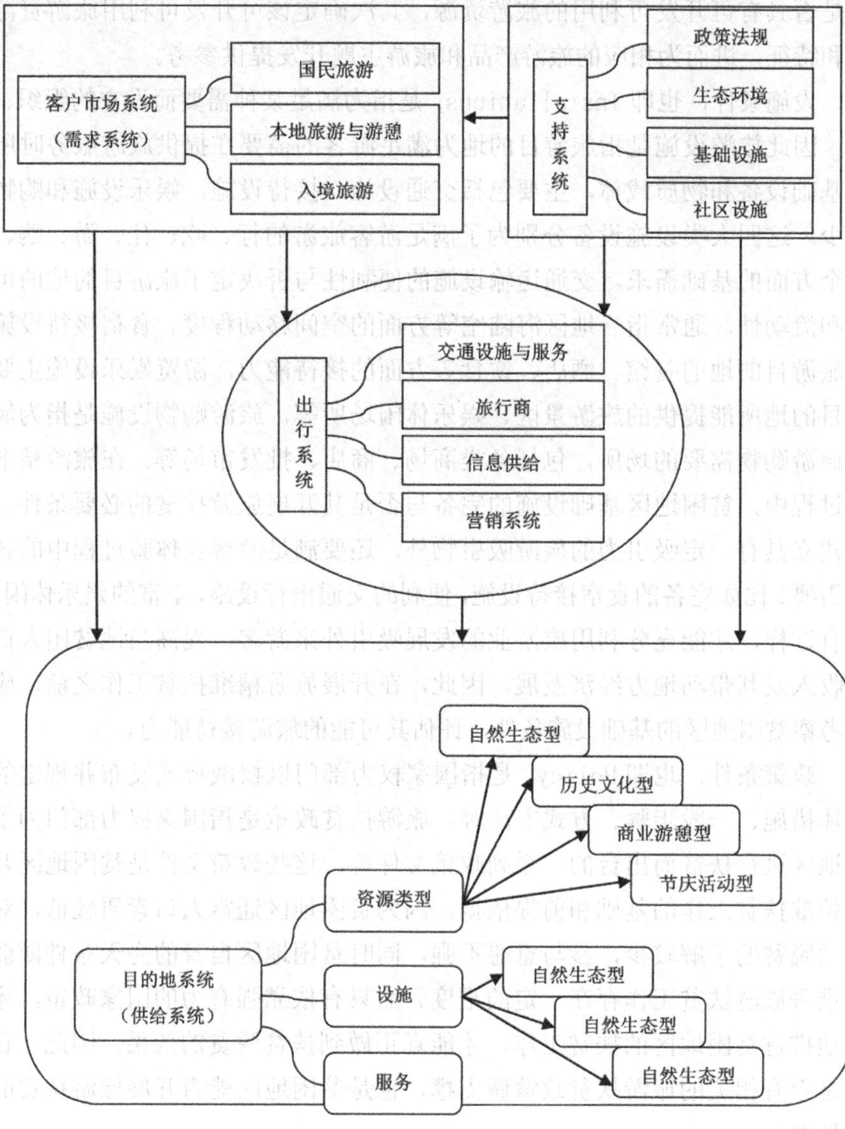

图 4　旅游系统的结构

资源条件，也即 Resource，是指一个地区各种物质要素的总称，可分为物质资源和社会资源两大类。通常旅游资源既包括高山、湖泊、动物、植物、气候等有关自然方面的旅游资源，也包括文物古迹、古建筑、美食、民俗风情、文化传统、歌舞艺术等有关人文方面的旅游资源少。旅游精准扶贫的概念可知，通过旅游发展致力扶贫是有前提条件的，而其旅游资源的受众及其类型就是其中一个前提条件。因此，在开展旅游精准扶贫工作之前，应该首先判断贫困地区是否具有可开发可利用的旅游资源，其次确定该可开发可利用旅游资源的类型和特征，进而为相应的旅游产品和旅游主题开发提供参考。

设施条件，也即 Installations，是指为满足某种需要而设立的组织、机构等，因此旅游设施是指旅游目的地为满足游客的需要在提供旅游服务时所依托的基础设备和物质载体，主要包括交通设施、接待设施，娱乐设施和购物设施等少。这四大类设施设备分别为了满足游客旅游的行、吃、住、游、购、娱等六个方面的基础需求。交通运输设施的便利性与否决定了旅游目的地的可进入性和流动性，通常指一地区海陆空等方面的空间移动程度。食宿接待设施通常指旅游目的地的餐馆、酒店、饮食等方面的接待能力，游览娱乐设施主要指旅游目的地所能提供的旅游景区、娱乐休闲场所等，旅游购物设施是指为满足游客旅游购物需要的场所，包括各类商场、商店、批发市场等。在旅游精准扶贫的过程中，贫困地区基础设施的完备与否是其开展旅游扶贫的必要条件。除了要建立具有一定吸引力的旅游吸引物外，还要满足游客在体验过程中的各种潜在需要，比如完备的食宿接待设施，便利的交通出行设施，丰富的娱乐休闲设施。只有这样，才能充分利用旅游业的发展吸引外来游客，提高当地贫困人口的经济收入及其带动地方经济发展。因此，在开展旅游精准扶贫工作之前，应该注重考察贫困地区的基础设施条件，评估其可能的旅游接待能力。

政策条件，也即 Policy，是指国家权力部门以权威形式发布并规定的一些具体措施、一般步骤、方式方法等。旅游扶贫政策是指国家权力部门为了对贫困地区进行扶贫而出台的一系列政策文件等，这些政策文件是贫困地区开展旅游精准扶贫工作的基础和前提依据。因为贫困地区通常人口素质较低，对旅游带动脱贫的了解较少，参与意愿不强，同时贫困地区自身的先天条件薄弱，使得推进旅游扶贫工作存在一定的难度。而只有依靠强有力的国家政策，才能更好地推进贫困地区的扶贫工作，才能真正做到扶贫脱贫的效果。因此，贫困地区是否有相关的旅游扶贫政策做支撑，也是贫困地区能否开展旅游扶贫的关键条件之一。

（2）精准识别扶贫对象

扶贫对象的准确辨别是旅游精准扶贫践行体系的首要前提，直接决定了扶贫的精准性和针对性。在以往粗放式的扶贫阶段，扶贫对象的甄别仅以贫困地区贫困人口的经济收入作为衡量指标，而对其文化水平、年龄、参与意愿等方面的信息知之甚少，使得扶贫工作的效果不甚明显，且无法真正做到扶贫。然而旅游精准扶贫的开展是有条件的，并非所有贫困人口都会通过参与旅游活动脱贫致富，这还受限于贫困人口的参与意愿和参与能力。因此，在旅游精准扶贫践行过程中，扶贫对象的辨别主要有三个步骤：①以2017年每人年收入2300元的国家贫困线为基准，在贫困地区建档立卡，以此来判断是否属于贫困人口；②在第一个步骤的基础上，通过访谈和调查筛选出有旅游参与意愿和有劳动能力的贫困人口作为扶贫援助对象；③根据年龄、文化程度、技能水平、家庭情况等方面对扶贫援助对象进行分类，总结其优势和劣势，为后续的扶贫援助和扶贫管理工作的开展奠定基础。

2. 援助要精准

旅游精准扶贫援助是旅游精准扶贫践行体系的中间环节，也是关键环节，是旅游精准扶贫辨别和旅游精准扶贫管理的桥梁。主要从扶贫援助主体和扶贫援助模式两方面进行阐述，其中旅游扶贫援助主体包括政府、旅游企业、贫困人口和旅游者四大类。扶贫援助模式按援助主体和援助媒介划分为两大类，按援助主体划分为“政府 + 贫困人口”“政府 + 企业 + 贫困人口”“能人大户 + 贫困人口”三种模式，按援助媒介划分为“景区景点 + 旅游扶贫”“住宿餐饮 + 旅游扶贫”“旅游商品 + 旅游扶贫”“乡村特色 + 旅游扶贫”四种模式。

（1）扶贫援助主体

旅游精准扶贫的援助主体有政府、旅游企业、贫困人口和旅游者四大类。

一是政府，也即Government，是行使国家权力的机关单位。在旅游精准扶贫的过程中，政府作为国家权力部门，是重要的旅游扶贫援助主体之一。具体来说，政府在旅游扶贫工作中主要发挥政策制定和资金投放两个方面。

①政策制定，是指政府在旅游精准扶贫践行过程中应针对贫困地区的扶贫脱贫任务制定相关的支持政策和制度约束，以此来保障扶贫工作的顺利开展。

②资金投入是指在旅游精准扶贫践行过程中政府应该给予贫困地区一定的资金支持，以保障贫困地区基础设施、旅游开发与经营等方面需要的物资，同时还可以为贫困地区的贫困人口提供技能培训机会，增强其旅游参与意向。

二是旅游企业，也即Enterprise，是指以盈利为目的，运用各种生产要素向市场提供商品或服务的社会经济组织，其生产要素可以是劳动，也可以是土地、资本、才能或技术等。而通过发展旅游业带动贫困地区的发展就必然离不开旅游企业的支持。旅游企业能够为贫困地区提供的支持可以是各种旅游生产要素，如资金支持、技术支持等，以此来开展旅游活动带动贫困地区脱贫致富。具体来讲，旅游企业对旅游精准扶贫的援助主要体现在以下几个方面：

①资金支持，即旅游企业通过投入部门资金来完善贫困地区的基础设施建

设，增强其旅游吸引力；

②技术支持，即旅游企业为有旅游参与意愿的贫困人口提供技术上的帮扶，例如培训贫困人口的旅游从业技能，旅游产品的生产和销售等；

③税收贡献，即旅游企业通过旅游经营活动的发展，为当地缴纳可观的税收额，增加地方财政收入；

④关系维持，即旅游企业通过为当地贫困人口提供就业机会，及其将农副产品纳入旅游经营中，从而与当地贫困人口维持良好的长期合作关系。

三是贫困人口，也即Poverty，是旅游精准扶贫工作的核心主体，既是旅游扶贫的践行对象，也是旅游扶贫的援助主体和管理主体，贯穿于旅游扶贫的整个过程当中。也就是说旅游扶贫的任何环节都离不开贫困人口的参与，但是贫困人口的参与程度、参与意愿、参与方式和参与能力都直接决定着旅游扶贫的效果。因此，是否全面且深入地了解贫困人口的综合情况在旅游扶贫开展过程中至关重要。而贫困人口的参与意愿、参与能力可以通过深度走访和技能培训来逐步改善，参与方式和参与程度则需要其他援助主体的协力合作来完善，从而提高贫困人口的自身素质，达到脱贫致富的效果。

四是旅游者，也即Tourist，是构成旅游的主体，是旅游三大要素的基础要素。旅游者是旅游活动得以开展的前提。因此旅游扶贫离不开旅游者的参与，而且旅游者对旅游目的地旅游产品或服务的满意程度直接决定了旅游者是否有重游意愿，也同时反作用于当地的旅游发展。因此，旅游目的地如何精准的、有针对性地满足旅游者的旅游需求是至关重要的，且旅游者的旅游需求也会为旅游目的地的旅游开发指明方向。例如旅游者在贫困地区的消费能够刺激当地经济发展，也能为贫困人口带来可观的经济收入，同时旅游者良好的口碑宣传也是对贫困地区极为有利的二次宣传，拓宽贫困地区的知名范围，从而吸引更多游客前来。

（2）扶贫援助模式

扶贫援助模式按援助主体和援助产业划分为两大类，按援助主体划分为“政府＋贫困人口”“政府＋企业＋贫困人口”“能人大户＋贫困人口”三种模式，按援助媒介划分为“景区景点＋旅游扶贫”“住宿餐饮＋旅游扶贫”“旅游商品＋旅游扶贫”“乡村特色＋旅游扶贫”四种模式。

第一类，按主体划分。

①“政府＋贫困人口”的扶贫援助模式，是指扶贫援助主体只有政府和贫困人口两类，其中地方政府发挥主导作用，结合贫困地区的旅游资源优势，开发有特色的旅游项目，同时政府为贫困地区提供扶贫专项资金，用于贫困地区

基础设施建设和旅游产品开发上来，全面支持贫困地区的发展。而贫困人口则在政府的主导作用下，依靠劳动、技术、才能、房屋等个人生产要要素参与旅游经营活动，从而获得收益。

②“政府 + 企业 + 贫困人口”的扶贫援助模式，是指扶贫援助主体有政府、企业和贫困人口三类，其中地方政府和企业共同发挥主导作用。地方政府结合贫困地区的旅游资源优势，通过优惠政策吸引并引导企业加盟参与，从而形成政府招商，企业投资的扶贫格局。在此扶贫格局中，企业充分发挥其优势，积极根据贫困地区的旅游资源进行开发管理，并为贫困人口提供技能培训和就业指导，从而使贫困人口脱贫。

③“能人大户 + 贫困人口”的扶贫援助模式，是指扶贫援助主体仅有能人大户和贫困人口两类，其中能人大户发挥主导作用。能人大户是指贫困地区中能力较强、素质较高、最先脱贫致富的那类贫困人群，通常他们的旅游参与意愿较高、参与程度较深、参与能力较强，是旅游扶贫的最大受益者。把这类人群作为旅游援助的主力军，使他们发挥其模范带头儿作用来开发经营旅游活动，更容易带动周围参与意愿低的贫困人口。能人大户参与旅游经营活动的方式，可以是经营农家乐、民宿、生态乐园等方式来形成先富带后富，从而促使当地贫困人口的脱贫。

第二类，按媒介划分。

①“景区景点 + 旅游扶贫”的扶贫援助模式，是指扶贫援助主要依靠景区景点发挥主导作用。贫困地区根据当地旅游资源的特征类型开发相应的旅游景区，把旅游景区作为核心吸引物、景区周边的村镇设施作为附属吸引物来吸引外来游客前来旅游体验。其中，贫困人口主要通过提供相关旅游服务如经营民宿、销售旅游商品、供应农产品等方式，来参与旅游经营活动，从而促使当地贫困人口的脱贫。

②“住宿餐饮 + 旅游扶贫”的扶贫援助模式，是指扶贫援助主要依靠住宿餐饮业发挥主导作用。这种扶贫援助模式需要当地贫困人口的较高的旅游参与度和旅游参与能力。贫困地区根据对潜在游客的食宿需求的前期调查，把自家房屋进行修缮整理，形成别具一格的具有当地特色的民宿来招待旅游者。或者，以当地特色食材、原生态无污染食材制作当地口味的美食或开办农家类来招待旅游客。在此过程中，旅游者充分享受了田园般的乡村生活体验，而当地贫困人口也从此增加了经济收入，提高了自身旅游服务技能。

③“旅游商品 + 旅游扶贫”的扶贫援助模式，是指扶贫援助主要依靠旅游商品发挥主导作用。这种扶贫援助模式需要当地贫困人口开发具有地方特色的

旅游商品或纪念品。同时还要充分结合乡村的农副产品、土特产等可利用的资源，如能转化为旅游商品可以送至游客密集的景区进行售卖，从而增加贫困人口经济收入的同时，还能扩大贫困地区的旅游知名度。

④“乡村特色+旅游扶贫”的扶贫援助模式，是指扶贫援助主要依靠乡村的特色产品发挥主导作用。特色产品的开发，需要以贫困地区旅游资源的特色为基础，同时结合良好的市场发展环境和产业发展基础，促进产业间融合，因地制宜地开发经营旅游活动。特别是在开展乡村旅游精准扶贫过程中，贫困地区作为乡村资源丰富的地区，充分利用其农业与旅游业相结合，将当地的鱼塘、菜园、果园、花园等现有农村资源，开发出吸引外来游客进行旅游体验的采摘、垂钓、农活体验、手工艺品制作等旅游项目，不仅能够让旅游客得到充分的旅游体验，而且能为贫困人口增加经济收入，从而促使其脱贫致富。

3. 管理要精准

旅游精准扶贫的管理主要从管理主体和管理内容两方面进行阐述。其中旅游精准扶贫管理的主体包括政府、贫困人口和社会公众三类。旅游精准扶贫管理的内容包括旅游扶贫要素管理和旅游扶贫效果管理两个方面，其中旅游扶贫要素管理包括旅游扶贫对象管理、旅游扶贫项目管理和旅游扶贫主体管理三个方面。

（1）扶贫管理主体

旅游精准扶贫管理的主体包括政府、贫困人口和社会公众三类。

一是政府作为国家权力部门，在旅游精准扶贫的过程中，是重要的旅游扶贫援助主体之一，也是重要的扶贫管理主体之一。具体来说，政府在旅游扶贫管理工作中主要发挥明确责任归属和监督管理两个方面。其中，责任归属的明确是指参与旅游扶贫的各部门之间应该厘清各自的职责，相互配合相互合作，共同来保障旅游扶贫工作的顺利开展。而监督管理则是指各个部门之间在协作扶贫的同时，也要相互监督相互制约，特别是对扶贫对象的筛选和扶贫资金的运用上，要采取公开透明的方式防止腐败出现。

二是贫困人口。贫困人口是旅游精准扶贫工作的核心主体，贯穿于旅游扶贫的辨别、援助、管理等各个阶段当中，可以说旅游扶贫的任何环节都离不开贫困人口的参与，但是并非人人都能从中受益，这取决于贫困人口对旅游扶贫的充分认识。只有充分认识到旅游扶贫能为贫困人口脱贫致富带来的作用，贫困人口才能积极投身旅游经营活动。而如何充分认识，首先需要贫困人口转变自身发展观念，理性、积极、客观地看待扶贫项目，从而发挥旅游扶贫的真正作用。

三是社会公众。社会公众也是旅游精准扶贫的管理主体之一，主要起到监督、支持和宣传作用。具体表现在：①监督政府部门的工作，特别是贫困对象筛选、扶贫资金投放等方面；②监督贫困地区参与旅游经营活动的成效、扶贫资金的运用等方面；③支持旅游扶贫的相关政策，宣传旅游扶贫的相关项目。在社会公众的管理之下，有助于保障旅游扶贫工作公平公正、有序开展。

（2）扶贫管理内容

旅游精准扶贫管理的内容包括要素管理和效果管理两个方面。

一是，旅游精准扶贫要素的管理，其包括扶贫对象、扶贫项目和扶贫主体管理三个方面。

1）旅游扶贫对象的管理。扶贫对象是旅游扶贫开展的核心。而旅游精准扶贫工作的精准性，首先体现在扶贫对象的精准性和针对性上，如何甄别贫困人口，就需要实地走访贫困地区的各家各户，充分了解贫困人口的现阶段贫困类型、贫困特征、贫困需求等信息，从而更加精准地分析其致贫原因。此外，还要对贫困人口进行动态的追踪管理，不仅有利于了解扶贫的成效，而且对了解贫困人口的动态需求也有积极作用。

2）旅游扶贫项目的管理。扶贫项目是旅游扶贫开展的主要载体。对扶贫项目的管理主要包括几个方面：

①结合贫困地区资源特色开发适合的扶贫项目，并对其项目的实施效果进行实时评估；

②对扶贫项目进行开发设计，合理规划其特色旅游产品；

③在扶贫项目实施过程中，对其践行进度和质量进行及时反馈，对其实施成效进行反思。因此，在旅游扶贫项目开发的前中后期均应该对其进行监督管理，以保障旅游资源的有效配置，从而带动贫困地区的脱贫致富。

3）旅游扶贫主体的管理。扶贫主体是旅游扶贫开展的主要参与者，包括政府、贫困人口、旅游企业等几类主体。只有他们各司其职，相互配合相互合作，才能更好地服务于旅游扶贫工作的开展。因此，在对旅游扶贫主体进行管理时，除了要充分调动政府、旅游企业、贫困人口的参与积极性外，还要对其参与行为进行监督和管理，充分协调各利益主体之间的矛盾和冲突，以此为旅游扶贫工作的有序进行保驾护航。

二是旅游扶贫效果的管理。扶贫效果是旅游扶贫开展的直接反馈，包括扶贫的经济效果、扶贫的社会效果、扶贫的环境效果等多方面。旅游扶贫工作开展的好坏会直接通过扶贫效果体现出来，因此对旅游扶贫效果的管理也是旅游精准扶贫践行过程中至关重要的一环。而旅游扶贫效果的管理，需要依托对扶贫对象、扶贫项目、扶贫主体等方面的管理，通过阶段性、步骤性地对扶贫效果进行动态追踪，然后将其与预期效果进行对比分析，才有利于更加及时地掌握旅游扶贫的效果。因此，旅游扶贫效果的管理工作在旅游扶贫过程中也是至关重要，不容忽视。

二、精准扶贫工作的产业化精准问题与对策

（一）现阶段产业扶贫存在的问题

1. 产业扶贫资金方面存在问题

（1）产业扶贫资金来源单一。产业扶贫是脱贫攻坚的根本之策，现已成为我国大多贫困地区最普遍且最主要的扶贫方式。党和政府也高度重视产业扶贫工作，中央政府和省政府每年都会下发大量财政专项扶贫资金到地方，县级政府也积极整合本级财政预算安排，加大对产业扶贫的财政支出。就目前情况来说，县域产业扶贫资金多数都来自政府拨款，社会资金投入少，农村融资市场发展不完善等，造成了扶贫资金来源单一，成了制约产业扶贫发展的一大阻碍因素。产业扶贫需要社会各方力量支持来激发活力，政府也并非万能的府，单靠政府的财政拨款是无法覆盖县域内所有扶贫企业的，随着扶贫产业规模的扩大和多元化的发展，企业对资金的需求量也会增加，单一资金来源会造成较大的资金缺口，从而没有办法使产业扶贫长久、持续的推进下去，产业扶贫成效也会大打折扣，出现返贫现象。

（2）产业扶贫资金使用不规范。产业扶贫资金是专门用于直接促进贫困群体发展生产和脱贫致富的资金，但在产业扶贫过程中产业扶贫资金得使用存在着不规范现象，影响着扶贫资金效用的发挥。第一，扶贫资金违规使用，产业扶贫专项资金只能用于促进贫户人口生产增收的项目，在实际推进过程中却存在将扶贫资金用于弥补企业亏损、发展县域项目、偿还政府贷款债务、甚至于购买办公设备等情况，违背了扶贫资金使用的首要原则。第二，扶贫资金分配不合理，一方面，贫困地区地方政府在分配扶贫资金时过于倾向基础设施建设而忽略产业项目投资，完善基础建设虽是产业扶贫的基础，但产业项目是有效扶贫的关键，过于轻视产业项目投资会削弱扶贫企业的带贫能力；根据淮阳县 2018 年扶贫项目资金执行结果看，投入在基础设施类项目上的资金为 30 755.2846 万元，而产业扶贫类项目仅为 20 845.371 909 万元，两者相差近乎 10 000 万元；另一方面，县域产业扶贫资金原则上要求向贫困村倾斜，但在

执行中却被理解成绝对化，非贫困村难以被分配到扶贫专项资金，这对非贫困村的贫困户来讲是不公平的，也会造成非贫困村发展速度过低，地区不能实现均衡发展，影响乡村振兴进程。第三，国家在加大财政扶贫力度的同时，少数公职人员利欲熏心，利用自身职务便利骗取套取产业扶贫专项资金，极大地损害了国家机关的声誉和贫困户的利益。淮阳县曾发生多起村支部书记编造虚假材料套取扶贫资金的案例。第四，产业扶贫资金闲置、滞留，这一现象是由于在前期对项目规划不足和规划不科学，造成的项目实施推进速度缓慢，无法如期保质保量完成，扶贫资金无法拨付产生的闲置和滞留问题。

（3）产业扶贫资金后续监管不到位。后续监管不到位又是产业扶贫资金存在的一个重要问题。产业扶贫资金的投入是为了使扶贫效益最大化，而不是将扶贫资金简单地分配了事。一方面，有些县政府相关部门或乡镇政府将扶贫资金拨付给扶贫项目后，责任意识跟不上，并不去检查有没有拨付到位，会导致出现扶贫资金被挪用占用甚至被“私吞”的现象，如果不能及时发现或跟踪扶贫资金拨付进程，产业扶贫领域内的寻租与腐败也会随之产生，损害国家和贫困户的利益。另一方面，忽视产业扶贫资金的投入与收益比也是后续监管不到位的一种体现，一个扶贫项目的竣工并不意味着扶贫工作就一定会有成效，然而很多时候政府相关部门却以项目的完成度而忽视计算投资项目带来的收益来评价扶贫资金使用结果，就收益不高的扶贫项目来说，会大大降低扶贫资金的使用效率，就收益小于投入的扶贫项目来说，意味着资源的浪费。

2. 产业扶贫顶层设计有待完善

（1）缺乏长效的管理机制。产业扶贫作为最有效的扶贫手段之一，已帮助许多贫困地区摆脱了贫穷落后的面貌，但由于缺乏长效的管理机制，产业扶贫的进一步发展也受到了制约，一是产业扶贫项目缺乏科学性。科学的产业扶贫项目是建立长效管理机制的基础，但在实际中，有些产业扶贫项目缺乏前期规划，立项调研不充分、可行性研究不足等问题，导致项目审批质量不高，项目实施困难，影响项目效益的发挥。此外，有的产业项目完全是基层政府为追求经济效益和较快速的脱贫速度而实施的，这些项目虽然短时间内大幅提高了贫困群众的收入，但却是以牺牲生态环境为代价的，这与我国绿色生态发展理念是相违背的，当贫困地区人居环境遭受严重破坏时，群众的幸福感会急剧下降，也无法实现可持续发展，可能会导致二次陷入贫困，甚至越扶越贫。不科学的产业扶贫项目是无法建立起长效的管理机制的。二是对产业扶贫长效管理机制重视度不够，目前到了全面建成小康社会的决胜期，攻坚脱贫取得重大突破，得益于产业扶贫，许多贫困村和贫困人口已经脱离贫困行列，贫困县的帽子多数已经摘下，许多人满足于眼前的成就，尤其是一些乡镇和村级干部，盲目认为脱贫目标已经实现，脱贫任务已经完成，对继续推进产业扶贫的积极性和重视度开始降低，不作为的思想开始出现，不但不利于现有扶贫产业的发展，对于新的产业扶贫项目的引进也会变得困难重重，从而很难建立产业扶贫的长效管理机制，既降低了未脱贫人口脱贫的可能性，同时也增加了脱贫人口的返贫风险。三是县域内个别乡镇产业扶贫总体规划还存在不足。与淮阳县相似的许多已经脱贫的贫困县，尽管从整体上来说在产业扶贫成功经验中形成了一套发展模式，但县域内个别乡镇计划经济痕迹明显，只注重产业扶贫项目，缺乏乡镇整体性和长远性的产业发展规划，即便有大多也是宏观层面的短期规划，缺乏精确性和具体性，不利于产业扶贫长效管理机制的形成。

（2）企业与贫困户间利益联结机制松散。产业扶贫的目的是最大程度地促进贫困群众就业增收，实现贫困户与企业的双赢，要想有效、可持续地推动产业扶贫达到共赢状态，就必须要建立企业与贫困户之间的牢固的利益联结机制，淮阳县虽然在具体实践中利益联结形式逐渐多样化，但利益联结机制仍然比较松散。一是贫困户与企业风险共担意愿不强。产业发展要遵循市场机制，任何一个企业要想进入市场获取收益就必须要经受市场考验，扶贫企业也是如此，但不同的是，作为产业扶贫主导者与参与者的政府、企业和贫困户都要一起承担各类市场风险，在实际中，贫困户受自身生产条件和保守思想的限制，与企业共担风险的意识不强，从而也会造成扶贫企业不愿意利益共享。二是企业与贫困户之间的利益分配关系稳定性不强。经济效益是企业的首要目标，也是企业一切经济活动的出发点，多数企业是不愿将过多的利益转交给贫困户的，两者之间签订的有关利益分配的合同大多也是短期的，在扶贫产业无法保证持续的经济效益的情况下，贫困户可以分到的利益更是难以预估的。三是对违约行为缺乏约束力。政府相关部门在引导企业与贫困户之间建立利益分配机制时，注重点大都只在利益分配问题上，缺乏对违约行为的约束力，当扶贫企业与贫困户任何一方做出违约行为时，利益分配机制就会失效，也会使两者之间的利益联结机制变得松散，无法保障贫困户能够从产业扶贫中获取更多收益。

3. 产业扶贫主体方面存在问题

（1）产业规模小，缺乏竞争力。目前，产业扶贫在多数贫困地区已经取得了良好的阶段性成果，具有带贫能力的工业企业和农业经营主体作为产业扶贫的主体增强了贫困群众的造血与再生能力，这些产业扶贫主体产业规模受生产成本、投入资金、技术水平和风险防范能力等因素的影响，许多都存在着规模小、分散广的问题，尤其是开展个体经营的农户，这类无法展规模化经营或规模化程度比较低的扶贫产业，带贫能力低下，不仅会削弱其自身在市场经济中的竞争力，难以经受市场风险，容易破产，还可能会在市场竞争中淘汰，与产业规模较大的龙头企业和专业化经营的各类农业专业合作社比起来就相形见绌了，不利于县域产业扶贫的进一步推进。淮阳县工业产业扶贫园内入驻的亿元以上和纳税百万元以上的工业企业仅有71家，远不及各类中小微企业和不计其数的家庭工厂数量，表明多数扶贫产业是需要提高规模化程度的。

（2）产业链短，产品附加值低产业链短又是目前淮阳产业扶贫主体存在的一个很重要的问题，特别是在农业扶贫产业上表现非常明显。产业链的长短程度是衡量一个地区农业现代化水平的标准之一，目前淮阳县许多包括农业专业合作社在内的农业扶贫企业采取的是“生产+销售”的经营模式，这种模式下的农业产业链较短，种植、养殖公司或合作社只能成为单一的生产原料供应方，更谈不上农产品的附加值，这与农业现代化的要求相差甚远，对企业或合作社自身来讲，虽然可以使其收入维持在一个的稳定状态，但也限制了它的增长空间。而造成淮阳县扶贫产业链短、产品附加值低的根本原因是农业科技创新的不足，笔者通过走访调查总结出制约着农业科技创新的四个方面的因素：一是扶贫企业管理者缺乏开发新产品的创新思想，害怕承担失败带来的风险而不敢轻易尝试拓展新的产业链；二是扶贫企业科技投入不足，没有充足资金开拓新的产业链；三是扶贫企业未能及时充分地了解市场需求把握市场动态，没有以市场为导向进行生产；四是扶贫企业品牌意识不强，它们对产品的要求低，不注重产品质量和产品附加值低，只关注农产品的销售数量，因而把重心都放在生产环节或者是初级农产品的加工环节。这些制约因素都阻碍着扶贫产业链的延长以及产品附加值的提升，从而影响着产业扶贫的持续推进。

（3）过分追求经济利益，社会责任感弱。企业是市场经济活动的主体，它一切活动的出发点与落脚点都是为了追求经济效益。扶贫企业同样作为市场经济活动的主体，最大化的经济效益也是其生存与发展的保证，但是这并不意味着只要有足够的经济效益企业就可以长盛不衰，与普通企业相比，扶贫企业受政府政策、资金等方面的高度支持，在农村交易市场中有着非常大的利益空间。在实际扶贫过程中，一些扶贫企业因缺乏社会责任感，过于追求自身经济效益而忽视贫困户利益的现象屡见不鲜。一些扶贫企业在面临亏损时，会首先牺牲贫困户利益而保全自己，如：降低贫困户工资、裁减贫困就业人员、降低贫困户农产品收购价格等。还有一些非公有制扶贫企业借助政策倾斜优势，纯粹为了追求经济效益而置贫困户利益而不顾，如：故意拖欠贫困户征地补偿费，利用资金、资源和技术优势将农户经营主体驱逐出市场，激化了与贫困户之间的矛盾，降低了贫困群众参与产业扶贫的积极性。扶贫企业如果不能满足贫困人口的正常利益诉求，无法保证贫困户的利益，产业扶贫的也就变得毫无意义，更无法持续推进。

（二）关于推进产业扶贫的相关对策

1.大力推动扶贫项目招商引

资扶贫产业必须依赖大型企业才能得以支撑。针对贫困地区招商困难的情况，国家政府可以给予一些资助、奖励或者一些对企业有利的政策，列出专项经费进行招商引资。带动困难群体进行经济生产，是产业扶贫的根本所在。但就目前来看效果并不是很好，其主要原因在于，一些企业为了自己的利益，从而压榨劳动者，那些贫困者并不能得到真实的利益。然而还会出现另一种情况，贫困村在发展产业时没有大型企业愿意介入产业，贫困户不能分享利益的这种情况也是存在的。

2.“旅游+”产业融合实现区域协同发展

（1）发挥“旅游+”的产业融合优势

大众旅游时代人们的旅游需求逐渐多元化，民族村寨清新的空气、优美的田园景观、原始的农耕活动等与传统农业有关的资源，如果开发得当的话，都有可能成为旅游业的新兴增长点。通过发挥“旅游+”强大融合功能，在旅游核心区周边形成“农旅融合区”，一方面可以扩大当地产业的规模，促进村寨旅游产业体系的完善；另一方面，有利于提升村寨居民对本民族文化的认同感和生态环境保护的意识，对于带动区域基础设施建设同样具有重要意义。

（2）适当控制旅游开发的范围

全域旅游并不意味着旅游开发的全域化或全区域成为旅游区。产业融合的过程必然伴随着地域上的扩展，但作为乡村旅游目的地的民族村寨，通过发展旅游业完全取代农业既不现实也不可取。因为农旅融合势必会侵占大量的资源，尤其是土地资源，土地用途的改变势必会引发诸多社会问题和生态问题，如肇兴侗寨当地人反映，肇兴景区如今的空气质量已大不如从前，水污染问题日益突出。从农业在乡村旅游中的战略地位来看，乡村旅游最大吸引力在于其“乡土性”的生产生活方式。因此，对于传统农耕文化留存较好的地区，应秉承“不开发就是最好的开发”的发展理念。

3. 引入多元主体，走市场化产业化之路

在精准扶贫工作的推进中，最现实的问题就是资金缺乏。以白马乡为例，当地政府面对这一阻碍，主要采取开辟市场化产业化道路这一方式进行规避。政府以多元化的融资体系为主体，将丰富的资金投入精准扶贫工作的推进与发展中去。同时，当地政府积极引导市场资源进入精准扶贫环节，在保证精准扶贫工作有效开展的基础下，实现市场同步发展的双赢目标。市场化产业化道路的实施，有效地改善了精准扶贫开展中资金来源紧张的问题，保证了脱贫工作在白马乡的正常开展。

在多元化的融资体系工作上，政府向上奋力争取扶贫的资金，与地区龙头企业天友集团达成合作得到近36亿元的资助；同时为了改善基础设施建设资金紧张的局面，当地政府在中国进出口银行四川分行为精准扶贫开展了贷款项目；政府更是与众多企业展开联系，在筹资、修建运输道路等方面进行合作。筹资渠道的多方位、全面性，精准扶贫资金到位的及时性、有效性，充分提升了政府精准扶贫工作的信心，也进一步说明了精准扶贫开展的可行性。

同时，在引导市场资源进行精准扶贫工作中，当地政府以政策吸引的方式，积极鼓励当地的大型企业投资白马乡的旅游文化产业，在当地建立了大规模的民俗、民俗文化展厅等一系列旅游资源，展示当地的文化遗产项目，让当地的村民以及进驻的企业都能够获得相应的回报，使当地人的经济收入达到一定标准，保障外出流动人口的减少，使居民得以在故土安居乐业。

三、精准扶贫的可持续性问题与对策

在2020年，要全面建成小康社会，意味着2020年我国的贫困人口全部脱贫，且达到小康的标准。但这并不意味着扶贫的使命已经完成，虽然贫困人口每年都在不断减少，可剩下的都是难中之难，而且之前没有遇到的新问题也会凸显，例如，贫困户自身的脆弱性致使持续脱贫的能力不足，资金供给的缺失以及由于各种原因导致的返贫问题等等。精准扶贫面临的一系列问题，将会导致一个致命的结果，即精准扶贫的不可持续，精准扶贫存在的问题主要有以下几方面。

（一）精准扶贫面临的可持续性问题

1. 贫困人口的持续发展能力不足

贫困人口的持续发展能力不足主要是指贫困人口的综合素质（身体素质、思想文化水平、专业技能等）不高或者得不到持续有效的提高，导致他们思想

保守封闭，只能靠天吃饭，固守着自给自足的小农经济，生活水平无法提高，只能依赖政府的救济，形成了“等要靠”的惰性，这是贫困人口发展能力不足的制约因素。

贫困人口没有一技之长，只能依靠现有的资源“坐吃山空”。贫困地区大多生态环境脆弱，其中集中连片特困地区大多生态环境更加恶劣，自然资源稀缺。但是人口众多，超出了环境的承载力，这些地区的群众为实现短期的目的而进行过度开发，忽略长远的发展。资源被过度开采，超出了承载能力，生态环境遭到破坏，导致不能可持续发展的结果。

在农业生产中，由于贫困人口一直延续着传统的耕作方式，生产中没有现代科技的支撑，导致农产品的科技含量低，竞争力弱，从而使农产品的价值与价格不匹配。虽然一些地方引入了产业扶贫，但是产业扶贫却遇冷，有的扶贫项目，由于群众对其不了解，群众参与性不高，最终半途而废，富，而且投资失败由农户来买单，贫困群众更是扶贫产业不但没有使群众脱贫致“雪上加霜”。

贫致富能力不足，致使他们在面对这些问题的时候会无从下手，贫困群众的自主脱贫也导致了他们对脱贫失去信心，还是希望回到原来的贫困状态，也就出现了精准扶贫的不可持续性。

由于政府加大对贫困地区的扶持力度，对贫困人口直接给予资金上的救助上贫困户自主脱贫的意愿不强烈，养成了部分贫困户不愿作为的“等要靠”思想，其可持续的发展能力也就无从谈起。有的贫困地区，为了完成脱贫指标，直接给贫困群众发放资金，使他们暂时“脱贫”，这样“授之以鱼”的办法，导致部分贫困户的依赖思想，其主动脱贫的能力也不会得到提升。如果任由这种现象发展，不但这些受到资助的贫困户无法脱贫，其他脱贫的贫困户也会受到不劳而获的思想的影响，从主动脱贫转向一味依赖政府救济，产生不良的社会影响。所以这是精准扶贫面临的首要问题，也是要重点解决的问题。

2. 精准扶贫资源供给的不可持续性

在精准扶贫的过程中会出现政府投放的扶贫资金没有发放到贫困村或者贫困人口手中，而是被利用在了其他方面，有的地区的扶贫资金落实到位了可不足以用来满足贫困地区建设的需求，这就造成了精准扶贫资源供给的缺失带来的精准扶贫不可持续问题。

自精准扶贫实施以来，我国政府每年不断加大对贫困地区的资金扶持力度，但是由于对资金流向的监管不力，使扶贫资金不能真正落实到需要它的人手中。或者有的扶贫资金没有用在刀刃上，导致了扶贫资金的浪费和不合理利用，使扶贫资金不能发挥其作用。例如，多数农村的低保，低保是政府免费为贫困人口提供的资金保障，由于监督的不到位，农村中的部分非低保户挤入到低保人口的行列，享受这一福利，而真正需要低保救助的贫困人口仍然生活在水深火热之中。还有在部分农村地区出现了全村农户无论穷还是不穷都轮流受益的平均分配现象。这种现象会使国家的扶贫资金出现异化，不能真正解决贫困问题。

同时，贫困地区还存在扶贫资源供给不足的问题，由于部分地区资源短缺严重，需求量大，由于贫困基数大，虽然国家的投入不断加大，可真正分配到各个地区，各村各户的资源却不足以满足其发展需求，出现了供不应求的问题，例如：在基础设施保障方面，贫困地区的基础设施相对落后，需要让贫困地区脱贫，应当先完善基础设施建设，而基础设施的建设像道路建设、网络建设、水利建设等都是庞大的工程，需要投入大量的人力、物力、财力，且贫困地区的基础设施建设都需要完善，政府扶贫的资金又有限，导致在扶贫资源的供给上捉襟见肘。此外，还有在医疗保障方面，医疗费用过度使用使贫困人口看不起病，吃不起药，就医难。

所以扶贫资源的供给不足是限制精准扶贫可持续性的重要难题，扶贫资源供给有时只是为了完成任务，让贫困人口暂时脱贫，从长远来看，这种局面很难持续下去，还是会导致返贫问题。

3. 返贫问题带来的困境

目前，我国的脱贫人数不断上升，伴随着政策的变化和时代的发展，脱贫人口返贫问题引起了重视，对这一现象进行分析发现，一些贫困地区的脱贫工作质量不高，脱贫成效考核不严格，为了脱贫而脱贫。虽然贫困人口达到了脱贫标准，可当扶贫政策一撤离，扶贫资金一中断，其贫困问题又出现了。因此，返贫问题成为精准扶贫持续发展的障碍。返贫问题表现为：

一是政策中断的返贫。精准扶贫为贫困地区和贫困人口提供了许多促进其发展的脱贫政策，依靠这些政策的保障，贫困地区和贫困人口能够顺利脱贫，可是我国是发展中国家，若一直将这些福利政策落实到这些贫困地区，不断地为其提供保障，

一方面国家会不堪重负；另一方面，会使这些贫困地区和贫困人口形成对政府的依赖，更容易返贫。以社会保障为例，政府为贫困地区提供了大量的社会公共服务和社会保障政策，由于这一政策的庇护，精准扶贫精准脱贫顺利进行。可是当已经退出的贫困村或贫困人口没有了社会保障的支持，他们就成了“温室里的花朵”，无法抵挡大的风险，由于他们难以有效应对风险，会再度陷入贫困。

二是贫困人口自身能力的缺失。能力贫困理论提出，脱贫人口返贫是其能力不能满足发展需求所致。贫困人口能力的缺失包括：身体素质、知识技术、应对风险能力的缺失。在人的生长发展过程中不可避免地会遭遇疾病，而贫困人口由于其健康状况差，因病返贫的可能性很高。虽然国家为贫困人口提供了医疗保障，但昂贵的医疗费用会使他们再次陷入贫困。贫困人口的文化程度低，且没有劳动技能，只能依靠传统的农业生产方式进行生产，这与现代化、机械化的高效率生产形成明显的差距。所以他们受到现代化的生产方式的冲击，使他们遭遇适应难、发展难的困境，在激烈的竞争中被淘汰。

三是自然灾害的影响，贫困地区多数自然条件恶劣，生态环境脆弱且极端天气、自然灾害多发，这使贫困人口面临生存与发展的困境。自然灾害带来的影响多是生命和财产受损，使得贫困人口雪上加霜，陷入更加贫困的境地。再加上近年来，多地出现干旱，洪涝等灾害，粮食生产下降，给本来依靠农业生产的贫困人口带来了威胁，也使好不容易摆脱贫困的贫困人口再次陷入贫困，扶贫工作的努力功亏一篑。

此外，一种新型的返贫现象也渐渐出现，即精神返贫。一般的扶贫都是从物质、资金方面提供帮助，而很少关注贫困人口的思想观念、精神世界，因而部分地区会出现经济发展水平提高了，而贫困人口的观念却依然落后的现象，这是造成返贫的潜在因素，必须加以重视。政策中断的返贫、贫困人口自身能力的缺失、自然灾害的影响等问题的出现，成了精准扶贫的障碍。总而言之，这些问题就是精准扶贫不可持续的表现。

（二）精准扶贫可持续性问题的解决对策

1. 精准扶贫可持续性面临问题的原因

精准扶贫之所以会存在问题，有贫困人口自身的因素，也有贫困地区自然优势的缺乏，还有外部的扶贫资金以及扶贫政策的落实不到位等弊端。这些因素影响着精准扶贫的顺利开展，即使取得成就也是暂时的，是经不住历史检验的，使精准扶贫不能够可持续的发展。

（1）贫困人口的依赖心理

有的贫困群众已经养成了不劳而获的习惯，对政府的救济资金形成了依赖，造成了贫困群众不敢脱贫、不想脱贫、不愿脱贫的心理，且因为他们自己不愿主动脱贫，一旦离开政府的扶持，就又返回贫困状态，甚至有一些贫困村出现已经达到了脱贫的标准，但还是不愿摘贫困帽的现象。

一项关于贫困户心理的调查显示，“一些本来能够通过自身的努力脱贫的贫困户却一直存在依赖救济的心理，他们认为越是穷的人越能够得到无偿的救济，因而在对贫困人口进行识别时，他们故意装贫扮困，隐瞒实情，以获得建档立卡的机会，获得扶贫救济的实惠。这些‘贫困人口’如果不仔细的调查其情况，便很容易被误导”。所以一些地方尽管将精准扶贫的政策进行了落实，但就是收获不了理想效果的，这就是原因之一。

由于贫困人口的依赖心理，他们认为政府为贫困户提供的免费资金是理所当然的，他们对政府的要求越来越多，政府也越来越难以满足其不断扩大的需求。曾有一则报道称，有一位贫困户在获得了政府的扶贫救济后，提出了更高的要求，让政府为其提供烟酒钱和赌博的钱。这种得寸进尺的不合理要求，不仅体现了贫困人口思想的迂腐，将自己的一切都依托于政府，也体现了政府在工作中对贫困户帮扶的大包大揽的单一方式和不恰当的措施。还有一部分贫困户既想要脱贫，又担心脱贫后享受不到优惠政策，他们已经习惯了不劳而获，也不愿意通过自己的劳动主动脱贫，宁愿成为钉子户。贫穷不可怕，可怕的是心理贫困，对贫困群众而言如果他们不树立脱贫的志向，政府提供再好的扶贫政策，再多的扶贫资金也不能从根源上解决贫困问题。

首先，贫困群众要认识到在思想扶贫过程中的主体地位。习近平总书记反复强调，基层干部群众是脱贫攻坚的重要力量，农村贫困户是脱贫攻坚的对象，更是农村经济致富发展的主体。扶贫干部需要积极的培育贫困群众的主体性意识，调动其脱贫致富的积极性，充分发挥自身的主观能动性和各自长处，帮助贫困群众在脱贫致富的道路上能够走得更快和更远。同时扶贫干部不应该过多地对贫困农民指手画脚，一厢情愿的为农民设计脱贫致富的宏伟蓝图，在思想扶贫工作中，甚至追求简单的整齐划一，这样会束缚住农民的手脚，限制农民主观能动性的发挥。另外一方面，也不能人为的过分拔高农民的自身文化素质，忽视农民先天存在的局限性，期待贫困群众脱脱贫致富精神动力的自发生成，而采取一种“无为而治”的做法，也是不合理的。扶贫干部需要辩证地处理好这两方面的关系，这关系到我党精准扶贫战略的成败。

其次，需要培养乡村贫困对象的主体价值意识。在具体的思想扶贫工作实践中，贫困群众需要对自己的主体地位和能力价值取向方面有一个积极主动的意识。培养贫困群众的主体价值意识目的是培养其在思想扶贫过程中权力和责任。贫困群众并不是政府的简单依附者，自己作为村民应该积极履行公民的社会责任，积极地参与到农村社会治理的各项工作中来。尤其对于思想扶贫工作，贫困地区的群众应该树立主人翁的担当意识，以平等的心态参与到思想扶贫工作中，正确的处理扶贫、政府以及社会之间的关系，积极地投入到思想扶贫的各个环节中去。

还有的贫困村也不愿摘掉“贫困帽”。在当地没有扶贫产业或其他特色的经济来源，缺乏内生动力，这些贫困村主要依赖政府的扶贫资金。若这些村庄脱了贫，则断了资金的来源，会再次回到贫困状态，难以可持续脱贫。还有一些贫困地区农业根基不牢，加上市场经济竞争压力，传统的耕种技术、自然条件的限制，主要依靠政府的扶贫项目和扶贫资金脱贫。这些地区发展扶贫产业困难，增收渠道又不多，导致脱贫的稳定性不强，也使贫困地区的脱贫信心不足，他们不愿脱贫。

（2）贫困地区的脆弱性

自然资源和生态环境是农业发展的依托，合理利用自然资源，保护生态环境是走可持续发展道路的必然选择，由于贫困让人们面临生存危机，迫使他们打破自然发展的规律，毫无节制的开采利用自然资源，造成了严峻的环境问题，生态环境不断恶化，使贫困地区的脆弱性不断加强，造成了发展的不可持续性。

有一些农村地区，由于生态环境被破坏，为了保护生态而实施了相关的生态保护政策。但这些地区的发展基本上都依赖当地的现有资源。由于相关政策限制，生态资源的开采利用，再加上本来就已经非常脆弱的生态环境，不仅使贫困人口没有了生存依托，导致经济收入减少，也降低了农业生产的效率，使他们再度陷入贫困。此外，我国贫困地区多数位于偏远山区，信息闭塞，与外界沟通不畅是阻碍其发展的重要因素，当他们对当地的生态资源开采接近极限的时候，剩下的小部分资源已经无法满足他们的生存需求，加上与外界的联系少，外界对他们的情况又不清楚，导致他们难以获得有效的外界支持。因而使得贫困群众一方面很难从自身的居住地获取维持其生存所需，另一方面也难以从社会中获取生产和生活资源，这样他们就又陷入贫困之中。

（3）精准扶贫资源不能精准到位

精准扶贫资源是扶贫的要素之一，精准扶贫资源不能精准到位，就意味着扶贫存在缺口，不能完成脱贫攻坚的任务，即使脱了贫，这种状况也是不可持续的，因此精准扶贫资源不能精准到位，是精准扶贫不可持续的原因之一。精准扶贫资源不精准到位主要体现为扶贫资源配置的不合理。

扶贫资源配置的不合理主要是指扶贫资金的分配不合理、扶贫的基础设施、公共服务分配不均等。扶贫资金分配不合理主要是指资金没有精准的落实到真正的贫困户，真正的贫困人口没有享受到优惠，反而非贫困户得利。典型的表现就是由于权力和利益的双重作用，那些本来就富裕的被识别为贫困户，享受着国家的优惠政策，而真正的贫困人口却一直处于贫困状态。这一现象失去了精准扶贫的公平性，使贫困人口心理失衡，并且会引发社会矛盾，甚至影响乡村的稳定与和谐。

精准扶贫之所以具有公平性，就是因为扶贫资源的分配是按贫困户的现实需要进行分配的，而一旦出现了非贫困户进来抢占资源的现象时，扶贫资源就会出现“排他效应”，导致真正的需求者得不到扶持，降低精准扶贫的资源配置效率，缺乏公平性。扶贫资源的基础设施、公共服务分配的不合理是在扶贫过程中资源的分配存在张冠李戴的问题。有的地区缺乏水利设施却完善了供电系统，有的地方需要修路却兴建了水利等等，甚至有的地区将所有的基础服务都进行了完善，这些不合理的分配方法，导致了严重的资源浪费，扶贫资源不但没有缩小发展差距，反而导致穷者更穷，富者更富的“马太效应”。

（4）精准扶贫政策落实不到位

精准扶贫政策落实的好坏是精准扶贫成败的关键，下好精准扶贫这盘棋，一分部署，九分落实，关键在于落实。精准扶贫政策不能有效落实，精准扶贫也就失去了意义。而从现在的扶贫状况来看，精准扶贫政策落实不到位的问题，使精准扶贫的成果大打折扣，也使精准扶贫出现了不可持续问题。

首先，贫困人口的精准识别落实不到位。由于在精准扶贫的识别过程中，工作不仔细，该建档立卡的没有建档立卡，而非贫困人口占去了建档立卡名额。还有对于贫困地区的实际需求了解不精确，在引入扶贫项目时，没有与实际相结合，出现项目不适应当地的发展。由于在精准识别时，不能够落实相关政策，导致精准扶贫出现问题，扶贫目标也不能按时完成，减弱扶贫效果。

其次，政策宣传不全面。由于对扶贫政策宣传的不全面，使贫困群众对精准扶贫的理解不准确，有偏差，导致政策在执行过程中很难得到百姓响应，精准扶贫进程受阻。例如，有的地方在宣传时主要倾向于政府部门怎么做，领导干部怎么做，而很少涉及贫困人口应该怎么做，贫困人口的积极性没有调动起来，仅靠单方面的努力是很难进行下去的。还有的扶贫干部在实行精准扶贫的政策时，也会有宣传不到位，贯彻不透彻的问题，从而导致精准扶贫的贫困主体缺位，使精准扶贫难以落实。

2. 加强贫困地区的经济建设

精准扶贫的可持续性建设需要找到贫困的根源，进行农村经济建设，解放和发展农村生产力。加强贫困地区的经济建设需要结合时代特征，社会发展现状，对农业结构进行调整，也需要对农村的产业扶贫机制进行完善。

（1）进行农业结构调整

首先，根据市场需求的变化，进行农业结构调整。一方面可以因地制宜发展经济作物，积极鼓励发展养殖业，促进种养业的全面发展，同时改善农产品的品种和品质结构，加强农产品的质量安全管理，使贫困地区农业产业结构单一的状况得到改善。另一方面对贫困地区的农业生产进行优化布局，使贫困地区主要的农产品生产集中于优势产区，形成农业生产区域分工。进一步形成农业产业化生产的格局，通过发展农业产业化经营，培育农业生产的产业化龙头企业；加快农产品加工业的发展，延长产业链；建立农村专业合作社，提高农民组织化程度和生产效率；加快乡镇企业的改革和发展等措施，促进农业产业结构优化升级。

其次，健全推进农业产业结构调整的政策措施。加强对贫困地区的农业生产结构调整的指导，对贫困地区的农业生产进行规划。实施能够直接促进农业结构调整和农民增收的扶贫项目，例如在农业基础设施建设、品种改良、农业科技创新等方面增加投资。此外，对于农业产业化龙头企业也应当采取措施积极扶持其发展，为龙头企业提供资金、人才、技术等方面的支持，使龙头企业能够积极带动贫困地区的农民增收。

（2）构建产业扶贫机制

首先，创新产业扶贫的体制机制。要发挥政策的指导引领作用，完善政策的优化和补充，结合贫困地区的实际，制定符合当地实际的政策措施，使这些政策措施能够灵活应用于扶贫工作和产业发展中，并及时进行评估和完善，形成能够持续支持贫困地区产业发展的长效机制。

其次，因地制宜的开发特色产业。由于贫困地区的资源条件各不相同，贫困地区的产业发展能力和方向也有较大差异，所以产业扶贫要因地制宜，挖掘当地的特色，同时也要兼顾当地的自然、文化和人力资源，形成特色产业，保障贫困地区经济的持续发展。

最后，以供给侧结构性改革为契机发展扶贫产业。通过我国的农业产业结构的优化升级，贫困地区的农产品竞争优势逐渐凸显，因而扶贫产业可以利用供给侧结构性改革为契机，在绿色生产，健康生产的基础上延长产业链，进行产品深加工提升产品的附加值，以质取胜，以健康和绿色取胜，进一步推动贫困地区的经济发展。

3. 提高贫困人口脱贫能力的可持续性

贫困群众思想观念落后，依赖性强，脱贫的能力不足，这样才会造成脱贫又返贫的现象。通过“志智双扶”才能够激发贫困群众的活力和生机，帮助他们树立起脱贫的信心；通过向贫困人口传授专业知识，让他们拥有一技之长，用自己的双手创造财富持续脱贫，培育“造血”功能；通过加强贫困地区的精神文明建设，让贫困人口在思想认识上有所长进，改变他们的观念，成为新时代的新农民。

（1）创新对贫困人口的“志智双扶”机制

习近平总书记指出，脱贫致富贵在立志，只要有志气、有信心，就没有迈不过去的坎与过去的送钱送物的救济式扶贫不同，精准扶贫坚持扶贫首先要“志智双扶”。因为脱贫致富要让贫困群众用自己的行动和双手创造出来，要让贫困群众能够永远从贫穷的阴霾里走出来，就需要让贫困人口有志气和智慧，所以就要对贫困群众进行“志智双扶”，发挥他们的主体地位，激发他们的内生动力，实现稳定持续的脱贫。“志智双扶”机制就是首先要让贫困群众有脱贫致富的信心，有专业的知识技能，要明确志气和智力是持续脱贫的首要问题，是精准扶贫可持续的基础。总之，就是要“授之以渔”。

第一，要求广大扶贫干部拉近与群众的距离。扶贫干部在充分了解贫困户实际情况的前提下，要多多关注他们的发展动态和思想动态，向他们宣传精准扶贫的政策，让他们了解与自己切身利益相关的扶贫措施，帮助他们形成依靠自己的努力而脱贫致富的正确观念，改变他们的依赖思想，增强他们的信心。还可以紧贴群众，大力开展文化扶贫，通过文化潜移默化的影响改变贫困群众的一些错误想法和落后观念。

第二，开展科学技能培训课程，提高贫困人口专业技能。技能培训是帮助贫困群众脱贫最直接有效的途径，开展技能培训要因人而异，有针对性，根据贫困个体的不同需求，相应的展开培训，按照“需要什，培训什么”的原则，本着“缺什么，补什么”的原则。不仅要把先进技术和知识引进来，还要打开贫困人口的眼界，让他们了解当今的局势，把握时代的特点，找准脱贫致富的良策。

第三，紧紧抓住教育扶贫这个根本。通过教育提高贫困地区孩子们的文化素养和知识水平，满足他们一直以来对知识的渴望。通过增加资金的投入，开展教育扶贫的举措，让教育资源向贫困地区倾斜，打好教育脱贫攻坚战。精准定位每一位贫困儿童，对他们的教育情况进行建档立卡，让每一名贫困儿童都有上学的机会。对于贫困地区的贫困青少年，也要精确定位，对其进行免费的职业教育培训，让他们通过自己的能力减轻家庭的负担，实现“只要一技在手，全家脱贫有望”。

（2）培育贫困人口自身的“造血”功能

精准扶贫，就是要将有限的扶贫资源发挥出最大的效益，扶贫资源的有效利用增加了贫困地区的“造血”功能，也帮助大部分贫困人口摆脱了贫困。加强贫困地区的基础设施建设和生态的恢复工程，吸引更多的扶贫产业，打造具有当地特色的品牌，吸引更多的投资者和人才，能够为贫困地区不断注入新的活力，激发贫困人口的积极性和创造性，增加贫困人口的“造血”功能，实现精准扶贫的可持续性。

让贫困群众能够脱离政府救济，靠自己的能力富起来，是打赢脱贫攻坚战的最终目的。贫困地区可以发展特色产业来带动人民致富，特色产业的发展需要贫困群众的参与，建立紧密的利益联结机制，通过对贫困人口的技能和专业知识培训，帮助贫困人口在扶贫产业中通过技术、土地、资源等入股来实现利益分红，让贫困人口拥有获得感，让产业发展的成果切实装进贫困户的“钱袋子”。

此外，还可以对自然风景优美或者富有地方人文特色的贫困地区发展特色旅游业，实施旅游富民计划，对于有能力的人口支持其发展相关的服务产业，例如创办农家乐。不仅利于乡村经济增收，也有利于促进就业。所以，对于大多数贫困地区而言，发展特色农业产业是最现实的增收渠道，也是实现精准扶贫可持续性的有效手段。

（3）加强贫困地区的精神文明建设

加强贫困地区的精神文明建设，一方面要拓宽精神文明的传播渠道，另一方面要创新精神文明的供给模式。这对于提高农村贫困人口的素质，构建和谐文明的乡风，促进“志智双扶”机制的完善，最终实现精准扶贫可持续的目的具有重要意义。

首先，拓宽贫困地区的精神文明传播的渠道。要加强公共文化的基础设施建设，创建符合社会主义核心价值观的，又具有本地特色的农村公共文化。引进先进的农村文化传播媒介，丰富农村文化娱乐方式。例如，建立“农家书屋”，增加村民文化广场、成立文化服务中心等基层文化基础设施建设。还可以开展各种雅俗共赏的文艺表演形式或体育比赛的文体活动，从而丰富贫困地区人口的文化生活和娱乐方式。同时也要剔除农村的陋习，开展移风易俗工作。倡文明树新风，提高贫困地区的精神文明建设。

其次，创新贫困地区精神文明的供给模式。创新精神文明供给形式，就不能仅限于政府，要扩大精神文明供给面。可以鼓励全社会的文化力量为贫困地区的精神文明建设注入新的内容。鼓励社会各界为贫困地区提供科学先进的文化，由于贫困人口的文化素质相对较低，应当向他们传播人民喜闻乐见的大众文化，使贫困人口能够接受并领悟其内涵，从而对他们产生影响。同时政府也应当加强对进入贫困地区的文化服务的监管力度，净化乡村文化空间。要发挥社会各界的监督作用，加强对乡村精神文明建设内容的监管。

4. 建立符合精准扶贫可持续性的退出机制

贫困人口的有效退出是脱贫攻坚的最终目标，也体现着扶贫成果，而贫困退出是一项严肃且不能马虎的工作，它必须真实，不能有半点虚假。所以构建严密的退出程序和完善的监督机制至关重要，对于精准扶贫的可持续性也具有重要的意义。

（1）实时考察贫困户的发展动态

脱贫，并不意味着精准扶贫的任务就已经完成了，也不能完全与贫困人口脱离，要实时对贫困户的发展动态进行考察，并进行反馈；对于有返贫倾向的就可以及时采取措施，帮助贫困人口持续脱贫，实现精准扶贫的可持续性。具体有以下三个方面的做法。

第一，健全贫困退出后的工作机制。目前，我国脱贫攻坚战进入了关键时期，各党政部门的扶贫干部奋斗在脱贫攻坚第一线，全力以赴攻克贫困的最后防线，虽然脱贫人口不断增多，由于没能及时对贫困人口的后续发展进行监管，部分地区返贫现象随之而来，需要引起足够关注。因为在经历了长时期的脱贫攻坚后，一旦返贫，很可能加剧精准扶贫工作的任务，也会使扶贫成果付之一炬，所以要对精准扶贫退出后的机制进行创新和完善，更要构建脱贫退出后的管理机制，这是对精准扶贫可持续性的保障，也是对脱贫攻坚成果的巩固。

第二，制定更加全面的奖惩机制。对于率先脱贫的农户，一定要继续给予政策资源帮扶，不能让依靠自身努力摆脱贫困的群众，在走出贫困后就脱离了政府的关怀，比如，可以对先脱贫的农户进行奖励，让他们发挥模范作用，并宣传他们的脱贫事迹，带动那些存在“等要靠”思想的贫困群众主动参与到脱贫攻坚战中，同时进行思想教育，并在扶贫资源上适当减少，激发他们的积极性和内生动力，从而实现脱贫。而对于一些存在“数字脱贫”只追求政绩而忽视群众的切身利益的扶贫干部应加大处罚力度，形成下级政府对上级政府负责，全社会对扶贫工作进行监督的严格的压力机制和倒逼机制。

第三，加强对相对贫困人口的动态监管。相对贫困人口是与绝对贫困人口相对的概念。相对贫困人口是指在贫困地区存在的弱势贫困群体，他们在 2020 年后可能成为相对贫困群体。那时实现不了“两不愁三保障”已经不是困扰贫困户人口的问题。但是在全面的发展中他们会面临居住环境、劳动环境、精神文化需求与社会发展存在较大差距等方面的问题。如果他们的诉求得不到满足，就会产生新的社会问题和新的矛盾，不利于全面建成小康社会。因此，要加大力度密切关注相对贫困人口，对其进行动态管理，及时解决他们的需求，也可以在乡村形成互助机制，让富起来的帮助带动未脱贫的，加强彼此的沟通，实现持续脱贫。

（2）完善精准退出考核机制

贫困地区考核机制改革，是事关脱贫攻坚成败以及精准扶贫能否持续发展的重制度改革。由于在精准扶贫过程中存在信息不公开不透明，存在脱贫造假的问题，因而对扶贫成果以及扶贫干部的绩效考核无法顺利进行。所以进行贫困地区的考核机制改革，规范扶贫干部行为，引导精准扶贫信息公开透明，推动精准扶贫持续发展具有重要意义。

第一，建立公开公正的考核制度。首先，贫困地区应当向社会对其扶贫信息进行公开。例如，对于贫困地区的贫困状况、采取的扶贫办法、项目资金的收入和支出以及每一笔支出的去向，领导班子的工作任务，扶贫的结果等都应该向社会公开，进而便于对其工作情况进行考核。其次，对于贫困地区的发展成果进行考核。可以通过与上年以及往年的发展成果，与其他地区同期的发展成果进行比较；对于该地区的经济发展水平与生态环境保护状况进行考核，坚持“绿水青山就是金山银山”的发展理念。最后，还可以引入第三方对精准扶贫的成果进行考核，体现考核的客观公正性。

第二，严防形式主义，脱贫造假。有的扶贫干部认为，只要达到脱贫指标，贫困人口是否真正脱贫并无大碍，从而出现了“被脱贫”“数字脱贫”等脱贫造假现象。首先，应当向扶贫干部普及形式主义、脱贫造假也属于腐败行为，加大对脱贫造假行为的惩处力度，用个别典型事例在扶贫干部中起警示作用，使他们时刻规范自己的行为。其次，加强对扶贫干部的教育工作，端正他们的认识，在精准扶贫、精准脱贫上下功夫，促使扶贫干部形成正确的政绩观。

（3）创新可持续性的退出程序

帮助贫困户有序退出，是打赢脱贫攻坚战必不可少的步骤。《关于建立贫困退出机制的意见》明确了贫困退出的指导思想、基本原则、退出标准和程序以及工作要求。这一意见的印发，为2020年打赢脱贫攻坚战，实现全面建成小康社会具有重要的指导意义。做到有序且可持续的退出，需要创新退出程序，完善对脱贫人口的动态监管机制，这对于贫困人口的持续脱贫，实现精准扶贫的可持续性具有重要的作用。

对于贫困人口的退出，要考察贫困户脱贫后的生活状况，考察的内容主要包括：住房条件、土地生产情况、劳动者的劳动能力、子女的教育状况等，如果以上条件都达到了脱贫标准，可以按程序退出贫困，具体的退出程序为对贫困户进行综合考察，确定其达到脱贫标准，在村内进行民主评议，通过民主评议的，报上级部门进行审核，审核通过完成脱贫，可以有序退出，退出之后其享受的扶贫政策还要延续保障。此外，要加强对贫困户是否持续脱贫进行动态考察。对于贫困村的退出，按照贫困发生率，贫困村的经济收入状况两方面确定，同时也要兼顾村内基础设施建设、基本公共服务以及扶贫产业的发展状况等。贫困村退出后相应的扶贫政策还继续对其有效，保障贫困村实现持续脱贫。

通过建立严格的退出标准，以及通过民主评议决定是否应该退出，才能从根本上保证精准扶贫的成效的真实性。从贫困县、贫困村到贫困人口，达到脱贫标准就按照退出程序有序退出，是对精准扶贫工作成果真实性的保障和检验。贫困退出程序的完善，使精准扶贫的工作成效更具有真实性，有利于推动精准扶贫可持续性的实现。

5. 鼓励全社会共同推进精准扶贫的可持续性

扶贫脱贫工作不是一次性的、专项的救助活动，而应该是可持续的、大规模综合性的扶贫帮困过程。在过去的扶贫开发中，我国就成功动员了全社会力量参与扶贫，这也是中国特色扶贫开发道路的重要内容。现在精准扶贫要求可持续脱贫，所以，我们可以在过去成功经验的基础上，动员全社会的力量，形成大扶贫格局，健全社会力量扶贫的机制，让全社会扶贫成为精准扶贫的一种方式。

（1）鼓励可持续性的社会力量参与精准扶贫

①鼓励社会力量进行分工协作。由于各种社会力量之间的相对独立，他们为贫困地区提供的帮助也是比较分散的，这样就会造成他们提供的有限的帮助只能解决眼下的困难，无法形成长久的效果。所以，应当注重加强各种社会力量之间的沟通与协作，让他们相互协调配合，明确各自的责任，让各种扶贫资源有效对接，把分散的扶贫资源汇集起来形成一种强大的支持力量为贫困地区提供长效的，看得见的帮扶。

②拓宽社会组织的参与渠道。要加大对社会组织管理体制的改革力度，根据扶贫的实际需求，相应的对社会组织的管理进行创新。要拓宽社会组织的参与渠道，在降低准入门槛的同时，也要严格审查各社会组织的合法性。要重点关注与扶贫相关的公益慈善类组织，让他们为贫困地区持续注入力量，促进精准扶贫的可持续性的实现。

③加强志愿服务对贫困地区的支持力度。志愿服务是指志愿服务组织和志愿者通过为贫困地区的贫困群众提供教育、医疗、精神文明、专业技术等方面的服务，帮助贫困群众脱贫。要通过政府的大力支持和引导，让志愿服务深入到贫困基层，切实了解贫困实际，发挥志愿组织和志愿者的智慧，为贫困地区提供能够满足当地实际需求的扶贫方案，引导志愿者在公共服务方面为贫困地区奉献力量。

（2）健全社会力量对扶贫成果的评价监督机制

对扶贫的成果的评价监督体现为对精准扶贫成果的绩效考核。社会力量对于精准扶贫成果的评价考核，相对于政府的考核更具有客观性，因为社会力量是介于扶贫主体的政府和扶贫对象的贫困户之间的第三方力量。社会力量对于精准扶贫的评价和考核会站在是否真正符合相关的政策法规，是否让贫困户真正脱了贫，是否能够持续脱贫等的方向去考核，这种第三方的评价会是精准扶贫成果真实性的试金石，对精准扶贫的效果的考核具有重要意义。因此，必须加强社会力量对精准扶贫效果的监督管理。

在社会力量对精准扶贫的成果进行评价和监管的过程中，要对各种社会力量进行规范化管理，完善建立科学、透明的社会力量监测评估机制，推动社会力量实施第三方的监测评估，要创新监测评估方法，对评价结果进行公开。各级扶贫的部门和政府也应当积极主动的接受并配合社会力量的评价监督。

（3）引导全社会形成正确的价值观

通过健全价值引导机制，引导全社会形成正确的价值观，能够推动全社会形成大扶贫格局。全社会要以社会主义核心价值观为引领，充分发挥社会力量，推动全面建成小康社会目标的实现，夺取脱贫攻坚战的胜利。

第一，培育社会主义核心价值观。大扶贫格局的形成，就要求全社会有共同的价值取向，这样才会向同一个目标奋斗。因此要培育全社会形成社会主义核心价值观，让社会主义核心价值观成为全社会各界遵从的理念。对于贫困地区，需要全社会的关注和关心，所以全社会要培育友善互助的风尚，形成公平正义的价值观念，从而构建富强、民主、文明、和谐的国家。通过社会主义核心价值观的引领，激发各种社会力量进行精准扶贫的积极性和热情。同时也要弘扬中华民族扶贫济困的美德，社会力量参与扶贫是对中华民族扶贫济困美德的传承，这也是一种无私奉献的大爱的体现。通过以上措施为精准扶贫提供正确的价值观和持续的脱贫力量。

第二，加大宣传力度。身处信息化时代，社会舆论的影响力不可小觑，这就要求政府部门加大舆论引导力度，通过全方位的信息渗透引导，并可以考虑将扶贫思想纳入基本国情教育的范畴；通过开展扶贫宣传活动，宣传报道社会力量扶贫的典型事迹和人物，对全社会形成潜移默化的影响，营造全面扶贫氛围，继而引导全民参与到扶贫工作中去；同时也要依托主流媒体的宣传力量，主流媒体有着广泛的群众基础、影响力与公信力，发挥主导作用，通过有社会影响力的组织和个人等各种媒体，广泛聚集社会力量，参与定向扶贫的大潮，推动精准扶贫顺利进行，实现精准扶贫的可持续性。

第五章　旅游精准扶贫指导思想与战略定位

指导思想与目标定位是指导贫困地区旅游发展的重要依据，它为贫困地区旅游业发展设定愿景，制定发展战略，是旅游规划的灵魂。旅游精准扶贫规划的所有内容都是围绕指导思想与目标定位展开。旅游精准扶贫规划的战略定位包含五个定位，即主题定位、功能定位、形象定位、产业定位和产品定位。围绕旅游战略定位制定旅游发展的目标与空间布局。

第一节　旅游精准扶贫规划的指导思想

一、旅游精准扶贫规划指导思想关注焦点

（一）发展的政策方针

旅游精准扶贫指导思想的编制一定要与国家、地方政府的政策方针紧密保持一致，坚持以国家精准扶贫精神为指导，深入贯彻落实科学发展观和社会主义核心价值观，坚持在生态文明的总体要求和美丽中国的总体目标下，充分发挥旅游业在扶贫、脱贫中的作用，同时充分考虑地方政府关于精准扶贫的政策文件，从而保证旅游精准扶贫指导思想的科学性。

（二）发展的实施路径

旅游扶贫不是一蹴而就的，而是需要分步骤、分阶段地加以实施，并通过一系列的发展措施保证指导思想确立的总体目标得以实现。因此，在编制旅游精准扶贫的指导思想时，要体现出对旅游业发展路径的指导，即旅游业通过整合各类资源存量，创新旅游发展模式，优化旅游业结构，提升旅游发展质量等。

（三）发展的总体目标

指导思想一般都会明确提出旅游发展的总体目标，该目标是贫困地区在今

后旅游发展过程中努力的方向。规划的目标按时间长短可分为近期目标、中期目标和远期目标，其中总体目标一般是指远期目标，并且在规划的指导思想当中一般是定性的，定量的目标则是对旅游精准扶贫实施所要达到效果的描述，如具体实现多少贫困户脱贫。

二、旅游精准扶贫规划指导思想编制原则

（一）以人为本原则

旅游精准扶贫的目的是要实现贫困户的减贫、脱贫，因而其最基本的原则要体现出对贫困户的人文关怀，关注贫困户的价值诉求。在旅游精准扶贫规划指导思想编制时，要突出对贫困地区贫困主体的人文关怀，通过扶贫模式的设计、扶贫机制的构建及旅游项目的引入最终实现减贫、脱贫的目标。

（二）全面参与原则

旅游精准扶贫不同于以往扶贫的根本在于精准识别、精准帮扶。因而，需要充分调动贫困户的积极性，使贫困户相信并愿意参与到旅游精准扶贫中来。除了贫困户以外，政府、企业、相关社会组织等也应全面参与旅游精准扶贫，通过各利益相关者的群策群力帮助贫困地区实现减贫、脱贫的目标。

（三）旅游主导原则

旅游精准扶贫规划是通过培植以旅游业为主导的产业引领贫困地区脱贫，因而在旅游精准扶贫规划指导思想编制时要突出旅游主导的原则。旅游业是精准扶贫的主导产业，旅游项目是旅游精准扶贫的重要载体，旅游经营活动是贫困户实现减贫、脱贫的方式。通过全面盘活贫困地区旅游资源、建设旅游项目、完善旅游功能来实现以旅游业为主导的精准扶贫。

（四）综合协调原则

旅游精准扶贫规划指导思想的编制还要体现出一定的综合性、协调性。首先，旅游业融合发展的态势使得旅游精准扶贫规划指导思想的编制不仅要考虑旅游业自身的发展，还要考虑与贫困地区其他产业发展的关系；其次，指导思想要体现多方的价值诉求，贫困地区旅游业的发展是当地政府、企业、社区与旅游者共同支撑起来的，因而也要考虑他们的利益诉求。

三、旅游精准扶贫规划指导思想编制内容

旅游精准扶贫规划指导思想内容的编制既要突出国家、地方相关政策文件的精神，又要体现此次规划的总体目标及规划可能的实现路径，即通过什么样的发展战略实现规划总体目标。由于旅游扶贫规划的特殊性，指导思想内容的编制还应从村情村况出发，把握贫困地区的具体实际。

旅游精准扶贫规划指导思想主要内容一般由三个部分构成，即相关的政策文件精神、发展的总体目标和总体目标的实现路径。例如，在全国旅游规划扶贫公益行动中，湖北省红安县长丰村旅游精准扶贫规划指导思想的内容如下：本次长丰村旅游精准扶贫规划要全面坚持以国家“精准扶贫”的思想为指导，以贯彻文化和旅游部关于开展全国旅游规划扶贫公益行动的总体要求为战略支点，以实现长丰村全面脱贫为总体目标，坚持以生态为基础、文化为灵魂、特色为根本和市场为导向，坚持旅游发展差异化与合作、旅游项目建设与创新、乡村文化传承与借鉴，坚持将旅游业建设成为长丰村的富民产业，通过实施“农业+旅游”战略，打响长丰村的旅游品牌，最终实现长丰村社会经济的全面发展。通过上述内容可以看出，该规划的相关政策文件精神符合国家精准扶贫的思想和文化和旅游部关于开展全国旅游规划扶贫公益行动的总体要求；规划的总体目标是实现长丰村全面脱贫；实现的路径则是规划指导思想后半部分。

第二节　旅游精准扶贫规划的战略定位

一、旅游精准扶贫规划的主题定位

主题定位是贫困地区目的地旅游发展的核心，旅游业功能要凸显主题，旅游吸引物的布局要围绕主题展开。旅游主题定位一般确定目的地“举什么旗、打什么牌和走什么路”。主题定位的确立一般有三个来源，即旅游发展目标、旅游发展功能和旅游形象。

旅游发展功能是根据旅游发展目标确立的，同时也要考虑旅游资源和贫困地区社会经济发展现状。旅游发展功能与贫困地区所拥有的旅游资源类型有很大的联系，这是因为功能需要有相应的旅游项目作为支撑，而旅游项目与旅游资源紧密相关。

旅游形象是展示贫困地区目的地风貌的载体，目的地往往通过明确的旅游形象来向旅游者传递相关信息。因此，旅游形象从根本上而言是确定目的地旅

游特质的过程，旅游形象是旅游发展目标和功能的具体表现，概括了旅游发展目标和旅游发展功能。

综上所述，旅游主题定位由三个要素构成，其中旅游发展目标是最基本的要素；旅游发展功能是旅游发展目标所决定的内在功能；旅游形象是旅游发展目标的外在表现。因此，贫困地区在发展旅游业的过程中，有必要明确不同阶段旅游目的地的主题定位，针对不同的发展阶段提出不同的形象口号。

二、旅游精准扶贫规划的功能定位

功能定位是确定贫困地区目的地今后发展将具备哪些功能，以哪些功能为主要的发展方向。从重要性来看，旅游功能可以分为主导功能、支撑功能和辅助功能；从内容上来看，旅游功能具有综合性、多元性和复杂性的特征。所以，在确定贫困地区目的地旅游功能时，要从多个方面加以衡量。总的来说，旅游精准扶贫规划的功能要考虑三大效益，即经济效益、社会效益和环境效益。

经济功能，即对旅游业在目的地经济产业结构及区域市场格局中扮演的角色的定位。

社会功能，即旅游业发展不仅要体现其经济效益，还要与社会发展相适应，要满足旅游者与本地居民的休闲需求，满足文化遗产、非物质遗产保护的需要。

环境功能，即旅游在发展过程中要注意与环境协调一致，注重对旅游环境的营造。

从旅游功能的影响因素来看，旅游精准扶贫规划的功能定位可以从以下四个方面进行交叉定位（见图 5）。

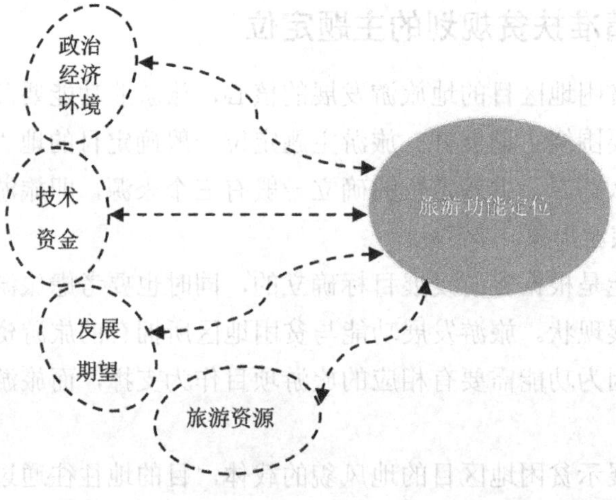

图 5 旅游功能定位示意图

旅游功能既有单一的旅游功能，如观光旅游、文化旅游、生态旅游、城市旅游、购物旅游、度假旅游、工业旅游、修学旅游、科考旅游、徒步旅游、会议旅游、展览旅游、节事旅游、奖励旅游和邮轮旅游等；又有复合型的旅游功能，如休闲观光、生态度假、会议展览、文化休闲、城市游憩、山地休闲、科考探秘和康体娱乐等。从未来旅游发展的趋势来看，具备复合型旅游功能的目的地将越来越受到市场欢迎，并且国内一些受欢迎的单一旅游目的地也开始逐渐向复合型旅游目的地转变。

在对旅游功能定位进行分析时，要充分把握贫困地区旅游发展的阶段性，根据不同的阶段特征确定主导旅游功能。有的地区可能已经具备一定的旅游基础，如某些贫困地区已经有较多的A级景区，在对其进行精准扶贫时就需要对其旅游功能进行升级，释放旅游的带动作用。在文化和旅游部确定的560个旅游精准扶贫试点村中，绝大部分都是拥有旅游发展基础甚至A级景区的，也就是说这些地区基本具备了观光旅游功能，因而在对这些地区进行旅游精准扶贫时，就需要深入分析前一阶段旅游业扶贫带动不明显的原因，进而制定科学合理的旅游功能定位，从而为旅游精准扶贫总体目标的实现奠定基础。

三、旅游精准扶贫规划的形象定位

旅游形象定位是指旅游者通过旅游目的地的景观、环境、文化、服务展示和公关活动，在旅游者心中确定的综合感知形象。旅游形象首先要得到当地居民的认同，然后通过传播被旅游者所接受。旅游者接受的旅游形象是旅游目的地在市场中的立足点和竞争优势的形成。旅游形象应该从物质景观形象和社会文化景观形象两个方面来体现，尤其是旅游目的地具有代表性的建筑和区域形象。

旅游形象是对旅游目的地的一种普遍、抽象、概括的认识和评价。它是对一个目的地的历史、现实和未来的理性表现。从旅游美学的角度看，它由三个维度构成：功能心理维度、现实错觉维度、普遍特征维度（见图6）。

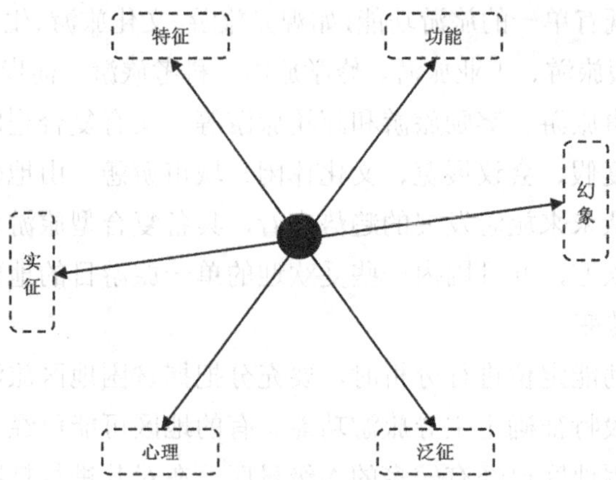

图 6　旅游形象三维构成示意图

功能心理维度：本文从物质与精神、可测量与难测量两个角度研究了旅游形象的特征。功能特征是物质的、可测量的，而心理特征是精神的、不易测量的。

现实幻想维度：从心理学和消费者行为学的角度研究旅游形象的本质。旅游者对旅游目的地的旅游项目和服务有两种理解：现实和幻想。现实是旅游目的地所能验证的实际功能和心理特征，而幻觉则是将旅游目的地的真实特征形象投射到旅游者的内心世界。

泛征—特征维度：这一维度表示旅游目的地形象具有扁平化和普遍化的一面，在功能性和心理性特征上可以与其他目的地相比较。然而，旅游目的地形象也有其独特的一面，包括特有的资源特征、环境氛围等。

还是以主题定位当中长丰村的例子进行说明。对于长丰村这样一个小尺度的贫困区域，其最突出的资源就是李先念故居，因而在对其形象进行设计时，需要着力突出该资源的特色，利用该资源的吸引力来吸引旅游者。同时，考虑到长丰村未来旅游发展的需要，要在一定程度上突出其旅游功能。综合考虑，该村的旅游形象为“主席故里，乐活长丰”。其中“主席故里”就是泛征—特征维度、实征—幻象维度的具体体现；“乐活长丰”则是功能—心理维度的具体体现。

四、旅游精准扶贫规划的产业定位

产业定位是指对旅游业未来发展方向与目标的定位。产业定位主要考虑三个因素：第一个是旅游业目前在贫困地区国民经济发展中的地位；第二个是未来旅游业可能在该地区国民经济中占有什么地位；第三个是参照地方政府对旅游业的定位。就目前旅游业的发展来看，大部分地区的旅游业规模偏小，旅游收入占地区生产总值的比重还未达到5%。根据2009年国务院41号文件提出的“把旅游业培育成国民经济的战略性支柱产业和人民群众更加满意的现代服务业”的定位，多个省区及地方政府将旅游业定位为战略性支柱产业。

在对贫困地区旅游发展进行产业定位时，需要充分考虑旅游业发展的前景以及带动作用，从而确立其科学的产业地位。由于精准扶贫的实施往往是针对县以下的行政区域，因此对于某些资源赋存状况良好的专业旅游村镇来说，旅游业的综合收入可达到本区域总产值的一半以上。例如，乡村旅游已经成为湖北省扶贫攻坚的主战场，恩施市枫香坡村、郧县樱桃沟村、神农架下谷村、罗田县圣人堂村等一批乡村，都通过乡村旅游走出了各具特色的脱贫之路，实现了旅游脱贫的目标。其中圣人堂村旅游收入占到全村总收入的80%以上。

五、旅游精准扶贫规划的产品定位

产品定位是对贫困地区目的地未来发展哪些旅游产品进行选择。旅游产品的发展是随着旅游业的发展逐渐演变。在旅游刚刚兴起的时代，旅游产品主要以观光旅游为主。我国从改革开放至1994年，旅游市场的供给基本以观光产品为主。这一时期，我国旅游业刚刚起步，旅游开发基本围绕着旅游资源的观赏功能进行。1994—2006年，这一时期的旅游市场开始出现了休闲产品、度假产品，但是观光产品仍然占据主流，这一时期是我国的大众旅游迅速发展时期。2006年之后，随着旅游者旅游需求的多样化，旅游市场上的旅游产品种类也越来越多，并且产品细分的趋势越来越明显，观光产品、休闲产品和度假产品衍生出更多种类的专项旅游产品。当然，根据旅游目的地的特色，旅游产品的定位还有许多其他的变化。例如，一个贫困地区目的地花卉资源比较有特色，该目的地的旅游产品定位就会有花卉观赏旅游产品；一个贫困地区目的地非物质文化遗产比较深厚，就会有专门的非遗旅游专项产品，该产品就可能既包含观光产品，也包含休闲产品和度假产品。

我国贫困地区中，有一大部分集中在革命老区，如赣闽粤原中央苏区、大别山革命老区等。这些革命老区留存了大量的红色文化旅游资源，是旅游精准扶贫的重要载体，因而在对这些地区的旅游产品进行定位时，红色旅游产品是其重点发展的一个类型。武陵山区，区域内生态旅游资源、民俗文化旅游资源较为丰富，在对该贫困地区的村镇进行规划时，就要重点设计生态度假旅游产品、民俗文化体验旅游产品以及休闲观光旅游产品等。

恩施土家族苗族自治州（简称恩施州）位于湖北省西南部，是武陵山集中连片特困地区的重要组成部分，同时也是鄂西生态文化旅游圈的重要组成部分。近年来，恩施州以旅游业为龙头，重点发展旅游产业，逐步进入湖北省旅游业发展的第一阵营。得益于旅游业的发展，恩施州通过旅游带动 40 万人就业，并实现 34 万人脱离贫困。恩施州通过近些年的发展已基本形成了旅游扶贫的五大模式，分别为景区带动型扶贫、乡村旅游型扶贫、养生度假型扶贫、创业就业型扶贫和产业融合型扶贫，走出了一条切实有效的旅游扶贫路径。

第三节 旅游精准扶贫规划的目标体系

一、旅游精准扶贫规划的目标设定

在制定旅游精准扶贫规划的目标体系时要考虑以下五个原则：

第一：明确旅游精准扶贫规划的最终目标是实现贫困地区减贫、脱贫；

第二：旅游业的发展速度要大大快于区域经济的增长速度；

第三：旅游收入增长率要适当高于旅游人次增长率；

第四：旅游人数和旅游收入的增长要考虑重大事件的影响；

第五：对于区域综合性旅游目的地，要重点考虑非本地客源市场的增长。

根据贫困地区目的地的尺度，在制定旅游业发展目标时，参考依据也不一样。村镇一级的旅游精准扶贫规划的目标主要以减贫、脱贫为总体目标，具体目标设定以上一级行政区的相关规划为主要参考。县一级的旅游规划应重点参考地市级的旅游业发展规划对本县的旅游目标的设定，同时结合本县的国民经济发展规划来制定旅游发展目标。区域一级的参考相关省市旅游业发展规划对本区域旅游发展目标的设定，并结合实际情况来制定。

二、旅游精准扶贫规划的目标体系

根据旅游产业发展目标的表述特征，可以将其分为总体目标与指标性目标。总体目标就是大致描述目的地未来旅游业发展要达到一个什么样的程度，是建设国内一流旅游目的地还是建设国际知名旅游目的地；是建设区域性旅游目的地还是建设以本地客源市场为主的休闲目的地。而指标性目标则是由一系列的旅游业考核指标体系构成，它是对旅游业总体目标的细化。指标体系的分类可以从经济目标、行业目标、社会目标和环境目标等角度再进行细分。

根据旅游业发展的分期，可以将其分为近期发展目标、中期发展目标与远期发展目标。近期发展目标主要指明旅游产业近期（一般在 5 年以内）将要达到什么样的状况，如旅游收入、旅游接待人次数、旅游项目建设情况等；中期发展目标与远期发展目标主要指明中期、远期旅游业发展要达到的目标。近期、中期、远期发展目标的设定有助于考核旅游业发展是否朝着既定的目标执行。根据旅游业转型的要求，旅游业发展目标还可设置转型目标，如旅游目的地由观光型向休闲度假型转变，由旅游集散地向旅游目的地转变等。

三、旅游精准扶贫规划的目标体系内容

围绕旅游资源空间分布及特点，强化旅游宣传促销，重点发展国内旅游；创新发展旅游新业态，积极开发为核心的旅游新产业。

①经济目标。设定每年度的旅游接待精准人次与旅游总收入，每季度动态观察，以方便实时观察目标达成率。

②转型目标。通过发展旅游产业，促进国民经济转型升级，建设“国内一流、国际知名的生态文化旅游目的地”“全国生态文化休闲旅游度假示范区”，建设旅游产业集聚区，实现旅游业转型。旅游产业格局由点空间发展结构向片空间发展模式转变。

③社会目标。通过发展旅游业，全面推进和谐社会建设，使旅游业成为提高人民生活质量的载体、就业再就业的重要渠道、推进新农村建设的出发点，区域协调和城乡一体化发展的动力。

④环境目标。通过发展旅游业，促进生态文明建设。让游客和居民成为生态环境的保护者、宣传员和参与者，形成良好的自然环境、友好的社会环境和浓郁的人文环境。

第六章 新时期国内外旅游扶贫的精准实践

随着世界经济的快速发展，旅游业已成为世界第一大产业。随着各地旅游业的发展，旅游的联系带动作用日益突出，旅游扶贫作用逐渐受到社会各界的重视。在国内外，通过发展旅游业促进区域社会经济发展、增加贫困人口收入的例子很多。虽然在实践中还没有一个旅游扶贫的完美案例，但仍有很多“完美”可供借鉴。因此，本章运用理想型研究方法，对国内外旅游扶贫的成功实践进行分析，主要总结国内外旅游扶贫案例中的精准要素。旨在从精准扶贫的角度更清晰、更深入地分析旅游扶贫存在的问题，突出精准要素在旅游扶贫成功案例中的核心地位，但也不排除其他因素是影响旅游扶贫的重要因素。本章旨在通过对国内外旅游扶贫实践中一些案例的分析，为我国旅游扶贫工作提供一些指导和借鉴。

第一节 国外旅游扶贫精准实践

由于发达国家和发展中国家在政治、经济、文化上存在差异，因此，分为发达国家的旅游精准扶贫和发展中国家的旅游精准扶贫，试图挖掘世界不同国家对旅游精准扶贫的做法及成功经验，为我国旅游精准扶贫提供启示和借鉴。

一、非洲国家旅游扶贫精准实践经验

（一）南非的“旅游扶贫”

南非是非洲地区的第二大经济体，属于中等收入的发展中国家。旅游业是南非发展最快、最重要的产业之一，旅游收入占国内生产总值的9%，从业人员近140万人，南非旅游业发展最重要的是生态旅游与民俗旅游。1994年新南非政府建立之后，经济逐渐得到恢复，旅游业被列入促进国家经济发展、增加外汇收入的重要产业之一。政府关于旅游业的政策，在不同程度上表明用旅游产

业支持贫困问题的决心，为旅游扶贫的发展提供政策保障和法律支持。

1.“减少贫困”计划的推行

2001 年，南非环境事务与旅游局开始推行“减少贫困计划”，旨在促进旅游业的可持续发展，整合旅游和环境资源，改善贫困地区人口的生活质量，增加农村人口就业，解决南非农村地区经济发展与贫困减少问题。

2.“负责任旅游”行动方案的提出

南非环境旅游发展组织(DEAT)为解决贫困、种族、社会不平等问题，提出“负责任旅游”的行动方案，要求“旅游业不仅要振兴经济，还要增加人口福利，改善居民工作条件以及保护当地的文化”。

3. 旅游开发中保障穷人利益

南非建立企业激励机制，要求企业在旅游开发过程中，要考虑穷人的利益，使穷人充分享受到旅游基础设施，为穷人提供更多的就业岗位，创造条件让穷人进入旅游市场等；为旅游企业提供旅游扶贫项目的资助，其中一部分用于当地穷人的培训，让穷人更好地适应和参与到旅游开发活动中。

4. 建立旅游扶贫试验区

英国国际发展局经济和社会研究组资助南非 5 个旅游企业建立旅游扶贫试验区和旅游扶贫试验项目，加强机构与企业的联系，促进达到旅游扶贫真正为解决贫困问题的目标。

（二）肯尼亚的“生态旅游扶贫”

肯尼亚位于非洲东部，是亚撒哈拉地区经济基础较好的国家之一。但据观察，其人类发展指数仅有 0.519，除了极少数富裕人口，肯尼亚贫困问题仍然艰巨。而旅游业作为肯尼亚国民经济的支柱产业，为解决贫困问题作出了巨大贡献。

1. 旅游方式的转变

肯尼亚拥有众多国家级天然野生动物园和自然保护区，有着丰富的动物资源，被称为世界上最受欢迎的野生动物巡游圣地。早期在肯尼亚“狩猎旅游”破坏了野生动物的生存环境，严重影响野生动物的生长与繁衍，毁灭性的旅游方式造成肯尼亚旅游品质的下降。1977 年，肯尼亚政府宣布“禁猎令”，并开始建立保护野生动植物的国家公园，旅游人数、旅游收入骤增，吸引肯尼亚本地众多私人企业加入生态旅游的行列，为当地居民提供更多的就业机会。

2. 注重当地居民的利益

肯尼亚在发展生态旅游时特别强调注重当地居民的利益，确保当地居民在生态旅游发展中获益，以此改善生活质量，保障生态旅游的可持续发展。肯尼亚政府大力支持和鼓励当地居民参与到生态旅游行业，增加当地居民收入，并与美国国际发展机构共同制订“生物多样区保护计划”，其中一个重要的目的就是帮助当地居民增加经济收入、提供合适的工作岗位、改善生产生活条件、缓解政府与居民矛盾。随后，野生生物服务署制订“野生动物发展与利益分享计划”，计划帮助当地居民分享生态旅游产生的利益，主张赋予生态旅游更积极的意义，推动生态自然保护。

3. 积极拓展国际旅游市场

肯尼亚政府积极扩展国际旅游市场，如在中国举办市场推广简介会等一系列推广活动，助力肯尼亚旅游产品在国际上的推广和销售，推出丰富旅游市场活动、制作针对性的旅游宣传片、运用互联网进行推广、增加国际航线等措施来刺激国际旅游市场。

二、亚洲国家旅游扶贫精准实践经验

（一）韩国“农业现代化＋乡村旅游扶贫”实践经验

在 20 世纪 50 年代，韩国曾经是世界上最贫困的国家之一，经济基础十分薄弱。韩国政府在进行农业改革，发展经济的过程中，积极引导农民参与计划和实施农业现代化，通过发展旅游观光农业，增加农民收入，加深现代农业、精品农业、观光农业与旅游扶贫之间的融合。韩国政府将乡村旅游产业作为贫困地区脱贫致富的重点产业，制定全国乡村旅游发展总体规划，将旅游资源丰富的贫困地区进行旅游开发，同时推进其他产业发展、基础设施建设等工作。

1.“新村运动”的成功实施

为改善韩国农村面貌，促进农业现代化发展，韩国政府提出“农渔村经济的革新开发计划”，即“新村运动”。“新村运动”中，韩国政府将改革主导逐渐转变为全民参与，开展了国民意识改革、社会秩序提升、生态环境保护、居民互敬互爱等运动，有意识地加深全社会“新村运动”意识。

2. 瞄准农村的“农业观光”理念

“农业观光”理念的提出，旨在解决传统农业发展的局限性，用“农业观光”这种全新的农业产业扩展农业收入，促进农村地区的发展。韩国在推进乡村旅游项目的过程中，为提高旅游扶贫的精准性，构建“一人一村”帮扶体系，外聘专家学者进行定点帮扶，专家学者针对具体乡村旅游发展问题开展专项实地调研，提供最直接、最快捷的指导。

3. 乡村旅游中注重村民个人能力的提升

韩国政府从长远角度考虑，十分重视农村人力资源能力的建设，针对现有的农村劳动力资源进行教育培训，根据人才属性、特点，分层次、分类别进行管理培训，采取多种培训方式相结合的模式，重视理论技术知识和实际操作能力相结合，形成一套较为完善的乡村旅游人才培养体系。

（二）日本乡村旅游扶贫

1. 采取倾斜政策加以保障

以推动农村地区旅游开发和农村经济发展。日本政府为推动农村“过疏”地区（人口流失严重的农村地区，尤其是山区古村）经济的发展，根据当地实际情况出台了一系列法律文件，如《离岛振兴法》（1953 年）、《山村振兴法》（1965 年）、《大雪地带振兴法》（1963 年）以及《过疏地区对策紧急措施法》（1970 年）。1995 年，为推动农村地区旅游发展，制定了《农山渔村逗留型余暇活动促进法》（通称《绿色旅游法》）。作为制度建设的一环，日本政府开始对提供农、林、渔业体验的地区和民房住宿体验（提供住宿服务）的民间旅馆实行登记制度，力求以农家民宿为中心将它们加以组合，以便吸引更多的游客前往。

2. 支持开展农业旅游和开发新型旅游产品

1992 年，为了振兴农村山区经济，农林水产省开始倡导“绿色旅游”，将其作为发展地区经济的一种重要手段，1995 年颁布《绿色旅游法》（即《农山渔村退留型余暇活动促进法》）。在政府部门的积极引导下，各地开始利用现有农业资源，设计各具特色的旅游产品。“绿色旅游”由此日益发展起来。

3. 创造旅游环境，谋求旅游市场的扩大

第一，为国民提供旅游时间。日本政府为缩减国民劳动时间和推动旅游业的发展，先后于 1988 年、1991 年两次修改《劳动基准法》，1998 年又修改了《国民节假法》，2001 年颁发《国民节假日法》与《老年人福利法》部分修改法，对国民的休假时间进行了适当的调整，同时调整和缩减国家公务员工作和学校师生在校教学与学习时间，由此形成了很多便于短途旅游的“二连休”“三连休”

（将某些节日调整到星期一，与双休日一起作为休息日，“星期一”因而有“Happy Monday”之称），致使出外旅游的人数激增。

第三，为农村旅游地区创造客源市场。日本实施的“修学旅游”，虽然推行之初主观上不是为了推动旅游业的发展而推出来的，但是在客观上推动了地区旅游事业的发展。另一方面，日本政府鼓励和支持地方政府和企业（包括旅游景区、旅游企业）兴建无障碍设施的举措，有助于老年人和身体不健全者（即“残疾人”）的出外旅游。这在一定程度上推动了“无障碍旅游”市场的发展。

从我国目前旅游扶贫的情况来看，虽然像扶贫工作一样有来自政府部门的扶贫、产业的扶贫和社会的扶贫，但总体上来看仍然属于一种“输血性”扶贫（或者说是“救济式”扶贫），不仅旅游扶贫资金的数额非常有限，而且对其使用范围也有严格的规定，因此为法满足农村地区尤其是贫困地区旅游开发的需要。即便是对贫困与落后地区进行旅游扶贫开发，也往往局限于基础设施的建设或对个别地区少数特色旅游资源的开发，基本上没有系统地考虑这些地区旅游扶贫开发的全局问题，缺少对如何进行设计开发旅游商品、如何开拓或进一步拓展旅游市场的分析研究。由此不难发现以往旅游扶贫工作难以取得实质性成果的根源，目前的旅游扶贫模式与以往“输血性”扶贫模式一样，无法从根本上改变贫困地区贫困人口的贫困问题。

为此，我们必须改变现行旅游扶贫工作的思路和方式，转向以“造血性扶贫模式”为主，兼顾“输血性”，并根据实施效果逐步转向“补血性扶贫模式（有针对性地进行补缺拾遗）”或“混血型性扶贫模式（整合来自各方的各种资源，使之成为混血儿那样功能齐全、相互促进与协调的有机体）”。在此，笔者想着重提出两个问题：

第一，开展“市场扶贫”。所谓“市场扶贫”，就是要求政府部门针对某些贫困地区市场过于狭小的状况，帮助其寻找市场、提供市场或进一步开拓市场。其中包括组织单位到该地旅游，定点或对口扶贫单位组织本单位职工去旅游（这就不仅仅是“资金扶贫”了，同时也是“市场扶贫”），通过周边成熟景区带动贫困地区的旅游（“古村游”“农家乐”“民俗风情游”等），旅行社通过安排相关旅游线路推动游客前往该地旅游等，各单位还可以以接受革命传统教育或增长历史知识等为主题，政府部门可以通过“政府采购”方式组织行政人员前往考察学习，企事业组织也可以组织本单位教职员工到贫困地区购买“红色旅游”“古村（镇）源”“农家乐”等旅游产品。这种扶贫方式近年来已经发挥了不小的作用，还有待进一步加强。另一方面，我国的中小学校和高校也可以像日本教育主管部门一样推行“修学旅游”措施，各校可以根据本校的实际情况在不同时期内实施，要求学校领导或在职教师带领学生（尤其是大城市的学生）到指定的地区（可以是定点帮扶地区，也可以是对口支援地区或其他贫困地区），去接受“三农教育”（在农家吃住、干农活、养牲畜、垂钓等）和大自然的熏陶，同时要求组织夏令营、冬令营等活动的单位将该活动变成中国式的“修学教育”，政府和教育主管部门适当予以资助，力求使之形成“中小学生修学旅游市场”，这样不仅有利于学生“德、智、体、美、劳”全面健康的发展和野外生存、应急处理等能力的培养，而且有助于贫困落后地区旅游与经济的发展。

（三）泰国的“一村一产品＋旅游扶贫”

2001 年，泰国首次将旅游作为一种减少贫困和促进可持续发展的战略，强调旅游业可以通过创造就业和为穷人提供更好的收入分配来帮助减轻贫困。泰国鼓励各有关方面加强合作和参与旅游扶贫发展项目，无论是政府机构、私营企业、非政府组织还是一般公众，希望这种合作能够提高公共部门资源管理的效率。具体做法为：2001 年，泰国政府推出 OTOP 项目，OTOP 是“On Town One Product”，即“一村一个项目”，该项目成为政府旅游扶贫战略的重要部分，让每个乡村能够推广当地的传统文化和当地技术开发。OTOP 鼓励乡村社区改善当地产品的质量和营销，每个村庄都需要用当地的原材料和资源生产自己独特的产品，将当地资源转化为高质量的产品，具有可区分和可销售的特点，从中挑选一个优秀的产品，打造品牌形象，成为“顶级产品”，赢得国家和国际的认可。

三、欧美国家旅游扶贫精准实践经验

（一）美国“乡村旅游扶贫”

美国是世界经济强国，旅游产业发达，在旅游资源、基础设施、制度管理等方面都有其独特优势，美国的旅游收入位居世界第一。作为世界超级大国，美国同样遭受全世界困扰的贫困难题。

自 20 世纪 70 年代开始，美国的乡村旅游逐渐发展并形成一定规模，乡村旅游业的发展远远领先于乡村其他产业的发展。

1. 通过立法推进乡村旅游事业的发展

美国政府为发展乡村旅游业，在政策和法律上提供了多方位的支持，对乡村旅游业的发展、规范、管理起到了重要作用。

2. 重视对自然和生态资源的保护和利用

美国政府对于乡村旅游开发中保护生态环境的政策，综合考虑人文、地理、环境等各方面的因素，充分利用乡村地区的自然资源，强调人与自然的协调，较好的保护和还原当地自然环境，展现原始风貌，不仅吸引了社会资本的投资，同时对推动经济结构多样化起到重要作用。

3. 充分发挥贫困地区的女性优势地位

美国西部格林维尔地区旅游资源相对贫乏、经济落后，当地居民发挥了女性志愿者的性别优势，在从事乡村旅游事业中提供细心、热情和善良的咨询、宣传、待客等服务。

（二）法国“乡村可持续性旅游”实践经验

二战后，法国社会经济由于受到战后影响，农村经济发展水平较低，地区发展不平的问题越来越明显。为解决法国农村经济发展、消除地区发展差异等问题，法国政府实施了一系列措施，如将土地集中起来进行大规模的产业化经营，全面推进农业发展，基础设施的改善、配套服务的完善，催生了乡村旅游业。经过 50 多年的发展，法国乡村旅游业呈现出发展规模大、良好的行业标准和规范、完善销售网络、先进的管理方式和经营模式的特点。

1. 无季节差异的乡村旅游设计

法国的乡村旅游产业需求市场份额巨大，乡村旅游活动表现出无季节差异的特点，保持着长久而持续的吸引力。法国的旅游活动主要包括休息、探奇和运动，特别注重考虑游客体验性、享受度、服务性。

2. 乡村旅游开发必须尊重当地居民的意愿

法国乡村居民拥有对乡村旅游发展的决定权，政府及旅游企业在进行乡村旅游开发时，会因地制宜，尊重当地居民的意愿。

3. 建立乡村旅游行业协会

1982 年，由来自法国各地 66 个村庄的村主任共同建立了“法兰西最美丽的村庄”协会，协会汇集全国各地的成员村庄联结成强大的统一网络，在协会的指导帮助下，各成员村落合作互助，通过开展乡村旅游业、保护文化遗产、保护生态环境等方式，提升传统乡村的活力和吸引力，发展乡村经济。协会的成立对乡村旅游发展起到了极大的促进作用。

第二节　国内旅游扶贫精准实践

一、国内旅游扶贫精准实践历程

我国旅游扶贫始于20世纪80年代，伴随着我国旅游业发展而逐步发展并受到各界重视，经过30多年的发展，取得了巨大成就。据报道，旅游业已让大约占我国三分之一的贫困人口直接受益，并使我国十分之一的贫困人口脱贫致富。截至2013年，我国共建成10.6万个乡村旅游特色村，有超过180万个乡村旅游经营户，每年接待游客达到9.6亿人次，实现收入约2800亿元，直接吸纳3000多万名农民就业，占到农村劳动力的6.9%。纵观我国旅游扶贫实践过程，其在整体上呈现出从地方到中央，从经济目标到社会、经济、文化、生态的综合目标，从贫困地区到贫困人口的自下而上、由点到面、由表及里的实践发展轨迹，可划分为以下四个阶段。

二、国内旅游扶贫主要模式

在国内旅游扶贫的过程中，主要有两种扶贫模式：其一为输血救济式扶贫，接受输血救济式扶贫的地区，主要是被动接受，缺少长远发展，在扶贫后段可能效果突出，但需要大量的人力、物力、财力投入，耗资大且持续时间短，而且贫困山区人口由于是被动接受，自身并没有掌握脱贫致富的技能；其二为造血开发式扶贫，造血开发式扶贫模式是教导贫困地区人口掌握技能，虽然此种模式扶贫见效比较慢，但见效后持续时间长，可以从根源上改变贫困地区的现状，促进地区经济和人口双重脱贫。由此我们可以看到，两种扶贫模式带来的扶贫效果是不一样的，但是目前国内仍是以输血救济式扶贫为主，探索出各种造血开发式扶贫路径是今后扶贫的工作重点，同时我们也可以看到造血开发式扶贫模式的转变方向。由于造血开发式扶贫模式为贫困地区带来的效果更明显，也越越发受到重视。目前我国旅游业发展速度不断增快，旅游扶贫对于贫困地区的带动作用也越来越突出，旅游扶贫便作为一种造血开发式扶贫模式应运而生。文化和旅游部曾经做过很多具体的实地调查，发现我国贫困地区多分布在我国中西部一些偏远地区，以及一些少数民族地区，这些地区往往旅游资源受到的破坏较小，自然和人文资源都相对保存完好，这样就在贫困地区将扶贫和旅游业发展建立起了联系，因此开发旅游作为造血开发式扶贫模式在国家扶贫战略中的地位越来越重要。

三、国内旅游扶贫精准实践案例

(一) 恩施州旅游扶贫精准实践

恩施州（恩施土家族苗族自治州）地处于湖北省西南部，位于湘、鄂、渝三省的交汇处，与神农架接壤，是湖北省唯一被纳入国家西部大开发的市州，是国内最年轻的少数民族自治州。在恩施州境内，居住着除汉族之外的苗族、白族、回族等 29 个民族共 200 多万人。“生态优美、民族风情浓郁、地质景观奇特、历史文化厚重”使恩施州成为人们心仪神往的旅游天堂（见图 7），“老、少、边、穷、山”也给恩施州扣上了贫困的帽子。恩施州地处集中连片贫困的武陵山区，是湖北乃至全国扶贫攻坚的主战场。截至 2013 年年底，全州还有约 108 万贫困人口，占全州农业人口的三分之一，更是在全省贫困人口中占 20%。由此可见，恩施州的扶贫形势严峻，不容乐观。如何利用丰厚的旅游资源，带领全国旅游扶贫重点村脱贫致富，实现村落的可持续发展，成为摆在恩施州人民政府面前的难题。

图 7 恩施旅游资源景观

从 20 世纪 80 年代起，恩施州开始着手发展旅游，形成了“政府宏观调控、部门互相协调、资源合理配置”的旅游发展模式。经过三十几年的摸索，恩施州的旅游基础设施建设、旅游整体规划等方面已经取得了巨大的进步。2012 年，恩施州全年接待 2200 万旅游人次，旅游收入突破百亿元大关，成为名副其实的旅游大市，更与湖南张家界自然风景区、湖北神农架世界自然遗产地组成中部的旅游“金三角”。近几年来，为增强旅游对扶贫的杠杆作用，恩施州将旅游产业纳入全州“四大”重点工作之一，这就奠定了旅游产业在恩施州产业结构中而重要地位，其中，大力发展乡村旅游使恩施州的贫困村情况得到较大改善，既凸显了贫困村的特色资源，又创造了客观的旅游收入，实现了资源价值。

恩施州依靠良好的生态环境，打造生态休闲度假旅游胜地，发展绿色旅游、生态旅游、休闲旅游。其中，生态旅游就先从生态环境优美的小镇村落开始建设，如隶属于全国旅游扶贫重点村高拱桥村的生态旅游景区芭蕉侗族乡风情寨等。旅游产业与生态环境有机地结合起来，10 余个扶贫开发重点的村落均已展现勃勃生机。通过大力发展旅游，这些村落的交通、饮水等基础设施得到很大程度上的改善，村民得到了劳动岗位，文明程度也得到了提高，大大增强了贫困村的“造血功能”，实现了村落的经济产业结构优化调整，从而带动贫困村村民实现脱贫致富。

目前，恩施州的旅游产品推陈出新，取得了一定的发展，旅游产业已经初具雏形，恩施大峡谷、腾龙洞、神农溪等景区也在旅游市场上具备了一定的知名度，旅游产业发展指数位居全省第四，仅次于武汉、宜昌及十堰。2010—2019 年，恩施州的年接待游客数逐年大幅上涨，2019 年全域旅游示范区建设取得突破，恩施市跻身首批国家全域旅游示范区，恩施腾龙洞大峡谷地质公园晋升为国家地质公园，全州游客满意度连续三年位居全省第一。全年接待游客 7117.71 万人次[①]，同比增长 14.5%；旅游综合收入 530.45 亿元，同比增长 16.5%。

恩施州旅游扶贫的成功得益于五大模式的创新实践使得旅游扶贫的效应倍增，分别是景区带动型模式、乡村旅游带动型模式、养生度假带动型模式、创业就业带动型模式、产业融合带动型模式。恩施州把握了旅游发展的大趋势，超前谋划、主动作为，为扎实推进旅游扶贫做出了成效。

（二）栾川旅游扶贫精准实践

栾川县地处河南省西南部，与南阳市、三门峡市接壤，全县面积约 2477 平川县贫困的主要原因之一。自栾川县将发展旅游业作为扶贫攻坚的利器之后，乡村旅游带动了全县约 10 万名农民实现家门口脱贫致富，占全县人口的将近三分之一。目前全县还有 3.4 万贫困人口，栾川县人民政府持续加大支持旅游业发展的力度，力争 2018 年实现基本脱贫，2020 年实现全面脱贫的目标。

因独特的地理位置及自然环境，栾川县具有四大资源优势：一是矿产资源；

① 全域旅游人接待人数部分数据来源于《2019 年恩施州国民经济和社会发展统计公报》。

二是旅游资源；三是森林资源；四是土特产资源。以前，栾川县主导产业只有工矿业、农业，提出“工矿富县、农业脱贫”的发展模式，工矿业发展起来了，全县总体是富裕了，但是农民的收入没有靠农业增加，农业扶贫效果不佳。近年来，依靠丰富的资源赋存，栾川县提出“生态立县、工矿强县、旅游兴县”的发展战略，取得了良好的脱贫致富的效果。

目前，栾川县的旅游发展态势已经朝着“全域旅游”发展，全县14个县中就有11个县发展旅游，由以前“点”（重渡沟景区等少数景区）的发展格局向“面”（全县发展旅游）的格局转变。将旅游作为扶贫攻坚的“一号工程”来推进，依托成熟景区，栾川县旅游逐渐形成“旅游景区+特色农庄+风情小镇”的发展模式，建设成两个5A景区和5个4A景区（见表2），鼓励农户多建设农庄，实现家门口创业，支持农民从事餐饮、商品销售等旅游产业，带动了农业就业10.2万人。2014年，栾川县接待了951万旅游人次，实现旅游收入50.7亿元，农民人均收入也由2010年的4784元增长到2015年的9000元。

表2 栾川4A级及以上景区一览

景区名称	景区等级	景区定位
老君山	5A	道家圣地
鸡冠洞	5A	地质奇观
龙峪湾	4A	森林氧吧
重渡沟	4A	北国水乡
伏牛山滑雪度假乐园	4A	冰雪世界
抱犊寨	4A	红色胜地
养子沟	4A	野趣乐园

栾川模式以旅游业为龙头带动产业发展取得了不俗的成就，主要依赖于栾川县人民政府实施了正确的战略措施，利用优美的生态环境打造“休闲栾川”的品牌，推出了丰富多样的休闲旅游产品，如温泉游、农家游、山水游等，这些旅游产品吸引大批中外游客慕名前来，有效提高了栾川的知名度和美誉度（见表2）。发展旅游，既保护了生态环境、调整了产业结构，又带动百姓脱贫致富，更是在精神层面惠及了百姓。自实施“雨露计划”以来，农民学会了如何在网上管理自己的农庄预定系统，学会了如何开淘宝网店销售自己家的土特产品等。在与现代信息化的接轨过程中，村民文化素养得到了提高，精神得到了满足。

（三）武隆旅游扶贫精准实践

武隆位于重庆市东南部，乌江下游，地处大娄山与武陵山结合部，是全国有名的武陵山特困连片扶贫区。武隆区面积为2901.3平方千米，管辖26个乡镇，拥有约41.5万人口。武隆区是国家典型的山区贫困县，全县以陡峭的山地为主，土质贫瘠，受山地的制约，交通闭塞，以公路为主、水路为辅。另外，自然条件也较差，武隆区尚未脱贫的人集中在海拔800米以上的深山区，生存条件恶劣，劳动力缺乏，没有生产资金，几乎没有能力自身脱贫。自2008年，武隆人民政府提出旅游“二次创业”后，武隆旅游发展势头更盛。2011年，武隆喀斯特被评为国家级5A级旅游景区，此时“打造国际旅游目的地”已经上升为重庆市的市级战略。2012年，冯小刚导演为武隆量身打造的“印象·武隆”的实景歌会也大张旗鼓地登上了历史舞台，为武隆旅游又增添了一张旅游文化名片。

经过多年的发展，武隆旅游已经成为武隆区的一张世界名片，实现了旅游富民，且这个效益还在不断扩大。旅游交通的发展，提高了武隆的可进入性，也改善了当地人们的交通方式；旅游产品不断升级，产业结构不断优化，随着特色农产品、农副产品加工业的发展，星级酒店的兴建，村民得到了多重就业岗位。武隆的成功脱贫得益于能够依托优质的旅游资源赋存，将旅游产业作为经济发展中的重中之重，协调优化产业结构，统筹协调城乡发展，与经济社会形成良好的互动场面。全县整体发展的同时，带动村民就业与创业，投身旅游经济，将旅游收益直接反馈给人们，实现旅游惠民。把美丽风景变为“美丽经济”这是一个生动镜头。在武隆，吃上“旅游饭”的有10万村民，乡村旅游直接或间接从业人员达3万余人，近万名贫困群众人均年收入达1万元。

按照“农旅融合、文旅互促、商旅联动、全域发展”的思路，武隆制定出台了《关于加快乡村旅游发展的意见》，重点围绕旅游景区周边、旅游环道沿线、乡村旅游示范村（点）等区域，通过全路径规划、全社会参与、全产业融合，探索出廊道带动、集镇带动、景区带动、专业合作社带动四种“旅游+精准扶贫”增收模式，融合打造以“避暑养生、观光体验、休闲度假、科普教育”等为主要功能的旅游扶贫示范线路和乡村旅游扶贫示范村（点），积极培育以旅游接待、配套服务、休闲农业、旅游商品等新兴业态，带动贫困区域和贫困群众实现稳定增收和脱贫致富。

2011年以来，武隆区借力“世界自然遗产”“国家全域旅游示范区”“国家级旅游度假区”“国家5A级景区”四块金字招牌，大力发展乡村旅游，探索出一条乡村旅游扶贫的“武隆路子”。武隆旅游精准扶贫经验值得不外乎以下几点。

1."一条龙"服务创造扶贫条件

地处乌江流域的武隆区"天生丽质"：拥有120万年前、长度近3公里的溶洞；三座平均高度超过300米的天然石拱桥；深度近300米的天坑……这些古老而罕见的喀斯特地貌，使武隆成为世界自然遗产——中国南方喀斯特的重要组成部分。

在守护好世界自然遗产地这块"绿色瑰宝"的前提下，武隆区将全境作为一个"大景区""大公园"进行打造。

根据贫困地域特点，武隆区划分以仙女山、白马山、芙蓉江（见图9）、大溪河、桐梓山等五大贫困片区，并对区域内可开发的691处乡村旅游资源进行统筹规划，打造五条乡村旅游扶贫精品线路，配套打造天池苗寨、复兴田园、呐溪原乡、七彩堰塘、纤夫院子等100个乡村旅游示范村（点），对全区75个贫困村实现全覆盖。

图9　芙蓉街道堰塘村乡村旅游

有了规划，怎么进一步发展，"到户扶持"被摆在重要位置——对发展乡村旅游符合要求并取得经营资格的贫困户，给予每张床位500元补助，最高可补助1.5万元；对当年新评的乡村旅游星级示范户给予一次性补助，其中，三星级每户补助1万元、四星级每户补助2万元、五星级每户补助3万元。

截至目前，已累计吸引社会投资300多亿元，发展涉旅企业1000余家，涉旅商户8000余家，发展从事乡村旅游接待户4000余户，接待床位达4.6万张，约10万人因从事涉旅工作实现增收致富，近3万名建档立卡贫困人口靠旅游带动摆脱贫困，近1万名涉旅贫困人口人均年收入达2万元以上。

除此之外，武隆区还在营销方面下大力气，借力全区大旅游、大景区火爆的旅游市场，通过在游客接待中心、核心景区、景区车辆、旅游地图、导游解说词、LED 屏幕等大力宣传，武隆区加强对全域乡村旅游的营销宣传，并实现了“大旅游”带“乡村旅游”，“大景区”辐射“乡村旅游景点”的多维度宣传。

2.“三借力”打造推进持续发展

“七彩堰塘”“复兴田园”“纤夫院子”“凉水花乡”“凤舞黄渡”……在武隆区，各具特色的乡村旅游品牌正成为全区乡村旅游的新锐“网红”，而它们的发展，与社会帮扶力量有着密切关系。

水利部定点帮扶、济南东西部扶贫协作、市委政法委扶贫集团、涪陵区对口帮扶、市工商联等社会帮扶力量，在基础设施建设、产业布局发展、社会事业发展、美丽乡村建设等方面集中发力，助力武隆区逐步实现“产业兴、乡村美”。

据统计，东西部扶贫协作打造的 16 个乡村旅游扶贫村已累计接待游客 300 余万人次，实现综合收入近 1 亿元，带动所在村贫困户户均增收 2500 元以上。

层峦叠嶂，高山田园，风景如画，在呐溪沟乡村旅游示范点，不仅能欣赏到美丽的自然风景，还能体验飞越丛林、大魔网、音乐钢琴喷泉、飞拉达、高空速滑等 16 个极限挑战项目（见图 10）。

图 10 火炉镇万峰村呐溪原乡乡村旅游体验项目

近年来，武隆区不断借力国有资本探索村企联营新模式，火炉镇保峰村、万峰村通过与区喀斯特（集团）公司联合成立呐溪沟乡村旅游股份合作社，建立了呐溪沟乡村旅游示范点，开业 4 个月时间，累计接待乡村旅游游客 3 万余人次，实现乡村旅游综合收入200余万元。

在后坪乡文凤村“天池苗寨”，44户寨民集体决议，以田、土、林、房10年经营权折价人民币500余万元入股，引进惠隆乡村旅游公司以300万元现金入股，共同成立“苗情乡村旅游股份合作社”。

为充分盘活农村土地、林地、水域等自然资源，武隆区通过稳步推进资产收益扶贫和股权化改革试点，将财政扶贫资金等量化为村集体股金，农民将个人的资源、资产、技术等，入股到经营主体，实现资源变资产、资金变股金、农民变股东。

3.“四模式”带动巩固带贫成果

为推进“廊道带动”增收，武隆区将仙女山、白马山两条“旅游黄金廊道”作为重点，辐射带动周边贫困乡村发展高山蔬菜、有机茶叶、特色林果、生态渔业、中药材等产业，建成集交通组织、空间整合、产业集聚等为一体的旅游扶贫开发示范片区。

在仙女山、天生三桥、芙蓉洞等景区进出通道区域，建有专门的创业区和农特产品销售一条街，通过“景区”带动增收，引导景区居民及周边群众发展特色小吃、特色农家、农产品或旅游商品销售等商业，同时依托景区开发、旅游项目实施（见图11）、旅游服务等，带动景区及周边群众2万余人实现就业创业。

图11　赵家乡乡村旅游季开展的游客徒手抓鱼体验活动

在赵家乡，119家乡村旅游接待户加入了专业合作社，连续举办七届乡村旅游季，开展了“抖音”拍摄大赛、吃葡萄比赛、摸鱼大赛、钓鱼比赛等活动，取得了良好的带贫效果。为进一步巩固乡村旅游带贫效果，武隆区累计成立1070个专业合作社，引进200余家企业投资达10亿余元，涵盖了“2+6+N”扶贫主导产业，辐射带动75个贫困村脱贫销号。

面对新冠肺炎疫情，武隆区通过大力发展“云旅游”“云直播”“云销售”等方式，提高乡村旅游产业链覆盖面和抗风险能力，通过“云经济”带动群众稳定增收，以“短视频+直播”形式，推介乡村旅游景点、宣传民俗文化、促销农特产品等，区乡村三级干部通过直播带货，推荐认定供应商89个、扶贫产品529个，累计实现农产品销售15 652万元，有效带动9000余户涉旅贫困户实现增收。

（四）其他区域旅游扶贫精准实践

1. 贵州旅游精准扶贫的主要方法

（1）贵州旅游精准扶贫成效

作为贫困人口众多、贫困程度深重的多民族省份，贵州需要蹚出一条能契合自身实际、依托自身特色、适合自我发展的脱贫之路。独特的自然资源和丰富的民族文化资源决定了“旅游扶贫”是贵州实现脱贫的绝佳选择。民族村寨是我国民族地区贫困人口最为集中的基本单元，新时期国家确定的将扶贫目标对准重点的贫困村和贫困人口的政策使得民族村寨在扶贫攻坚中的作用更加凸显。20世纪末以来，国家针对民族地区实施的一系列保护和发展少数民族村寨的政策和措施，一定程度上为村寨旅游扶贫开发奠定了基础。实践中，贵州立足于区域特色和民族特色，创造性地走出了一条独特的旅游扶贫开发路径，极大地带动了当地人口的脱贫。截至目前，贵州全省已经形成了大大小小、星罗棋布的上千个民族村寨旅游景点，并形成了一批在全国乃至世界都享有知名度的民族旅游村寨，如西江苗寨、肇兴侗寨和朗德苗寨等。但我们也必须清醒地看到，虽然贵州的民族村寨旅游扶贫开发走在了全国的前列，但是，暴露出来的一些问题也不容忽视。一些民族村寨的旅游开发在经历了早期的快速发展之后，开始进入了发展的“瓶颈期”，面临着诸如经济效益开始下滑、游客增长缓慢、贫困人口难以获益等问题。还有很多村寨在发展的十字路口，不知道何去何从。在精准扶贫的大背景下，如何走好脱贫攻坚工作的“最后一公里”，实现民族村寨旅游扶贫的可持续发展，是当前和今后一段时间里必须集中应对的问题。

新时期，贵州省出台了《贵州省发展旅游业助推脱贫攻坚三年行动方案（2017—2019年）》，继续坚持将乡村旅游作为精准扶贫战略的主要抓手，发挥旅游业在带动贫困人口脱贫方面的积极作用。确定了到2019年力争实现通过旅游带动100万建档立卡贫困人口脱贫，且人均纯收入中有1/5以上来自于旅游产业的战略目标。为了更好地发挥旅游业的脱贫攻坚作用，进一步提出了两个全面覆盖的发展目标：一是贫困村寨旅游规划制定全面覆盖，通过旅游扶贫云系统对全省3347个贫困村、51万贫困户、172.24万贫困人口进行了建档立卡；二是对9000个“宜游”贫困村实现旅游人才培训全覆盖。

（2）贵州旅游精准扶贫的主要方式

贵州省约有80%以上的贫困人口聚居在深山区、石山区、高寒山区和少数民族聚居区的现状，决定了实施旅游扶贫开发的紧迫性和重要性。贵州省内分布着大大小小、特色各异的3万多个村寨，具备了依托乡村旅游进行扶贫的可行性。为了更好地发挥乡村旅游在扶贫攻坚中的积极作用，“十二五”期间，贵州先后在全省范围内建成了10个省级、20个地级和100个县级旅游扶贫示范区，遴选T300个贫困村作为旅游扶贫倍增计划试点村。“十三五”期间，贵州计划从六个方面继续加大到乡村旅游扶贫的工作力度：

一是依托正在实施的“5个100”旅游景区建设工程，实现“景区带村”脱贫。通过对景区周边村寨进行资源和基础设施普查，将一些适合发展乡村旅游的贫困村纳入建设清单。并且积极探索多元化的经营和发展方式，实现景区建设与贫困人口的多元利益链接方式，如将贫困村民的房屋、土地和劳动力等资源量化入股，实现“三权”促“三变”，通过景区门票分红、景区就业和自主创业等途径，确保贫困人口获得旅游收入；

二是依托“百区千村万户”乡村旅游扶贫工程促进脱贫。根据不同地区的发展条件和贫困农户的发展意愿，在民主协商的基础上，采取“一村一品”“一家一艺”“一户一特”等形式发展特色产业，贫困农户可以通过直接就业、经营旅游小企业、出售农副产品、出租房屋或者资本入股等方式获得旅游收益；

三是通过打造旅游特色品牌为扶贫创造条件。围绕着贵州“山地公园”和“多彩贵州”的总体旅游形象定位，鼓励一些历史底蕴深厚、地域特色鲜明的民族村寨打造特色旅游品牌，如休闲度假、民族医药、特色农业和户外运动等特色旅游开发模式。

与此同时，继续加大对旅游产品的宣传和营销力度，提升旅游扶贫景区（点）的传播力和影响力；四是加强对旅游从业人员的培训和旅游扶贫项目的支持，精准施策。借助“雨露计划”对乡村旅游从业人员进行分级、分批、分类培训，力图克服人力资本的“短板”，同时创新贷款融资模式，通过与国家开发银行、农商银行合在贵州几十年的脱贫道路中，旅游扶贫可谓是功不可没，发挥了重要而积极的作用。“十一五”期间，贵州乡村旅游共带动105万农村贫困人口的就业，实现了农民人均纯收入的15%来自旅游业，42万贫困人口通过旅游开发实现了脱贫。“十二五”是贵州旅游扶贫的重要发展时期，在此期间，贵州全省被列入全国乡村旅游扶贫重点村的村寨达到了517个，建立了4个全国休闲农业与乡村旅游示范县（点），总共提供就业岗位234万个，总受益人数超过470万人。贵州省实现了每年平均乡村旅游总收入逾20亿元，农民人均纯收入的20%来自乡村旅游的总体目标。乡村旅游发展的“贵州模式”也得到了联合国世界旅游组织（UNWTO）的高度认可，认为“中国的乡村旅游发展模式具有很高的推广价值”。2016年，贵州省共投入123.61亿元发展乡村旅游，通过重点扶持100个旅游景区建设和发展乡村旅游，基本实现了对1417个建档立卡贫困村的旅游全覆盖，带动29.4万建档立卡贫困人口实现脱贫，占全省脱贫人口总数的24.5%。乡村旅游除了带动就业之外，对乡村扶贫还具有积极的作用：形成了多种形式的旅游经营模式，进一步优化了村寨的产业结构，辐射带动了相关产业的发展，尤其是推动了特色农业的发展；通过发展乡村旅游，提高了村寨妇女的权利和地位，一定程度上推动了社区的民主化进程等。以民族文化为主的民族村寨旅游扶贫效果尤其突出，以西江苗寨为例，2015年西江全镇各村寨总共接待游客人数达到了250万人次，实现旅游综合收入6亿元，居民人均纯收入达到了7200元，其中有60%以上直接或间接来自参与旅游所得。

贵州是全国脱贫攻坚的主战区和决战区，可以说，中央能否如期完成2020全民小康的脱贫任务，贵州起着一定的决定性作用。从这个意义而言，贵州的脱贫攻坚不仅是一项重大的经济问题，更是一项伟大的政治任务。实践证明，乡村旅游已经成为我国扶贫事业的重要路径，对身处脱贫攻坚关键时期的贵州而言，乡村旅游的意义更为明显大。“十三五”时期，贵州省继续将“大扶贫”作为贵州旅游发展的重大战略，采取更加切实有效的措施，积极推进“旅游+扶贫”的全域旅游深度融合发展路径，切实让贵州的“绿水青山”变成贫困群众手中脱贫致富的“金山银山”，举全省之力坚决打赢脱贫攻坚这场“硬仗”。

2. 雅安市旅游精准扶贫的主要方法

经过多年努力，雅安市旅游精准扶贫工作取得一定成效，全市拥有国家4A级旅游景区数量从4家增加到19家，形成东部休闲度假区、南部康养旅游区、西北部生态文化旅游区的发展格局，全域性旅游发展格局为精准扶贫提供了良好基础。截至2018年年底，全市旅游精准扶贫成效主要表现在贫困人口数量减少、旅游收入提高、就业岗位增加、旅游扶贫效果提升等几个方面。

2016年雅安市根据贫困标准建档立卡261个贫困村，8818万贫困人口，贫困发生率为5.8%。雅安市政府依托贫困村生态资源优势，实施旅游精准扶贫计划，以农带旅、以旅兴农。从261个贫困村中选取了66个符合旅游扶贫发展条件的贫困村作为重点示范村，以项目建设为抓手，助推旅游产业扶贫。仅2018年实施“乡村旅游富民、旅游产业带动、新业态新产品培训、旅游公共服务设施建设、旅游宣传推介、旅游人才引进和培养”六大类旅游扶贫项目共33个，总投资36 029.8万元，助力17个旅游精准扶贫重点村退出，实现1657人脱贫（见图8）。

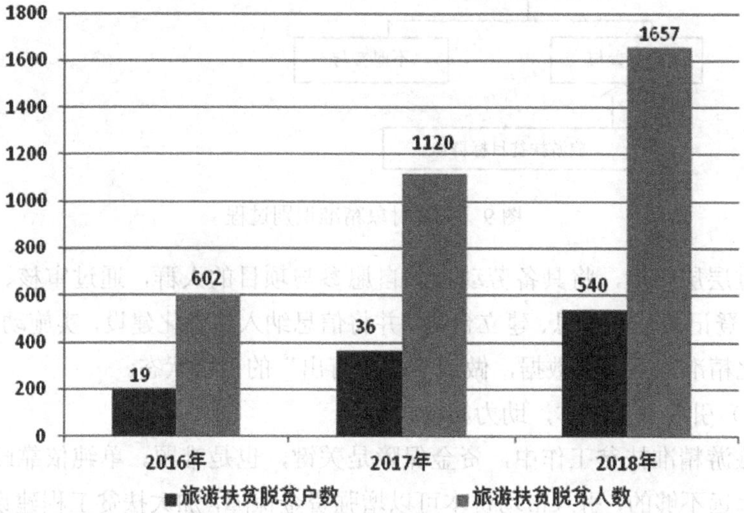

图8　2016—2018年雅安市旅游精准扶贫脱贫数据汇总

（1）政府主导扶贫，立足精准识别

雅安市旅游精准扶贫工作质效显著，与政府主导管理有密切关系。利用自身资源优势，定位市场经济发展，将旅游产业作为主要帮扶产业，是政府良好战略规划的展现。改变传统“政府单一”扶贫模式，转为“政府主导、共治共享”的扶贫模式，成立旅游扶贫专项工作小组，分工协作、打破职能界限，充分发挥政府引导和服务作用，最大程度集中优势资源，共同完成精准扶贫目标，是政府创新扶贫模式的体现。

对于精准识别，雅安市旅游扶贫领导小组专门建立了贫困认定机制，明确贫困标准，科学界定贫困人口。首先，区分贫困人口和非贫困人口，根据国家贫困收入标准进行初步审核，结合实地走访、情况比较等方式确认是否属于贫困人口。其次，进一步筛选具备旅游产业扶贫条件的，针对个人学历、技术水平、经济条件、参与能力等细分为适合旅游产业扶持的贫困人口和不适合旅游产业扶持的贫困人口。最终，在具备同等劳动力的适合扶持人口中，根据参与愿意进行第三次分解（见图 9）。

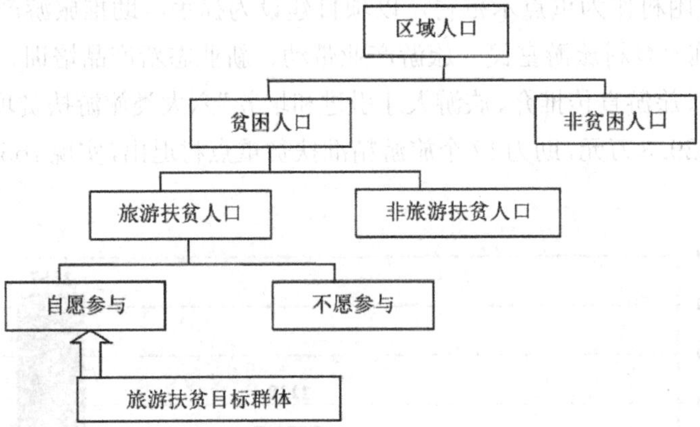

图 9　扶贫对象精准识别过程

经过层层筛选，将具备劳动力且自愿参与项目的人群，通过审核、公示和监督后，登记其基本信息、建立台账。并将信息纳入信息化建设，实施动态监管，不断优化精准识别标准数据，做到“有进有出”的识别状态。

（2）引入多元主体，助力精准扶贫

在旅游精准扶贫工作中，资金保障是关键，也是难题。单纯依靠政府资金支持是远远不够的，引入市场资本可以增强资金保障，加大扶贫工程建设力度。一方面，政府通过政策吸引市场多元主体参与扶贫，加大旅游企业的投资力度，获得更多外部市场资金。另一方面，建立市场资源配置机制，科学合理的利用和分配市场资源，确保资源精准落实到位，使扶贫工作持续化开展。在旅游扶贫专项工作中，雅安市旅游局积极争取国家、省级旅游发展基金项目，在布局上优先向贫困地区倾斜，保障旅游扶贫项目有序推进实施。2018 年安排 12 050 万元，占全省下达市州项目资金总量的 77%。其次，搭建旅游产业融资平台，出台投资创业担保贷款扶持政策，整合各部门金融支持政策，落实创业贷款、旅游扶贫开发等财政贴息政策等，化解旅游扶贫项目启动资金难筹的问题，降低产业投资融资压力。

在引入市场多元主体后，为助力旅游精准扶贫工作的深入开展，推动扶贫项目产业化是根本。雅安市政府联动当地高校，设计实施了自上而下的电子商务运营体系平台，涵盖县域服务中心、乡镇服务站和村级服务点三级商务运营体系。有效解决了县级以下物流资源匮乏、欠缺整体布局的问题，充分发挥基层社会组织管理作用，从根本解决“旅游制造品进村”和“旅游农产品进城”的流通问题。构建完整的产业链，旅游龙头企业积极发挥产业带动力，对贫困地区进行市场化打造；贫困人口增强脱贫信心，结合自身能力努力参与扶贫建设项目；政府健全监督和管理机制，做好市场与资源的协调工作，这三者是雅安市推行旅游精准扶贫工程有效运行的基础。

（3）健全运行机制，提升扶贫效应

建立健全的旅游扶贫机制，是增强精准扶贫效应的根本保障。雅安市政府在旅游精准扶贫实施中，除给予更多政策和资金上的保障以外，还加强了对管理机制的建设。

①建立动态分类管理机制。雅安市政府组织专业力量，经实地调研、科学分析致贫原因，采用“自上而下”的评定标准和“自下而上”的推报形式确定扶贫对象，再结合扶贫对象自身特点，分类划入“三个带动，六种渠道”实施计划中。并且依托全省旅游产业信息管理平台和“六有”数据平台，完善旅游扶贫基础数据，强化项目进度填报，及时更新扶贫状态，实现旅游扶贫目标进度的动态管理。

②建立全域旅游发展机制。整合区域旅游资源，把精准扶贫与旅游开发相结合，规划全域发展路径，以连片形式呈网状打造开发。雅安市政府通过购买服务的方式，成立四大片区旅游扶贫促进中心，向这些中心借力借智，指导开展调研、规划、培训、指导和评估等工作，推动当地旅游开发有效落实。此外，还针对贫困连片区实行统筹规划，建立联动产业帮扶模式、打造产业链发展、统筹生产经营，充分发挥各参与主体优势，实现贫困地区均衡发展。

③建立多元主体协调机制。雅安市政府将政府部门、行业龙头、金融机构、贫困乡村等多个参与主体，以项目为单位，建立专项扶贫小组，形成上下联动、横向联合、协同推进的工作局面。统筹解决旅游扶贫工作中规划对接、用地保障、行政审批、资金整合使用等问题，为旅游扶贫持续健康发展创造良好的外部环境。

第三节　国内外旅游扶贫精准实践启示

一、国外旅游扶贫精准实践启示

（一）确立旅游扶贫的核心思想

相关部门要充分认识旅游精准扶贫的作用和机制，实现最终目标，也就是让贫困人口在旅游发展过程中增加利益、增加发展机会、提高收入、改善生活，逐步摆脱贫困。相关部门要在旅游扶贫开发中充分发挥宏观调控的作用。

第一，因地制宜地制定旅游扶贫发展战略及规定，协调旅游扶贫发展过程中的利益主体。

第二，国家旅游相关部门应针对性的设计旅游扶贫规划，让旅游扶贫的实施、运行、管理的效率提高，确保真正的贫困人口受益和旅游扶贫的顺利开展。法国的“无季节差异的乡村旅游设计”使得旅游经济达到最优的效果；南非的“负责任旅游”要求经济、社会和环境的可持续性负责；泰国 OTOP 项目强调产品特色，打造品牌。

第三，相关部门积极通过各种渠道对本国旅游目的地进行宣传和营销，促进贫困地区旅游客源市场的壮大，使旅游扶贫项目创造更多的外汇。肯尼亚政府积极扩展国际旅游市场，在中国举办市场推广简介会，并设计了一系列推广活动，让越来越多的国外游客了解和认识肯尼亚的生态旅游。

第四，相关部门要提高对旅游精准扶贫的认识，抓住旅游精准扶贫的思想精髓。将旅游扶贫与精神扶贫结合起来，转变贫困地区贫困人口传统意识，融入市场、适应市场，树立自力更生、脱贫致富的信念。韩国从长远角度考虑，重视农村人力资源能力的建设，对农村劳动力资源进行教育培训，建立了一套较为完善的乡村旅游人才培养体系。

（二）以市场导向为导向寻求旅游扶贫的调整与改革

旅游扶贫发展中重要的依托就是旅游产业的发展，而旅游业的发展以市场为导向，强调效率优先，旅游扶贫同时涉及利益主体、资源开发、市场效应等因素。旅游发展是一个长期的过程，每个时期会出现不同的特点和矛盾，如旅游的边际效益下降、受益群体发生倾斜、旅游业供需不平衡、旅游业务发生偏移等等问题，将面临一个深度调整和深刻变革期，此时，我们在进行旅游扶贫开发时，要深化改革，加强旅游扶贫制度和机制设计，建立相应的旅游扶贫管理组织，巩固和加强旅游与减贫的联系。

20 世纪 60 年代末期，韩国农业发展的缓慢已经影响到了本国的其他产业和国民经济的发展，“新村运动”旨在改善农村环境，发展农业生产，提高农民生活水平。南非政府为解决贫困、种族、社会不平等问题，提出“负责任旅游”方案，强调旅游开发要对经济、社会和环境的可持续性负责。早期在肯尼亚旅游产业发展中，“狩猎旅游”中疯狂的打猎旅游活动严重破坏了野生动物的生存环境，毁灭性的旅游方式严重影响了肯尼亚的旅游品质，为此，肯尼亚政府推出“禁猎令”，建立国家公园，开始保护野生动植物，旅游方式的转型为当地经济社会发展产生了巨大的效应。

（三）“精准定位”旅游扶贫开发各个要素

1.“精准定位”旅游目的地

旅游扶贫应该因地制宜的选取具备旅游发展基础和条件的地区进行旅游业开发，确保旅游业作为当地优势产业，实现脱贫的目的。从上述国际旅游扶贫案例中发展，各国在旅游扶贫目的地的选取上，都进行了慎重的考虑。法国建立“法兰西最美丽的村庄”协会，协会汇集全国各地美丽的乡村，联结成强大的统一网络，各成员村落合作互助，通过旅游提升传统乡村的活力和吸引力，发展乡村经济；泰国实行“一村一个项目”，每个村庄都需要用当地的原材料和资源生产自己独特的产品，将当地资源转化为高质量的产品，打造品牌形象。

2.“精准定位”旅游扶贫受益人群

受益人群是旅游扶贫的出发点和最终目标，因此，在旅游扶贫开发中一定要首要考虑贫困人口，实现人口受益和人口发展，不仅在经济上使贫困人口摆脱贫困，还要注重人口能力的可持续发展，包括教育、医疗、社会服务、权利和权益等方面。美国艾奥瓦州格林维尔地区组建起“格林维尔好客协会”，充分发挥贫困地区女性资源优势，改善女性贫困的现状；法国乡村居民拥有对乡村旅游发展的决定权，乡村旅游的经营主体主要是本地农户和居民，改善了当地贫困居民的生活状况；南非旅游局制定了《旅游业提高黑人经济实力宪章和记分卡》，改变旅游业中机会与利益不平等的现象，坚持“以人为本”的理念，重点关注人的权益；肯尼亚在发展生态旅游时特别强调注重当地居民的利益，确保当地居民在生态旅游发展中获益。

二、国内旅游扶贫精准实践启示

精准定位是旅游扶贫的关键之处。首先，定位产业优势，旅游业是否是该地区的优势产业，贫困人口能否参与其中。其次，精准定位旅游扶贫对象。对旅游扶贫对象的定位是否准确，将直接决定扶贫的方向和目标。再次，精准定位旅游扶贫目标。旅游扶贫关键在于如何促进贫困人口进行全面可持续性地受益，不仅要在经济利益上得以表现，更要贫困人口的参与度上得以表现。最后，精准定位旅游扶贫形式。贫困地区要以当地自身具体情况选择符合自身实际的发展道路。

（一）宏观层面经验启发

1. 加强基础设施建设

旅游发展必须在合理规划与精准管理下才能成功。政府要在提供相应资金、技术和政策支持的同时加强对基础设施建设，包括道路、游客中心、旅游厕所、绿化等公共服务设施建设，为旅游精准扶贫提供更舒适的外部环境。完善贫困地区的旅游基础设施建设，既是旅游精准扶贫中最基本的任务，也是旅游精准扶贫落地有声、产生显著效果的扎实基础。

2. 明确扶贫帮扶目标

只有旅游扶贫帮扶产生了真正的实效，才能赢得群众认可，提升群众满意度。贫困人口在旅游精准扶贫过程中既是扶贫的对象，又是扶贫的主体。政府、社区、企业和非政府组织在旅游精准扶贫过程中所有的政策、资金、项目和措施都以贫困人口为中心。贫困人口要实现脱贫，除了政府、社区、非政府组织等这些帮扶主体进行帮扶，还需要贫困人口自我帮扶，立勤脱贫。

3. 促进产业有机融合

如何扩大旅游扶贫形式，不仅对旅游精准扶贫模式产生重要的积极作用，也对促进乡村经济的内生发展有着重要意义。充分利用乡村各类物质与非物质文化资源的独特亮点，借助新型“旅游 +”“生态 +”等创新模式，不断加快融合旅游业与其他产业相结合的步伐，摆脱单一乡村旅游发展的主体，持续开发休闲度假、综合体验、民俗风情等具有文化特色的旅游产品，为实现旅游与文化、科技、农业等领域一体化融合发展奠定基础。

4. 加强旅游精准扶贫资金管理

扶贫资金是贫困群众的“保命钱”，是脱贫攻坚的“助推剂”。对于旅游扶贫中空做数字脱贫及虚假脱贫，旅游扶贫工作不务实、不扎实，扶贫成果不真实、发现问题得不到有效纠正等问题应该严肃问责、从重处理，并加大对旅游扶贫成效的跟踪、分析和考核。因此，要加强旅游扶贫资金监管，保证扶贫资金使用效率。确保扶贫资金用出成效、扶贫项目持续推进、扶贫工期和质量有保证，使老百姓能真正受益，将我国贫困地区脱贫攻坚的旅游扶贫各项目标任务落到实处。

（二）中观层面经验启发

经过近些年的旅游扶贫开发实践，我国旅游开发扶贫已有不少可以值得借鉴的规律和经验，主要有以下几点。

①旅游开发扶贫成绩突出的地区，都有敢于开拓、甘于奉献、苦干实干的带头人。

②旅游开发扶贫成绩突出的地区，都注意因地制宜开发旅游资源，并注意解决和改善可进入性问题。

③旅游开发扶贫成绩突出的地区，都注意按照旅游经济规律办事，做好产销结合与配套开发，努力提高旅游综合接待能力和创收能力。

④旅游开发扶贫成绩突出的地区，都注意发挥旅游业的关联带动功能，依托旅游市场，大力发展与旅游业相关的服务产业和旅游农业、旅游工业，带动了地方经济的全面发展。

⑤旅游开发扶贫成绩突出的地区，都注意加强横向联合，并积极争取地方政府及有关部门的扶持。除了以上经验外，还有以下几点：注意旅游景区景点的形象建设和宣传促销；一定要让当地社区居民参与到旅游开发工作中来；健全和加强旅游管理体系；等等。

（三）微观层面经验

无论是区域旅游扶贫模式、民族地区旅游扶贫模式，还是乡村旅游模式，都有共通性，为此进行简单梳理，供以后旅游精准扶贫实践借鉴与参考。

1. 立足自身资源，合理规划

旅游资源是旅游业发展的基础与先决条件。贫困地区中，致贫原因多样，或交通不便致贫，或地形地貌致贫，通常无力发展第一和第二产业，但也正因为如此，生态环境得到良好的保护，给旅游业的发展提供了一个良好的环境。要想利用旅游摆脱贫困，充分调研、认识贫困地区的旅游资源是必要前提，并在此基础上精准定位，配以合理的规划开发，利用其旅游资源推陈出新，不断面向市场更新旅游产品。因此，立足自身资源，合理规划是旅游扶贫的核心。

2. 挖掘文化内涵，持续营销

文化是旅游业发展的不竭动力及源泉。任何景区想保持持久不衰的生命力，都要有独特的文化。充分挖掘贫困地区旅游资源的文化内涵，是旅游扶贫取得持续效果的保障。文化内涵，一方面，能对旅游者具有更持久的吸引力；另一方面，也是贫困地区对外宣传品牌的撒手锏。因此，在旅游扶贫的过程中，挖掘文化内涵是基础。

3. 优化产业结构，富民增收

旅游业被称为“零污染”的朝阳产业，因此发展旅游业对贫困地区的产业结构能起到调节优化的作用。贫困地区发展旅游业，能直接或间接地带动贫困人口就业，直接给贫困人口带来劳动收入；为提高当地旅游接待能力，鼓励农民直接参与农家乐等多种旅游服务行业，是旅游业进行精准扶贫的重要手段。因此，优化产业结构，富民增收是旅游扶贫的结果。

三、旅游精准扶贫的发展趋势

经过长期攻坚克难的努力，总结旅游产业带动贫困区域发展取得的成效，归纳其发展趋势主要有以下几个方面。

（一）旅游精准扶贫是进一步实现脱贫目标的有力抓手

2017 年文化和旅游部、国务院扶贫办印发的《关于支持深度贫困地区旅游扶贫行动方案》中指出，到 2020 年，“三区三洲”深度贫困地区（即西藏、四川省藏区、新疆南疆、四川凉山州、云南怒江州、甘肃临夏州）旅游扶贫开发成效要取得明显提升，改善基础设施建设和服务水平，提高贫困人口素质，打造特色旅游产品，加强旅游扶贫措施有效性。针对深度贫困地区旅游扶贫行动任务做了明确分解，提出“六大工程”，即旅游扶贫规划攻坚工程、旅游基础设施提升工程、旅游扶贫精品开发工程、旅游扶贫宣传推广工程、旅游扶贫人才培训工程、旅游扶贫示范创建工程。说明利用旅游行业产业化、创新化、常态化的资源优势，融入扶贫机制，形成可持续发展的经济态势，是未来我国旅游精准扶贫的主要发展趋势。

（二）政府职能逐渐向服务型转变

精准扶贫概念的提出预示着政府管理职责由主导型向服务型转变，为更好地适应市场发展，充分发挥旅游产业帮扶力，在沿袭主导型政府职能扶贫方式基础上，应转变原有工作机制和服务定位，积极引入市场体制、产业机制和监管服务。未来，在旅游扶贫活动中，政府不再作为主要管理者和参与者，而是更多的转变为过程的服务者与协调者；不再只注重扶贫产业项目制定的合理性和取得的成效性，而是更加注重项目建设中的精准性；不再通过行政权力强制主体参与，而是加强对贫困地区基础性社会保障建设，通过优势吸引各方主体主动参与。这都充分体现了政府职能的不断转变，从根本改善“重资金，轻保障”的问题，力争构建精准扶贫新格局。

（三）市场主体向多元化转变

改变原有政府扶贫机制，积极鼓励和吸引社会组织参与扶贫，除政府加大财政力度支持以外，可以通过增强市场政策倾斜度，吸引和鼓励社会组织对精准扶贫工程的帮扶。例如制定利于旅游行业发展的政策，增强旅游企业市场发展信心，加大对贫困地区旅游开发；运用经济政策营造良好的借贷市场和金融秩序，贫困户可以通过政府担保、资产担保或信用担保等形式获得小额贷款，用以开展旅游服务项目；还可以加强设施建设和教育政策倾斜，吸引更多人才主动参与旅游扶贫。

（四）旅游精准扶贫机制逐渐完善

扶贫的最终目标是帮助贫困人口摆脱贫困，杜绝“二次返贫”现象的出现，总结我国以往旅游精准扶贫实施经验可以看出，良好的管理机制可以有效实现这一目标。建立有效的考核机制，对旅游扶贫活动实行数据动态监控；打破贫困地区发展边缘化，将扶贫计划纳入全域发展战略；创新旅游精准扶贫机制，启动联动机制增强服务响应力度；利用信息技术手段，结合大数据、网络媒体平台获得更多有效信息等等，都是新形势下旅游精准扶贫机制的不断趋于完善的体现。

参考文献

[1] 王伟．乡村旅游精准扶贫的瓶颈制约与破解研究 [J]. 农业经济，2020（12）：71-72.

[2] 王玉清，陈玥彤．国内旅游精准扶贫实践启示 [J]. 旅游纵览（下半月），2019（22）：147-148+156.

[3] 张菊梅，王春燕．非物质文化遗产旅游精准扶贫相关性研究：以喀什地区手工艺为例 [J]. 北方经贸，2019（10）：141-145.

[4] 陈绍友，王方富．旅游精准扶贫的关键环节与推进方略 [J]. 重庆师范大学学报（社会科学版），2019（03）：95-104.

[5] 刘丹玉．新疆农牧区旅游精准扶贫研究 [D]. 石河子：石河子大学，2019.

[6] 石媚山．乡村旅游精准扶贫的运行机制、困境和策略 [J]. 农业经济，2019（05）：59-60.

[7] 唐坚．旅游资源与精准扶贫对接的路径探讨 [J]. 社会科学家，2019（05）：89-94.

[8] 颜安．旅游精准扶贫的运行机制 [J]. 人民论坛，2019（09）：62-63.

[9] 张莉，邵俭福．精准扶贫视角下发展乡村旅游的意义、困境及路径探究 [J]. 农业经济，2019（03）：30-32.

[10] 王晓婷．乡村旅游精准扶贫实现的有效方法 [J]. 旅游纵览（下半月），2019（04）：152.

[11] 兰虹，胡颖洁，熊雪朋．乡村振兴战略背景下旅游精准扶贫对策研究：基于四川省旅游数据的实证研究 [J]. 西部经济管理论坛，2019（01）：45-51.

[12] 郭雪．分析乡村旅游精准扶贫的现实困境及改进方法：以桂林资源县为例 [J]. 旅游纵览（下半月），2018（24）：147+149.

[13] 林琳．旅游精准扶贫探析 [J]. 中国管理信息化，2017（21）：201-204.

[14] 何阳，孙萍．乡村旅游精准扶贫的现实问题与消解 [J]. 内蒙古社会科学

（汉文版）, 2017（03）：29-34.
[15] 郭剑英．旅游精准扶贫研究综述 [J]. 乐山师范学院学报, 2017（04）：57-60.
[16] 邓小海，曾亮，云建辉．旅游扶贫精准管理探析 [J]. 广西广播电视大学学报, 2017（02）：56-63.
[17] 邓小海，曾亮，肖洪磊．旅游精准扶贫的概念、构成及运行机理探析 [J]. 江苏农业科学, 2017（02）：265-269.
[18] 陈小宁，郭进，李俊松，等．基于大数据的旅游精准扶贫信息系统设计研究 [J]. 科技展望, 2016（36）：7.
[19] 赖斌，杨丽娟，李凌峰．精准扶贫视野下的少数民族民宿特色旅游村镇建设研究：基于稻城县香格里拉镇的调研 [J]. 西南民族大学学报（人文社科版）, 2016（12）154-159.
[20] 杨建，韩宗伟，张翊红．旅游精准扶贫的作用机理和推进策略 [J]. 云南社会科学, 2016（06）：52-56.
[21] 朱磊，胡静，许贤棠，等．中国旅游扶贫地空间分布格局及成因 [J]. 中国人口·资源与环境, 2016（11）：130-138.
[22] 卢睿．乡村旅游精准扶贫研究 [J]. 赤子（上中旬）, 2016（19）：179-180.
[23] 胡强，沈晖．旅游扶贫如何更精准 [J]. 人民论坛, 2016（25）：92-93.
[24] 吴亚平，陈品玉，周江．少数民族村寨旅游精准扶贫机制研究：兼论贵州民族村寨旅游精准扶贫的“农旅融合”机制 [J]. 贵州师范学院学报, 2016（05）：57-61.
[25] 薛定刚．旅游精准扶贫路径研究 [J]. 城市学刊, 2016（01）：36-38.
[26] 邓小海，曾亮，罗明义．精准扶贫背景下旅游扶贫精准识别研究 [J]. 生态经济, 2015（04）：94-98.
[27] 王兆峰．民族地区旅游扶贫研究 [M]. 北京：中国社会科学出版社, 2011.
[28] 范小建.《中国农村扶贫开发纲要（2011—2020 年）》干部辅导读本 [M]. 北京：中国财政经济出版社, 2012.
[29] 李佳．旅游扶贫理论与实践 [M]. 北京：首都经济贸易大学出版社, 2010.
[30] 刘海英．大扶贫：公益组织的实践与建议 [M]. 北京：社会科学文献出版社, 2011.
[31] 刘益．欠发达地区旅游影响研究 [M]. 北京：科学出版社, 2012.
[32] 森．贫困与饥荒．[M]. 王宇，王文玉，译．北京：商务印书馆．2004.

[33] 陈文通．科学发展观新论 [M]．南京：江苏人民出版社，2005.
[34] 辞海编辑委员会．辞海 [M].1999 年缩印版．上海：辞书出版社，2000.
[35] 范小建.《中国农村扶贫开发纲要（2011—2020 年）》干部辅导读本 [M]．北京：中国财政经济出版社，2012.
[36] 国家统计局农村社会经济调查司．中国农村扶贫监测报告 2008[R]．北京：中国统计出版社，2008.
[37] 冷溶．科学发展观与中国特色社会主义 [M]．北京：社会科学文献出版社，2006.
[38] 李佳．旅游扶贫理论与实践 [M]．首都经济贸易大学出版社，2010.
[39] 刘东勋，宋丙涛，耿明斋．新区域经济学论纲 [M]．北京：社会科学文献出版社，2005.
[40] 刘海英．大扶贫：公益组织的实践与建议 [M]．北京：社会科学文献出版社，2011.
[41] 刘益．欠发达地区旅游影响研究 [M]．北京：科学出版社，2012.
[42] 刘拥军．比较优势、经济市场化与中国农业发展 [M]·北京：经济科学出版社，2004.
[43] 刘玉梅．管理心理学理论与实践 [M]．上海：复旦大学出版社，2009.
[44] 罗明义．旅游经济学分析方法案例 [M]．天津；南开大学出版社，2005.
[45] 毛卫平，韩庆祥．管理哲学 [M]．北京：中共中央党校出版社，2003.
[46] 王德清，么加利．管理哲学 [M]．重庆：重庆大学出版社，2004.
[47] 王兆峰．民族地区旅游扶贫研究 [M]．北京：中国社会科学出版社，2011.
[48] 韦璞佛·农村老年人社会资本对生活质量的影响：一个贫困社区老年人的生活状态 [M]．北京：经济科学出版社，2009.
[49] 吴殿廷．区域经济学 [M]．北京：科学出版社，2003.
[50] 吴季松．科学发展观与中国循环经济战略 [M]．北京：新华出版社，2006.
[51] 杨颖．中国农村反贫困研究：基于非均衡发展条件下的能力贫困 [M]．北京：光明日报出版社，2011.
[52] 叶普万．贫困经济学研究 [M]．北京：中国社会科学出版社，2003.
[53] 易艳玲．毕节试验区扶贫开发成效研究 [M]．成都：四川大学出版社，2011.
[54] 游俊，冷志明，丁建军．中国连片特困区发展报告（2013）：武陵山片区多维减贫与自我发展能力构建 [M]．北京：社会科学文献出版社，2013.
[55] 云南省旅游局．七彩云南魅力乡村 [M]．昆明：云南出版集团公司云南科

技出版社，2013.
[56] 张琦，王建民．产业扶贫模式与少数民族社区发展[M]．北京：民族出版社，2013.
[57] 中国社会科学院语言研究所词典编辑室．现代汉语词典[M]．6版．北京：商务印书馆，2012.